龙岩学院 2021 年应用型教材建设立项项目

体能训练理论与实践

李长沙　主编

中国纺织出版社有限公司

图书在版编目（CIP）数据

体能训练理论与实践 / 李长沙主编. -- 北京：中国纺织出版社有限公司，2023.1（2025.8重印）
ISBN 978-7-5229-0334-7

Ⅰ．①体… Ⅱ．①李… Ⅲ．①体能-身体训练 Ⅳ.①G808.14

中国国家版本馆 CIP 数据核字（2023）第 026917 号

责任编辑：张　宏　　责任校对：高　涵　　责任印制：储志伟

中国纺织出版社有限公司出版发行
地址：北京市朝阳区百子湾东里 A407 号楼　邮政编码：100124
销售电话：010—67004422　传真：010—87155801
http://www.c-textilep.com
中国纺织出版社天猫旗舰店
官方微博 http://weibo.com/2119887771
三河市宏盛印务有限公司印刷　　各地新华书店经销
2023 年 1 月第 1 版　　2025 年 8 月第 3 次印刷
开本：710×1000　1/16　印张：16.5
字数：300 千字　定价：65.00 元

编委会

主　编：李长沙，福建永定人，1977 年 10 月出生，2000 年本科毕业于福建师范大学体育系，副教授，教育学硕士，现任龙岩学院体育与健康学院院长，兼任龙岩市田径协会会长，福建省田径协会裁判委员会成员，龙岩市社科联成员，龙岩市体育产业评审专家。从事大学体育教学 22 年，具有丰富的教育教学经验，主持参与课题建设 40 余项，其中省部级 5 项，出版专著 1 本，第一作者被 SSCI 收录论文 1 篇。

副主编：冀慧卿（呼和浩特职业学院）

　　　　侯　勇（集宁师范学院）

　　　　李广文（德州学院）

委　员：成林杰（龙岩学院）

　　　　林晓梅（龙岩市新时代体育产业园）

　　　　丘杰辉（龙岩市赛康体育发展有限公司）

　　　　吴晓鹏（龙岩市体育局）

　　　　刘艳霞（龙岩学院）

　　　　张　咪（龙岩学院）

　　　　王晓路（龙岩学院）

　　　　廖金琳（龙岩学院）

　　　　林锦福（龙岩学院）

　　　　武丽平（龙岩学院）

　　　　刘新状（龙岩学院）

　　　　邓　芳（龙岩学院）

前言 | FOREWORD

　　随着时代的发展和竞技水平的提高，体能训练已经成为各种专项训练不可或缺的一部分。体能由运动成绩的隐性影响因素逐渐转化为显性影响因素，广泛地被教练员和运动员接受。体能训练是运动训练的重要组成部分，是结合专项需要并通过合理负荷的动作练习，改善运动员身体形态，提高运动员机体各器官的机能，充分发展运动素质，促进运动成绩提高的过程。它是技术训练和战术训练的基础，并对掌握专项技术、战术，承担大负荷的训练和激烈的比赛，促进运动员身体健康，防止伤病及延长运动寿命等具有极为重要的意义。但从我国实际情况来看，虽然体能训练是现阶段的热点研究课题，但我国的体育界、教育界对于体能训练理论还没有充分的研究与梳理。有鉴于此，《体能训练理论与实践》应运而生。

　　本教材共包含四章，第一章包括体能训练概述、体能和体能训练、国内外体能训练的发展历史、国内外体能训练的专业组织及其认证以及体能教练的职业素养。第二章的主要内容是体能训练的科学基础，包括神经系统、肌肉系统、结缔组织对训练的适应，呼吸系统对训练的反应和适应，体能训练的能量代谢与运动增补剂。第三章是关于体能的测试与评估，包括功能筛查、基础体能测试、人体运动基本动作模式、青少年身体功能的评估与训练。第四章涉及体能训练的内容及计划制订两大部分内容。

　　本书在体能训练理论与实践方面具有重要意义，笔者在撰写过程中参考和借鉴了大量的相关理论著作，虽然力求理论清晰、观点创新，但由于水平有限，难免会存在不足之处，还请广大读者批评指正。

编者

2023 年 3 月

目录

第一章

体能训练概述

第一节 体能和体能训练

一、体能的概述

"体能"是 20 世纪 80 年代中后期在我国各类体育报刊和文献上出现频率较多的一个词汇，也是当前各项运动中使用频率很高的一个概念性词汇。国际运动医学委员会在 1964 年东京奥运会期间，就成立了"国际体能测试标准化委员会"，并制定了标准体能测试的六大内容（身体资源调查、运动经历调查、医学检查与测验、生理学测验、体格和身体组织测验、运动能力测验）。对此，拉森提出了构成体能的十大因素：防卫能力、肌力能力、肌爆发力、柔韧性、速度、敏捷性、协调性、平衡性、技巧性和心肺耐力。自 20 世纪 80 年代中期以来，我国在各竞技运动项目的训练中陆续开始强调"体能"训练，由此"体能"一词频繁出现在运动训练及运动训练学、运动生理学和各种体质研究的文献资料里，但它们所界定的含义并不完全一致。例如，在训练学中，体能是构成运动员竞技能力的一个组成部分，体能训练和技战术训练、心理训练与智力训练一起构成运动训练的整体。它能够提高运动员有机体的竞技能力，增进健康，改善身体形态，发展一般和专项运动素质，预防和治疗伤病等。由此看来，体能的含义包括身体能力、人体机能、身体素质和身体适应能力等。在运动生理学研究中，体能较多的是指身体功能、生理机能和运动能力，有氧和无氧能力都属于体能的范围；而在体质研究中，体能更多的是指身体素质和身体适应能力。由此看来，有关体能的概念和定义所描述事物的本质属性和外延的准确性问题，一直以来为各方面专家学者和训练学科理论界所关注。

1984 年出版的《体育词典》和 1992 年出版的《现代汉语词典》中均有"体能"这一词条，并对体能做出了相同的解释："体能"是指人体各器官系统的机能在体育活动中表现出来的能力，包括力量、速度、耐力、灵敏和柔韧等基本的身体素质与人体的基本活动能力（如走、跑、跳、投掷、攀登、爬越和支撑等）两部分。我国现行的《运动训练学》教材中，专家把体能视为运动员先天具有的遗传素质和后天训练形成的运动员在专项中表现出来的机体持续运动的能力。对其作出的定义为：运动员体能是指运动员机体的基本运动能力，是运动员竞技能力的重要组成部分。

在广义上，体能包括形态、机能和素质三方面状况；而在狭义上，运动员的体能水平主要通过运动素质表现出来。运动员体能发展水平是由其身体形态、生理机能和运动素质的发展状况所决定的。其中身体形态是指反映人体生长发育状况的各环节高度、围度、长度、宽度和充实度等外部形态特征与心脏大小、肌肉的横截面等内部形态特征；生理机能是指人体各内脏器官的机能状态；运动素质是指在运动过程中，有机体在中枢神经系统的控制支配下，通过肌肉活动表现出来的各种基本运动能力。尽管"体能"一词内涵多样，有多种不同的理解和表达，但综合以上诸多对"体能"的定义，它至少阐明了以下要点：经过先天遗传和后天身体训练获得，包含各项运动素质，受外界环境影响。它是我国在体育科学实践中融合了古今中外的诸多概念与思想而形成的具有我国特色的东西。根据我国的体育科学实践来界定体能定义如下：体能是指有机体在先天遗传的基础上，通过后天训练而获得的在形态结构、功能和调节方面及其在物质能量的贮存与转移方面所具有的潜在能力以及与外界环境相结合所表现出来的综合运动能力。其大小是由机体形态结构、系统器官的机能水平、能量物质的贮备与基础代谢水平及外界环境等条件决定的，运动素质是体能的主要外在表现形式，在运动时表现为力量、速度、耐力、柔韧和灵敏等各种运动能力。发展和提高体能的最主要手段是通过运动训练。

二、体能训练

（一）体能训练的含义

体能训练是运动训练的重要组成部分，是结合专项需要并通过合理负荷的动作练习，改善运动员身体形态，提高运动员机体各器官系统的机能，充分发展运动素质，促进运动成绩提高的过程。它是技术训练和战术训练的基础，并对掌握专项技术、战术，承担大负荷的训练和激烈的比赛，促进运动员身体健康，防止伤病及延长运动寿命等具有极为重要的意义。

体能训练的基本内容是充分发展与运动员专项运动成绩密切相关的力量、速度、耐力、柔韧、灵敏等运动素质，从而深刻影响和促进运动员身体形态和机能的改善，提高运动员的健康水平，为专项运动成绩和技术水平的不断发展奠定良好的基础。体能训练包括一般体能训练和专项体能训练。

一般体能训练是指为增进运动员的身体健康，提高各器官系统机能，全面发展运动素质，改善身体形态，采用多种非专项的体能练习手段掌握非专项的运动技术、技能和知识，为专项成绩的提高打好基础的训练。专项体能训练是指采用直接提高专项素质的练习以及与专项有紧密联系的专门性体能练习，最大限度地发展与专项成绩有直接关系的专项运动素质，以保证掌握专项技术和战术并在比赛中顺利有效地运用，从而创造优异成绩的训练。一般体能训练和专项体能训练的主要联系在于：一般体能训练是专项体能训练的基础，一般体能训练为专项运动素质的提高创造必要的条件；专项体能训练则是提高专项运动成绩的特殊需要，并直接为创造优异的专项运动成绩服务。随着专项水平的不断提高，一般体能训练所提供的基础及专项体能训练的要求也要发生变化，以适应专项水平提高后的要求。一般体能训练和专项体能训练总的目标是一致的，在训练实践中往往难以截然分开。

传统的身体训练主要偏重于对某一运动素质（速度、力量、耐力、柔韧）的追求，忽略整体机能潜力和机能能力的提高以及拼搏向上的心理素质的培养。

以往身体训练注重某项运动素质的提高，对运动员的整体运动能力、对抗能力、适应大负荷与高强度的抗疲劳能力，以及顽强拼搏的心理品质缺乏应有的重视。这导致我国球类运动员的体能长期处于较低水平。

运动素质是机能能力在基本运动能力某一方面的具体表现，如力量、速度能力等，既是体能的构成因素，也是运动实践中评价和检查体能水平的常用指标。换言之，运动素质是体能水平的外在表现形式，体能是运动素质的内在决定因素。运动素质水平取决于人体器官和系统的机能能力水平。因此，体能与运动素质有密切的联系，体能训练与身体训练有密切的联系，两者既有联系，又有区别。

体能训练要求把运动素质训练提到运动员整体运动能力的高度去综合考虑和认识。它把运动素质训练作为人体生物学机能发展和机能适应训练的一部分。通常而言，身体训练是以单一的运动素质提高为目标任务，而体能训练则从人体整体工作能力、人体机能潜力提升的角度研究和提高运动能力。也就是说，体能训练是人体器官和机能系统在结构和机能能力上的适应性再塑造工作，是运动员心理意志品质的再塑造工作。

（二）体能训练的原则

1. 体能训练原则概述

体能训练是运动训练过程的重要组成部分，根据各个运动项目的特征，选择训练内容并通过各种有效的训练方法和手段，对运动员机体施加适宜负荷，充分挖掘运动员的竞技潜能，从而改造运动员身体形态，提高有机体机能能力，增进健康和发展身体素质。

体能训练过程是一个不断重复进行的刺激反应—适应过程，是一个身体结构与机能不断破坏与重建的循环过程，实质是人为地、有目的地、按计划地给运动员有机体施加系统化的适宜运动负荷刺激，使之产生人们所预期的适应性变化。科学的运动训练不仅需要掌握训练理论，还要掌握寓于训练理论背后的人体生理机能的变化规律。合理地安排运动训练的各个要素，可使机体产生最佳的反应与适应，实现最佳训练效果。训练过程存在许多不以人的主观意志为转移的客观规律。训练规律是指运动训练系统内部各要素之间以及它们与系统外部各相关因素之间在结构与功能上的本质联系和发展的必然趋势。这些本质联系在运动训练实践活动中不断重复出现，在一定条件下影响或者决定着运动训练的进程。训练规律是不以人的主观意志为转移的客观存在。训练工作者在长期的运动训练实践中，不断总结成功的经验和失败的教训，并通过科学研究探索和认识训练过程中的客观规律，将实践获得的普遍经验与科研成果归纳、升华为理性认识，并以准确的文字加以表述，从而提出了用以指导运动训练实践的一些科学原则。科学原则是人们对客观规律正确认识的反映。训练原则是运动训练过程客观规律的反映，是运动训练过程中必须遵循的基本要求。

体能训练原则是依据体能训练活动的客观规律而确定的组织体能训练所必须遵循的基本准则，是训练活动客观规律的反映，对训练实践具有普遍的指导意义。科学化训练的重要内涵是遵循运动训练过程中的客观规律进行的训练，而运动训练原则是运动训练过程客观规律的反映，遵循训练原则就是遵循训练过程的客观规律，在很大程度上反映了训练的科学化程度。

值得注意的是，随着时代的发展，科学技术不断进步，训练实践也在不断丰富人们的经验，人们对训练的客观规律的认识也不断深入，不同的原则和文字表述只是训练工作者在一定程度上反映训练规律。实践始终超前于理论，训练的目的是创造不存在的事物，即运动成绩，理论不可能事先论述清楚其中的一切和其创造的全过程，因此，需要教练员在掌握客观规律的基础上，以过人的"悟性"对训练进行理解。教练员自身积累的，经过实践检验的正确经验也是科学的一部分。根据运动训练理论和体能训练的实际要求，提出自觉性原则、区别对待原则、一般和专项训练原则、"三从一大"训练原则、系统训练原则、适宜负荷原则及恢复原则。

2. 自觉性原则

（1）自觉性原则概念

自觉性原则是指在训练过程中，运动员在教练员的教育和引导下，自觉、主动地学习和运用有关知识和技能，加深对训练目的性的认识，掌握运动技能，提高竞技能力，独立自主地参与规划和制订训练计划，以及进行比赛和采用正确的决断。自觉性原则是植根于人们思想中的合理认识。认识越深刻、越广博，实践就越丰富。运动员只有把握事物的现象和本质，才能发展创新和独立自主，而这两者是取得最佳训练过程和良好比赛成绩必不可少的前提。

（2）自觉性原则理论依据

①运动员是训练过程的主体，是知识、技能的接受者。辩证唯物主义认为，事

物的发展，外因是变化的条件，内因是变化的根据，外因通过内因而起作用。运动员只有具有自觉学习、提高运动成绩的强烈愿望，才会专心致志地接受长期艰苦的运动训练。

②当运动员对所从事训练的目的、意义、作用及自己未来发展有正确理解时，将激发训练和比赛的积极情绪。运动训练的本质是对体力负荷建立适应的过程，功能潜力的充分动员有助于在更高水平上适应的建立。如果运动训练是运动员被迫的无奈的选择，则所有正常的身体和心理负荷都会成为难以克服的困难，从而产生消极情绪，功能能力的发挥将受到抑制。

（3）训练中贯彻自觉性原则的基本要求

①对运动员加强训练目的性和正确价值观的教育。教练员要善于启发诱导运动员，注意通过各种教育学及心理学手段，进行训练的目的性教育，逐步树立起自觉训练的态度和动机。帮助运动员了解国内外体育运动的发展状况以及使运动员认识到获得优秀运动成绩对振奋民族精神及对国家、家庭及个人的重要性，从而获得鼓舞和激励。

②教练员在训练过程中起主导作用。教练员的主导作用主要体现在正确地安排训练过程和运动员的活动，使其能够发展为独立思考和行动的人。因此，教练员除关注具体训练外，还要注意关心运动员智育与德育的发展，尽可能地组织运动员参与谈论训练的目标，预测可能的前景。教练员要善于提出问题和要求，特别要善于布置，动脑筋想办法，努力开发运动员的智能，提高他们有关训练学的理论知识水平。在此基础上吸引他们参加训练计划的制订，明确训练手段的作用及训练方法的意义。

同时，教练员还要注意运动员道德品质的培养，使其形成奋发图强、一丝不苟才能完成训练和比赛任务，自觉配合和自我牺牲的精神。有意识地培养运动员独立思考的能力，提高运动员在各种复杂的环境及社会条件下较好地控制自己的思想、行为和动作技术的自控能力和应变能力。

另外，教练员自身的榜样作用不容忽视，教练员要特别注意自己的言行，要善于说服教育，克服简单、粗暴的态度和做法，并以自己的知识、能力和表率作用以及通过有效的训练取得优异运动成绩来建立权威，取得运动员的信任，并以此激发运动员训练的积极性。

③运动员在训练过程中的主体作用。运动员必须把教练员的指导作为不断提高自己竞技能力的方法来理解，从而保证自己能够主动地克服训练中所遇到的困难。自觉性教育的一个重要方面是提高运动员在各种复杂的环境条件及社会条件下较好地控制自己的思想、行为和动作技术的自控能力和应变能力以及自我负责等品质，其表现形式为心理上的稳定性。这种心理上的稳定性和最佳发展的身体因素，以及

高度的智力和竞技能力，对运动员起着决定性作用。

④满足运动员合理的需要，正确地运用动力。教练员要关心运动员的生活，安排好他们的衣食住行，创造良好的人际环境，并尽可能使他们有安全感和必要的尊重，引导运动员形成自我实现的更高层次需要，以产生积极从事训练和比赛的动机。

3. 区别对待原则

（1）区别对待原则的概念

区别对待原则是指在运动训练过程中，根据不同专项、不同的运动员或不同的训练状态、不同的训练任务及不同的训练条件等具体情况，有针对性地组织安排各自相应的训练过程，确定训练任务，选择训练内容、方法和手段和安排运动负荷的训练原则。教练员在制订训练计划时，根据每个运动员所独具的身体能力、潜质、学习特征以及所从事的专项等各方面特点（具体情况），设计出适合每个运动员特点的个体化方案。也就是说，整个训练过程必须依据该运动员的特点来安排，使其得到最大的发展。

（2）区别对待原则的理论依据

①运动专项需要的多样性。不同专项运动员竞技能力（如体能、技能、战术、心理、形态等），受不同因素的影响，也有不同的要求。因此，教练员在选择训练内容和手段时，必须注意不同专项竞技的不同需要，有计划地实施，区别对待。

②运动员个人特点的多样性。世界优秀运动员负荷个体化是被广泛认可的。在现代运动训练中，个体化原则已经成为最重要的训练理论之一。教练员唯有在认真分析每一个运动员训练的不同方面的基础上，精心地制订出最适合个体发展的训练计划，才能使该运动员得到最佳发展，发掘出该运动员的最大潜能。运动员个人特点包括性别、日历年龄、生物年龄与训练年龄、竞技水平、生理和心理特点、身体状况、训练情绪等，这些都对训练安排提出了不同的要求。同一名运动员的训练状态在不同阶段、不同时刻的表现不同，不同训练环境和训练条件也对训练内容和组织实施提出了不同的要求。

③运动训练和比赛条件的多变性。运动训练过程是一个动态发展的过程，不同运动项目、不同运动员及在不同状态下该过程均处于不断变化中。这些因素的不断变化，都要求教练员及时根据训练对象的具体情况有区别地组织训练，使运动员更好地适应这些变化了的条件。这些条件包括决定竞技能力的各个因素，教练员的业务水平，对训练战略部署和战术安排，训练所处的阶段和具体要求，以及训练和比赛的气候、场地、器材及对手情况等。

（3）训练中贯彻区别对待原则的基本要求

①掌握运动员个体特征。由于运动员的思想、健康状况、训练水平以及学习、

工作、日常生活等情况均不相同，教练员应深入了解具体情况并具体分析。注意掌握运动员的身心发展过程中的各种特殊情形，因势利导，区别对待。

②正确认识运动专项的基本特征。不同运动专项都有其决定因素及不同的发展规律。只有正确认识所从事项目的专项竞技能力的决定因素，并结合专项成绩发展的规律组织安排训练才可取得成功。

③充分考虑运动训练和比赛条件。训练过程中，必须考虑到运动员所处的训练时期和训练阶段等具体情况。不同阶段和不同时期有不同的要求。要了解在不同阶段和不同时期运动员的特点。另外，对比赛中的场地、气候、对手以及环境等客观条件也要给予充分考虑。

④处理好运动队中集体和个人的关系。在全队集体训练时，除有共同的要求和统一指导外，还必须有个别要求、个别指导，既要注意到全队的训练和比赛任务，又要考虑到个别队员的具体情况。要根据训练的具体任务和实施训练过程中的变化，恰当地分配指导精力，使每个运动员都感到教练员就在自己身边，并感到每次训练教练员的安排和要求都能切合自己的实际。

⑤教练员要及时准确地掌握运动员的具体情况。教练员只有在认真分析每名运动员的不同情况的基础上，精心制订出适合个性发展的训练计划，才能保证该运动员得到最佳发展，挖掘出该运动员的最大潜能。对于运动员训练过程中的不同阶段，教练员应围绕竞技能力的几个主要决定因素来了解具体情况。例如，在形态方面，可测定身高、体重等指标；在素质方面，需要了解速度、力量、耐力等数据；在机能方面，应掌握脉搏、血压、发育水平及各器官系统的机能等基本情况。

4. 一般和专项训练原则

（1）一般和专项训练相结合原则概念

一般和专项训练相结合原则是指在运动训练过程中，要根据运动项目的特点、运动员的水平、不同训练时间、阶段的任务，恰当地安排两者的训练比重。

一般训练是指在运动训练过程中，以多种身体练习、训练方法和手段，全面提高运动员的各种器官系统的机能，发展运动素质，改善身体形态和心理品质，掌握一些有利于提高专项的其他项目的运动技术和理论知识。目的在于按照专项的需要，使运动员的专项素质、技术、战术以及心理品质得到最大限度的提高，为创造优异的专项成绩打下多方面基础。专项是指与运动员训练水平相似的比赛本身。专项的特点随着运动成绩水平的提高而不断变化。专项训练是指在运动训练过程中，以专项运动本身的动作及比赛性练习，以及与专项运动动作相似的练习，提高专项运动水平所需要的各器官系统的机能，发展专项运动素质和心理品质，掌握专项运动的技术、战术、理论知识。其目的是最大限度地提高运动员的专项成绩。

一般训练的目的是为专项运动成绩的提高打下良好运动素质、技术战术、心理品质各方面基础；专项训练的目的则是直接为创造优异的专项成绩服务。但两者的目的是一致的，相互促进，相互制约。在训练实践中要根据运动员的不同水平和层次的实际情况，在训练过程的不同时期和不同阶段，合理安排好一般和专项训练的比重。

（2）一般和专项训练相结合原则的理论依据

①有机体是一个有机的整体。有机体各器官之间是紧密联系、互为影响的。在训练过程中，运动负荷向机体施加的刺激使各器官系统产生的适应性变化也是相互联系、相互作用的。任何一种专项运动本身对运动员各器官系统机能的影响都在不同程度上有一定的局限性，一般训练采用多种练习内容、方法和手段可以补充专项训练的不足，促进各器官系统的全面提高，从而为运动员创造优异运动成绩打下良好的基础，保证专项训练的顺利进行。

②各运动素质的发展相互转移。力量、速度、耐力、柔韧和灵敏等运动素质不是孤立存在和发展的，彼此之间相互影响、促进和制约，在素质发展过程中存在大量相互转移的现象。一般将由于某一素质的发展而影响另一种素质的发展称为运动素质转移。运动素质转移包括直接转移和间接转移、良好转移和不良转移、同类转移和非同类转移以及可逆转移和不可逆转移等，在训练实践中要充分考虑。

③一般训练对专项训练的调节作用。专项训练的内容、方法和手段主要是专项运动本身，过多进行专项训练，容易引起有机体局部负担过重和中枢神经系统的疲劳。如果安排适当的一般训练内容，则能起到积极的调节作用，从而更好地提高专项训练的效果。

④专项训练对提高专项运动成绩起直接作用。一般训练只是起到打基础和调节等作用，而运动训练的目的是挖掘运动员的潜能，创造优异的运动成绩，因此，只有通过专项训练才能保证运动员掌握专项技战术，发展专项所需的机能能力和运动素质。

（3）训练中贯彻一般和专项训练原则的基本要求

①一般训练的内容和手段的选择必须考虑全面性和实效性。由于受训练时间、专项特点、训练条件的限制，一般训练练习选择内容应少而精，一般应满足如下要求：既要提高或保持一般工作能力水平，对专项素质产生良好的影响，又要形成和巩固在运动中起辅助作用的技战术等。

②一般训练既要全面又要反映专项化的特点。全面是指通过一般训练来发展运动员的各种机能能力和运动素质。虽然一般训练发展的不是专项所特有的能力，但对专项成绩同样起积极作用。因此，在练习内容和时机的安排上，要有利于运动素

质和运动技能的转移。

③一般训练和专项训练应保持适宜的比例。一般训练和专项训练安排存在一定的矛盾，在训练实践中要注意：由于各运动专项具有不同的特点及不同层次运动员的训练水平、运动年龄、不同训练阶段的任务不同等因素，一般训练和专项训练的组成比例不同。值得注意的是，尽管在从事多年运动训练的过程中，人体机能和形态进一步改造的幅度是逐步减小的，但在运动员训练的高级阶段一般训练仍有非常重要的作用。

④两者的结合要考虑与练习之间的关系，形式要灵活多样。各种练习要达到良好的训练效果都有必要的训练前提，如速度和力量性练习要取得良好效果则需要神经系统有良好的兴奋性和充足的能量物质储备。同时，由于各种练习后有机体恢复过程时间不一，所产生的后效作用保持时间不同，因此要考虑课与课、练习与练习的搭配顺序和间歇时间。尽可能排除或降低消极性转移的危险，要促使负荷后有机体的尽快恢复。

综上所述，一般训练和专项训练是训练过程中不可缺少的两个方面，忽视或取消任何一个方面都会导致运动训练效果的减弱，甚至失败。因此，在训练过程中必须将两者有机地结合起来，从训练的对象、项目特点及不同训练时期和阶段的任务等实际出发，恰当地安排好二者的比例。

5. 系统训练原则

（1）系统训练原则概念

系统训练原是指持续地、循序渐进地组织运动训练过程的训练原则。这一原则的确立与运动训练过程的连续性和阶段性的基本特性密切相关。其一方面指出运动员只有长时间、持续地进行训练，才有可能攀登竞技运动的高峰；另一方面强调在一般情况下，必须循序渐进地，而不是突变式地增加训练负荷，才能取得理想的训练效果。

（2）系统训练原则的理论依据

①人们认识客观事物从已知到未知的规律性。各运动项目的知识以及竞技能力各要素的发展都有各自的体系和内在联系，反映了各运动项目由低到高、由易到难、由简到繁发展的规律，也反映了人们认识客观事物从已知到未知的规律性。因此，要根据运动项目自身体系及其内在联系，以一定的顺序安排训练内容，选用训练方法和手段，使运动员循序渐进地掌握技术、战术，发展身体素质，并逐步提高要求，才能取得良好的训练效果。

②人体生物适应的长期性。包括体能在内的构成运动员竞技能力的各个部分均需经过长时间的训练才能得到明显改善和提高。运动员体能的改变要以运动员形态

和机能系统的提高为基础，从而表现出高度发展的运动素质，运动员有机体对训练负荷的生物适应必须通过有机体自身的各个系统、各个器官等的逐步改造才可形成。

③训练效应的不稳定性。运动员在负荷作用下所提高的竞技能力具有不稳定的特点，当训练的系统性和连续性遭到破坏而出现间断或停训时，已经获得的训练效应也会降低以致完全消失。为避免这种情况，必须在训练效应产生并保持一定时间的基础上重复给予负荷，使训练的效应得到强化和累积，并不断改进和完善。

④人体生物适应的阶段性。人体在训练负荷下的生物适应过程不仅是长期的，同时也是有阶段的。机体对一次适宜训练负荷的反应可分为工作、疲劳、恢复、超量恢复和训练效应消失等阶段。在更长时间的跨度内，如几个月至一年的训练过程中，运动员机体能力的变化同样经历着不同的阶段，这就是竞技状态的形成、保持和消失三个阶段。

（3）贯彻系统训练原则的要求

①按阶段性特点组织训练过程。运动训练过程的组织实施必须遵循其阶段性特点，有步骤、有秩序地进行。而这一步骤则是按固有的程序排列的。坚持全年、多年的不间断训练，保证运动员有机体所产生的一系列适应性良好变化能够获得长期的积累，使训练水平逐步提高，这就要求训练过程的每次课、每个小周期、每个训练时期以至每个训练大周期都与上一次课、上一小周期、训练时期和大周期有机地联系起来，使之在原有的基础上不断提高。训练内容、方法和手段的选择应以各训练时期、阶段具体训练任务为基础，充分考虑它们之间的内在联系和本身特点。一般要按由易到难、由简到繁、由浅到深、由已知到未知的要求进行安排。

②保持训练的系统性。为保证训练过程系统不间断地进行，要使训练的各阶段有机地衔接起来。运动员系统的多年训练活动，必须以健全的训练体制作为保证。例如，我国的三级训练体制，包括中小学课外训练、业余体校和竞技运动学校的训练以及优秀运动队的训练三个层次。三级训练体制担负着训练过程中不同阶段的训练任务。各训练的组织形式之间要密切配合，在内容的安排、训练和比赛的要求以及所承担的具体任务上都要有机地衔接起来。

③防止运动员发生伤病。训练过程中要充分注意并采取有力措施防止运动员发生运动伤病。运动员伤病将影响训练的系统性和连续性，产生伤病还会使训练长期中断，甚至影响运动员的运动寿命。

三、体能训练的主要影响因素研究

除竞技能力系统内部各要素之间相互影响与作用外，体能还受众多其他因素的影响。通过对 34 名专家进行调查，这些因素主要包括先天遗传、竞赛次数、竞赛体制、训练负荷的特点、营养等。

（一）先天遗传性与后天可训练性的辩证关系对体能的影响

人们通过大量的实验研究发现：由于遗传素质的不同在运动实践中限制了某些机能水平的提高，并且遗传度越高的指标，其限制运动成绩再提高的程度就越明显；遗传度高的指标与运动项目的要求越接近，运动能力提高的可能性就越显著，最终在运动实践中创造优异成绩的概率越大。德国的乌尔默教授认为："培养当代世界冠军，必须具备三个条件：高水平的科学训练、优化的训练环境和运动员个人优越的天赋条件。"因此，选拔出具有天赋的"天才"型运动员，对竞技运动项目的发展将会起到巨大的推动作用。

由于人体生理机能的许多指标受遗传力的影响较大，其在生长发育和训练过程中具有较强的稳定性，这为运动选材提供了科学依据。遗传度越小的指标，其在运动训练中改变的可能性就越大。而通过训练难以改变指标，是我们在选材中要慎重考虑的，每一运动项目对先天遗传能力都有其特殊的专项要求，优越的先天遗传素质为人体从事特定的专项运动提供了更大的可能性。这可为运动员竞技能力的提高提供有利条件。有遗传优势的运动员容易出成绩，反之则事倍功半，造成人才浪费。构成体能的形态、机能和运动素质是决定成绩的重要因素，这三者的发展在从事运动之前主要受遗传的制约。

因此，从这一角度出发，运动员选材应努力选拔出具有先天遗传优势即"天赋"条件的少年儿童。

在短距离速滑项目的运动员选材中，主要选材指标有肌纤维类型、无氧代谢系统供能能力和身体形态特征等。其中，其与骨骼肌纤维类型组成关系最为密切。优秀耐力类项目运动员骨骼肌中慢肌纤维百分比高，而优秀速度类项目运动员中快肌纤维占优势，所以肌纤维类型是运动成绩好坏的决定性因素。有关研究资料显示，运动训练引起肌纤维的后天改变并不明显，只会在肌纤维的体积、肌肉酶活性等方面产生一些适应性变化。由此，我们可以看出：在短距离速滑项目的运动选材中，挑选快肌纤维占优势的少年儿童进行训练并给予科学指导，在运动训练实践中创造优异成绩的可能性会更大。

选择从遗传角度具有某种天赋的运动员从事该项运动，是运动选材的最理想要求，这是竞技运动项目的共性。然而在现实的运动训练实践中，往往发现某些运动员从遗传的角度并不适合从事此项运动，但也达到了较高的运动水平。从形态的角度，在短距离速滑史上身高从 163—192cm 的运动员都有创造过优异成绩的纪录，在篮球项目上这一现象也不罕见。这就不得不使我们辩证地看待遗传问题，正如前文所述，运动员的体能作为一个系统是由多个要素构成的，其整体功能态是多个要素整合的结果。"木桶模型"表达的是一种对平衡的追求。但刘大庆教授在研究中发现，运动员竞技能力结构中各个子能力之间的不均衡状态是普遍存在的，呈现非衡结构。从哲学意义上说，这种现象的存在又是绝对的。但其构成因素中某种素质或能力的缺陷，在一定程度上可以为其他高度发展的素质或能力所弥补或代偿，从而使总体的竞技能力保持在一个特定水平上。与"木桶模型"相对应，刘大庆为运动员竞技能力非衡结构及其补偿效应设计了新的模型，称为"积木模型"。此模型提示我们运动员竞技能力某方面的不足，可以为另一方面高度发展的能力所补偿，从而使运动员的总体竞技能力保持不变。

"木桶模型"与"积木模型"分别从不同的视角观察竞技能力的结构特征，用不同的图像展示竞技能力结构中各子能力之间的不同联系。两个模型各适用于不同的运动员，或同一个运动员不同的训练阶段，或同一个运动员不同的竞技能力。所以说"木桶模型"与"积木模型"是相辅相成、互为补充的，二者共同反映和表述了运动员竞技能力的构成状态，人们将其称为竞技能力结构的"双子模型"。在速滑运动中，运动员体能的非衡现象也是普遍存在的。正如刘大庆教授在研究中所指出的"运动员一般竞技能力模型反映着事物的共性，呈现着均衡性特征；运动员竞技能力的个体模型反映着事物的特性，呈现着非衡性特征"。每一名运动员都是一个独立的个体，不同运动员在体能方面的表现是有差异的。有的形态好，有的机能好，有的素质好等。即使是同一名运动员，在训练的不同阶段，体能训练的重点也表现出差异：或以有氧为主，或以无氧为主；或以速度为主，或以力量为主；或以耐力为主，等等。所以，我们应当辩证地看待遗传问题，在共性的基础上也要看到个性，从而避免解决问题时的片面性和机械性。

（二）竞赛次数大幅度增加对体能的影响

运动训练与运动竞赛是密不可分的，是构成竞技体育的两大支柱，是两个相互联系、相互作用的系统。只有通过科学训练，最大限度地挖掘人体各方面的潜力，运动员才能在竞赛中取得优异的运动成绩。而运动竞赛，不但为运动员提供了展示竞技能力的机会，同时也是检验运动训练水平的一个重要途径。通过竞赛的检验，反过来又可以促进运动训练的进一步深入。两者相辅相成，有效地促进现代竞技运动的发展。

现代竞技运动的一个显著特点就是运动员参赛次数的大幅度增加，这是竞技体育商业化、职业化，以及把比赛作为强化训练手段（以赛代练）的结果。20世纪70—80年代，速滑运动员一般每年参加3—5场比赛；进入90年代，一般选手一个赛季大约要参加10场国内比赛（冬季管理中心每年至少组织7次比赛，5次分站赛、1次冠军赛和1次单项锦标赛，另外，还有国家和地方省、市举办的全运会、省运会、冬运会等），优秀选手加上代表国家参加的世界杯、世界锦标赛和冬奥会等，每年的比赛次数可达到20次左右，这对运动员的体能是个严峻的考验。通过多次参加比赛，可以培养运动员的参赛能力，检验训练水平，积累大赛经验，这是无可争议的。冬管中心安排多次分站赛的目的也在于此。当今的竞技比赛是向人类极限的挑战，是人类综合竞技能力的竞争。比赛场上所体现的是一场包括体能、技术、战术、心理素质和意志品质的整体对抗。运动员只有不断地在比赛实践中积累与磨炼，特别是在与强手的激烈对抗中，才能得到全面的锻炼与提高。运动员艰苦训练的成果也只有通过比赛表现出来才具有社会意义。运动训练必须围绕运动竞赛来组织安排自己的活动，并最大限度地挖掘与提高运动员的竞技潜力，以达到在比赛中获胜的目的。

赛制的改变必然对运动员的体能训练产生深刻的影响，竞赛次数的大幅度增加是一把"双刃剑"。它在推动竞技体育发展的同时也隐含着一定的弊端。它所导致的年度参赛次数增加的背后不仅存在对竞技体育有利的一面，也有不利的一面。例如，比赛次数的增加，为运动员提供了更多的锻炼和展示自己的机会，但同时，过多的比赛使运动员无法从容地进行准备，机体体能得不到有效恢复，虽然在一段时间内可以保持一定的竞技水平，但这不利于运动员创造最佳运动成绩，运动员疲于应付，系统训练时间相对减少，造成机体长时间处于疲劳状态。

目前，各个体育项目都在强调"以赛代练"，运动员多次参加各种比赛的目的就是"以赛代练"。确实，多参加比赛可以及时发现训练中的问题。运动员的训练热情高，比赛带动训练，用训练促进比赛，两者互补性强、针对性强、目的性强，可增加大赛经验，培养运动员的竞赛适应能力，提高训练质量等。但我们也应该从正反两个方面来看待"以赛代练"问题，因为无论什么性质和规模的比赛，都离不开竞争的本质。既然是竞争，就存在胜负，而在竞争中获胜是人的本性。当一个人站在赛场上时，他的兴奋性就会被调动起来，他所思考的就不仅是在进行一次日常训练，而更多地思考如何发挥自己的最大能力超越对手或者超越自我。这种意识一般来说不是站在赛场上时才产生的，而是在参加比赛之前的很长一段时间之内就客观存在了。这无论是对运动员的生理还是心理都会造成一定的压力。比赛不是越多越好，因为比赛次数过多，运动员体能消耗加大，不仅不利于竞技状态保持与体能的恢复，还容易引发运动损伤，运动员的竞技状态也不稳定，且不易在最重大的比赛中获得优胜。

我们经常看到这一现象，近年来，由于比赛次数逐渐增多，影响了运动员训练过程的正常进行。这是现代竞技体育发展的必然结果，并不是竞技体育本身所能左右的问题。陈小平指出："比赛数量的增加主要受两个因素的驱使——项目的推广和竞技运动的商业化。前者是各个国际单项协会为各自项目的发展所采取的政治手段；后者则是依附在各个运动项目上的利益集团为获取经济利益所采取的商业运作。这些都不是竞技体育自身发展的必然结果，更不是提高训练效果理应遵循的规律。"因此，可以说，赛事的增加与训练质量提高之间并不一定存在直接和必然的联系。这是由于社会的发展和人们日益增长的文化需求，对观赏高水平竞技比赛需求增加的结果；是竞技体育商业化的结果。从这个角度来看，这是一件好事，这有利于竞技体育事业的发展与繁荣，有利于人类社会的发展与进步。但也应考虑到人的适应能力是有限的，机体不可能在很长一段时间内，在多次激烈比赛中持续表现出最佳竞技状态，就像大多数生物体在兴奋之后有一个绝对不应期一样，运动员年度参加比赛的次数和频率存在一个极限及最佳次数和频率。因此，一定要将比赛作为训练的一部分去整体考虑，应将运动员年度参加的比赛按重要程度及其性质的不同纳入训练计划之中，综合考虑、妥善安排。

所以，我们要慎重地考虑"以赛代练"，选择什么样规模的比赛来"代练"（不同规模的比赛对机体的刺激程度不同，引起的应激反应不同），在训练的什么时机参加比赛，要取得一个什么效果，如何正确对待这种比赛的胜负、得失。要仔细权衡"以赛代练"的正负效应，不可盲目地认为参加的比赛越多越好。短距离速滑是体能类项目，比赛的胜负体现在能否把运动员的体能在重大比赛中调整到最佳状态，这是教练员和运动员所追求的一个最终目标。重大比赛的日程每年都是固定的，在这之前也会有一系列的比赛，如何安排这些比赛，以什么样的准备对待这些比赛，是要深思的。

运动员的竞技状态是具有周期性变化特点的，在某种程度上可以通过人为的训练安排进行调整。要想在比赛中获得好成绩，就需根据竞技状态变化规律，在赛前进行调整，如减量加强度，减量保持强度等，以取得竞技能力的超量恢复，否则难以在比赛中取得优异成绩。但这种安排是需要时间的，如果针对每一次比赛都进行这样的安排，势必会影响年度训练的系统性，这样一来，结果是在一些普通比赛中可能会取得一些不错的战绩，但在年度最重要的比赛中却未必能取得理想的成绩。这与一些集体和个人对抗类项目还是有一些不同的，如美国职业篮球联赛、职业网球赛等，因为他们所面对的对手与他们处于同一种境地。但类似短距离速滑之类的项目却与此不同，在这方面我们是有惨痛教训的。回顾我国冰上运动历史，我们会发现一个怪圈，在世界杯和世界锦标赛上我们的成绩始终较好，但一到奥运会比赛成绩落差很大。在短距离速滑项目上，叶乔波在 1994 年冬奥会之前的 1992 年和 1993 年赛季两度大满贯，但在 1994 年冬奥会上却与金牌无缘。薛瑞红在 1988 年冬奥会之前的两年中几乎包揽了短距离项目的金牌，但冬奥会没有进前 8 名。2006 年冬奥会，王曼丽又重蹈覆辙，在 2004 年和 2005 年连续两年获得了世界短距离联赛的总冠军，在成绩上保持着绝对优势，并且在冬奥会年度赛季初还捍卫着霸主地位，但在冬奥会上再一次泪洒疆场，痛失金牌。这警示我们决不能像对待一般比赛那样对待重大（如奥运会）比赛，要处理好一般比赛与重要比赛的关系。

运动员多参加比赛，多与高水平运动员过招，这无疑具有正确性。但是，运动员的参赛次数要把握好度，这个度的把握依项目及运动员个人特点不同而有所差异，但是，有一点是肯定的，即必须保证运动员专项体能处于最佳水平，才能确保运动员在比赛中特别是重大比赛中创造出最优异的运动成绩。因此，为了使运动员在年度重大比赛中获胜，将年度比赛分级，根据比赛的重要程度及比赛目标合理安排参赛次数及次序，是保证运动员在年度重大比赛中获胜的首选方案。

（三）训练与竞赛体制对体能的影响

我国要迅速提高速滑运动水平，并赶超世界先进水平，就必须有一个合理完善的培养体制，这是主要的外部影响因素之一。优秀运动员的培养过程是一个漫长的系统工程，必须抓好后备力量的培养，根据运动员各年龄阶段的特点，提出不同的任务和要求，有目的地进行系统训练。运动员多年系统的训练活动，必须以健全合理的训练体制作为保证。我们要根据现代短距离速滑运动发展的特点，重视科学选材，从小抓好运动员体能的系统训练，改变运动员体能某些方面不足、技术欠合理的局面。运动员的各级输送途径中要防止"拔苗助长"的情况和虚报年龄"以大打小"的现象。这涉及我国当前竞赛制度及奖励制度的进一步改革。同时，应选拔年轻和优秀的运动员集中训练，增加集训时间；让他们有更多锻炼的机会；调整训练大周期计划，改变目前我国优秀运动员训练、比赛以全运会而非奥运会为周期来安排的做法，这一点也是妨碍我国运动员完全与国际接轨和在国际大赛中取得更优异成绩的重要原因之一。

（四）现代训练负荷特点及专项化发展趋势对体能的影响

在科学技术和竞技运动高度发展的今天，人们不断地采取一切有效的方法和手段挖掘人体的运动潜力，最大限度地提高机体的运动能力。在诸多影响运动能力的因素中，训练负荷是最主要的。训练负荷的组成因素是负荷量和负荷强度，两者是对立统一的关系。任何一方加大对另一方都有一定影响，都能起到加大训练负荷的作用。运动训练是以其负荷的变化组合打破人体稳定状态，使代谢系统在短暂的时间内出现非衡现象。但在恢复期，机体通过自我调整又恢复平衡，如此的平衡—失衡—新的平衡，使各机能系统不断适应，从而提高运动能力。在运动训练实践中，最难掌握的是负荷量度的适宜性。负荷过大，易引起过度疲劳，对身体健康产生损害；负荷过小，又不能充分挖掘人体运动潜力，提高运动成绩。在多年的运动实践中，人们逐渐地认识到在构成负荷的因素中，负荷强度刺激引起的机体反应比负荷量强烈得多，能较快地提高机体各器官系统的应答水平，所产生的训练适应也比较深刻。从这个意义上说，强度比量更重要，而且竞赛主要是比专项强度。加拿大学者博南曾经对负荷量和负荷强度作过三种不同安排的试验研究，他设计了三种方案：第一种是突出负荷强度，第二种和第三种是突出负荷量。实验结果：第一种和第三种训练所产生的效果是一样的，但第三种方案所花的训练时间比第一种方案多40倍，从而有力地说明了要取得单位时间训练效益的最大化，增加负荷强度，尤其是专项负荷强度，是一条有效的训练途径。也就是说，在负荷诸因素中，训练强度为首，量为其次。

从能量供应的角度来看，在短距离速滑运动中人体的能量储备是充足的，关键是在有限的时间内如何发挥这种潜能，这就对训练方式提出了一定的要求，即如何提高能量的转化速率问题。很显然，低强度的大运动量训练，是难以达到这种效果的。

一般在准备期中训练负荷的主要构成因素是负荷数量，负荷强度较低，直到接近比赛时才逐渐提高强度，减少数量。这种训练负荷组成结构有不合理之处。首先，长时间进行大量低强度训练会使运动员出现疲惫状态，完成动作的发力速度缓慢，训练质量得不到保证，缺乏专项特点，尤其对短距离速滑这种快速用力项目不利；其次，它对高水平运动员的技术改进作用不大；最后，经过较长时间低强度训练后，再提高强度时难度较大，掌握不好易出伤害事故。因此，很多项目从20世纪80年代初开始，在训练负荷的安排上，广大教练员与运动员都将负荷数量相对减少，负荷强度增大，从而使训练针对性更强，更有效地发展了专项体能。以强度作为训练负荷的灵魂，已成为当今训练负荷安排方面的一种发展趋势，并为世界上大多数优秀运动员接受和采用。

训练负荷量和强度的交替发展是促进运动成绩提高的主要原因，其中以提高负荷强度作为高级训练阶段的重要手段。前苏联的奥卓林也认为，高水平训练阶段，通过增加大强度完成专项训练负荷量，以达到个人的负荷最大值。因此，运动员水平越高，训练负荷越应与比赛负荷相一致。即使在准备期训练中，仍要有一定比例的较大强度的训练（主要是专项技术和速度与爆发力训练），而训练时间和负荷数量则应相对减少。

不同专项运动员在竞赛中表现出来的体能特征各不相同，因此，训练的组织形式应尽可能地符合这些特征。当前世界短距离速滑运动已经发展到了相当高的水平，专项能力的作用越来越重要。运动成绩的提高，在很大程度上取决于运动员的专项素质能力和技术发展状况。近年来，科研人员和教练员更加重视对决定项目成绩的关键因素和项目特征的研究和探索，不断加深对各项目的制胜规律和特殊性的认识。按速滑专项和肌肉供能的特点，对运动员的主要训练手段进行分类，同时根据不同的训练时期和阶段的任务而采用不同的负荷强度和练习内容，在动作结构、肌肉用力特点、动作幅度和速度等方面均采用与专项动作相似或一致的练习手段，使体能训练手段具有明显的针对性和明确的目的性，有效地把"练什么"与"怎么练"有机结合起来，这是一种必然的选择。总之，在优秀运动员的训练中，专项训练的练习比例应加大，即使在准备期，一般训练也应只占次要地位，特别是高水平运动员专项训练阶段的专项训练负荷量和强度，要给予高度重视。

（五）营养与恢复因素对体能的影响

合理的营养作为一种外界促力手段受到广大教练员的普遍重视，运动员体能的好坏除与先天遗传和后天训练有关外，还在很大程度上取决于后天营养的质和量。现代速滑竞技运动对运动员体能要求越来越高，为了在竞赛中取胜，运动员在接近或超生理极限的负荷下训练，这就难免出现一些代谢的失衡。通过合理的饮食、特殊营养保健品及对症的中药补剂的使用可以矫正这些失衡，从而保持运动员良好的体能状态。因此，合理的饮食和营养学强化手段已经成为科学体能训练的强大后盾。

由运动引起疲劳进而导致机能水平提高，是在运动后恢复过程中实现的。因此，积极的恢复和训练活动一样是运动训练的重要内容，两者共同组成了完整的训练过程。科学地掌握好训练和恢复之间的关系是获得良好的体能训练效果的系统工程。近年来的研究和实践使人们的观念逐渐从"没有疲劳就没有训练"发展到现在的"没有恢复就没有提高"。运动员比赛与训练之后，能否迅速地将体能恢复至可以承受新负荷的状态，对于持续地进行高负荷的训练，更快地提高其竞技水平具有重要意义。现代短距离速滑训练在不断探索加大训练负荷途径的同时，也都在认真地寻求加快负荷后恢复过程的途径。负荷后的恢复已成为专门的训练内容，并采用专门的方法组织实施。

恢复是指人体机能和能源物质由负荷后的暂时下降和减少状态回到并超过负荷前水平的过程。现代短距离速滑竞技运动对运动员连续承受大负荷比赛和训练提出了越来越高的要求，从而导致运动员机体的疲劳程度加强，使教练员与运动员对于负荷后恢复问题的重要性的认识日益加强，并认为恢复是训练的延续，从而把训练与恢复放在同等重要的位置。目前，运动员所承受的负荷，仅靠机体自然恢复已远远不能适应训练的需要。因此，现代短距离速滑竞技运动中十分重视有计划地采用多种手段和措施，加快运动员体能的恢复过程。

普拉托诺夫的研究表明，运动员在从事不同性质的训练中，三个供能系统都不同程度地参与工作，并出现不同程度的疲劳。例如，运动员在完成速度性负荷时，机体的磷酸盐供能系统消耗最大，恢复最慢，无氧能力次之，有氧能力消耗最小，恢复也最快。同样在完成其他两种负荷时，也是如此。这表明运动员的三种供能系统所对应的三种运动能力，在负荷后恢复过程的非同步性。因此在安排运动负荷时，可以在一次负荷的次日安排另一种性质的负荷，而2—3天之后，当运动员与前一次主要负荷相应的运动能力处于超量恢复阶段时，则再次安排同一性质的负荷。

重视训练后的身体恢复，将恢复作为训练的一个不可分割的有机组成部分，尽快地恢复体能已成为当今世界高水平选手赢得比赛的资本。从目前体能项目训练的发展趋势来看，主动恢复已经逐步取代了被动恢复，优秀选手在赛次之间采用积极的恢复措施收到了良好效果。除了加强传统意义上的恢复措施和手段外，一些有氧训练也被作为提高恢复能力的重要手段。由此可见，当前对运动员机体疲劳的恢复，已经由传统上的被动恢复，变为以提高运动员基础代谢水平为主要内容的主动恢复，人们不仅仅在机体疲劳恢复的专门手段和措施方面注重恢复，而且从训练的负荷方面加强恢复能力的培养，从基础上提高运动员的恢复能力。这种看似简单的改变，其实是在实质上改变了传统的恢复理念。许多世界优秀选手之所以拥有较长的运动寿命，并能够一直保持高水平的运动能力，与这种新的训练恢复理念有直接关系。

（六）训练器材与设备的改进对体能的影响

通过器材的改进提高运动成绩并充分发挥运动员的体能潜力，是现代竞技体育科学化的又一个明显特征。克托莱新式冰刀的研制就是一个鲜明的例证。克托莱冰刀首先在荷兰国内悄悄兴起，通过使用其作用被充分证实，自1998年起得到世界各国速滑运动员的广泛青睐，在使用过程中纷纷取得了优异的运动成绩。在第18届冬季奥运会上，速滑成绩实现了历史上空前的飞跃。男、女速滑共10个项目有8项世界纪录被刷新。

然而，我国由开始对新式冰刀认识程度不够，之后经历了不以为然、迟疑、认同和跟随的过程。通过比赛验证，在1998年度全国速滑锦标赛上，男、女各项全国纪录几乎全被刷新。女运动员仅仅使用新式冰刀一年，就滑出了通常为男运动员的成绩。

从冰刀性能和技术分析来看，新式冰刀与传统冰刀无论是结构上还是功能上都存在很多区别。使用传统冰刀在比赛后程，由于体能下降，身体重心容易偏前，形成后蹬冰。膝关节伸展到160°时刀跟与冰面脱离，冰刀已无法用全刃蹬冰，刀尖切入冰面，蹬冰质量降低，滑行阻力增加，导致运动成绩下降。新式冰刀的刀跟与冰鞋能够自动脱离，身体重心移至冰刀前半部时可使踝关节跖屈，充分展直蹬冰腿，使冰刀在咬住冰面不滑脱的前提下继续侧蹬冰，打开踝关节，充分发挥前脚掌作用，蹬冰的作用力加大，从而发掘出比传统冰刀更大的推进速度。这一技术是使用传统冰刀无法做到的，运动成绩更无法相比，是运动成绩提高的主要原因之一。传统冰刀蹬冰技术主要发挥髋、膝关节的力量，而不能像赛跑运动员那样充分利用踝关节肌群的力量。赛跑时踝关节肌群力量的发挥程度要比速度滑冰大2—3倍，荷兰人正是据此研制出新式冰刀的。新式冰刀主要是根据腿部肌肉伸展的生物力学原理来设计的，新冰刀较传统冰刀蹬冰距离延长17%，这可充分发挥机体的潜能。

速滑技术原理涉及的一个重要因素，就是如何加大每一滑步的蹬冰力，即在保持基本动作结构的前提下，充分挖掘人体的体能潜能和技术潜能，革新后的冰刀及其新技术正符合这一原理和要求。这可从两种冰刀所产生的不同蹬冰效果得以证明。在使用传统冰刀完成蹬冰过程中，膝关节有效的蹬冰幅度只能达到160°—170°。如果从形式上完全展直蹬冰腿（膝关节展到180°），就要求运动员在蹬冰最后阶段有意识地做冰刀外转用刀尖拨冰完成蹬冰动作，但这一动作对加大蹬冰力、提高滑步速度是无济于事的，只能是白白做功并产生副作用（阻力作用）。然而，使用新式冰刀就解决了上述技术弊端，这是因为运用新冰刀从蹬冰动作开始直至蹬冰动作结束，冰刀刀刃始终保持与冰面接触（即使用冰刀前半部结束蹬冰动作），这就可使运动员在结束蹬冰动作时充分展直膝关节，使冰刀保持与滑行方向一致。这一动作可最大限度地降低冰刀与冰面间的摩擦力，将有利于运动员在蹬冰结束阶段充分利用腿部肌肉力量，对冰面施加更大的蹬动力量，达到最佳蹬冰效果。在第18届冬奥会上，运动员使用新式冰刀滑跑中、长距离时，每圈速度可提高1—1.25s。使用新冰刀可使运动员能量的释放提高10%，并且踝关节伸展在最后0.05s达到最高速度，目前世界优秀选手踝关节蹬冰角速度可以达到900°/s，因此，充分发挥了小腿肌群的力量。

目前，器材与服装的改进已成为进一步挖掘运动潜力提高运动成绩的一个突破口。在2006年都灵冬奥会上，荷兰人在器材的研发上又有新的突破，他们把新型碳素材料运用到冰刀的制作上，使冰刀的重量大大减轻，根据运动员的脚型采用高强塑料凝固制成的冰鞋，穿着更加舒适，犹如运动员身体的一部分。这也成为本届冬奥会荷兰选手取得优异成绩的一个秘密武器。各国运动员所穿着的服装也得到了大大的改进，其选用面料弹性强、表面光滑、薄而轻、可紧贴身体，不但大大减少空气阻力，而且便于动作的完成。这些措施都有效地促进了速滑运动员体能的充分发挥与运动成绩的进一步提高。

（七）教练员与运动员对现代训练理念的理解与把握能力对体能的影响

从现代竞技体育发展趋势看，无论是运动员还是教练员，都在从体力型向体力与脑力相结合的方向发展。从战略发展的眼光看，当今体育发展已进入科学训练的时代。科学训练是当今运动训练的一大主题。当今体坛，人们已不再满足于仅仅按照师徒相传的经验进行训练，而是纷纷从新理论、新技术、新器材、新方法和新手段去探索竞技水平提高的途径。这是在世界范围内方兴未艾的运动训练科学化的总体趋势。世界速滑运动训练水平的不断提高是现代训练理论日益进步更新和训练实践逐渐改进完善的结果。现代速滑体能训练已较大程度地利用了现代科技手段。例如，在训练过程中利用各种仪器测试机能状况和运动素质水平，利用专门设计的器械发展专项能力等。这些都使训练的针对性大大加强，有效促进了速滑运动训练向科学化方向迈进，从而迅速提高体能训练的效果。

由于教练员因素对运动员的成绩具有重大的影响价值，世界各国争相投资财力、物力和人力广泛对教练员问题进行深入研究。教练员是训练过程的主要设计者，是训练活动的主要组织者，也是训练管理的重要决策者。教练员的专业知识与理论水平、教育管理水平以及处理训练活动的思维方式都将对体能训练结构的合理性、组织与实施效果产生巨大影响。因此，世界各国都十分重视对教练员的培训。实践证明，抓好对教练员的培训是推动运动训练科学化的必由之路。

罗超毅在运动训练的科学化动力系统的研究中指出：运动员是实施科学化训练的核心要素之一，运动员具有实施者和实施对象的双重属性。当运动员处于初级水平时，他在运动训练过程中的自主意识比较弱，主要听从教练员的安排，按计划进行训练。随着年龄的增长、训练年限的增加和训练水平的提高，他们对运动训练活动的感性认识不断丰富，对训练客观规律的理性认识不断增强，其主观能动性和自主意识不断提高，在训练活动过程中由被动训练逐渐变为主动参与。运动员对所从事的项目特征和教练员训练意图、方法手段的理解能力将直接影响训练的效果。所以，提高运动员的科学文化水平是提高体能训练质量和水平的重要方面。

世界速滑运动发达国家都十分重视教练员的培训工作，以提高他们的理论水平和实践能力，从而促进了各个地区速滑运动水平的提高。运动员在运动场上的竞争，也是教练员幕后的较量。一个国家的教练员水平在很大程度上决定着整个项目的发展水平。世界速滑强国都有一批高水平教练员，加拿大、荷兰和挪威等速滑强国之所以能够多年居于世界领先水平，原因之一就是拥有一大批高素质的教练。他们的文化程度高，有过辉煌的运动经历和丰富的执教经验，有很高的学术水平和很强的创新意识，有自己独到的理论、方法和信条，并被实践证明和世界冰坛所公认。国内外运动实践证明：高水平教练员是培养高水平运动员的必要条件。当前我国速滑教练员，大多数是退役的优秀运动员，他们有多年的训练实践基础、突出的专项技术和参加重大比赛的丰富经验，但训练学理论基础知识较薄弱。虽然近年来，我国教练员的素质有了一定的提高，但在许多方面仍显不足。主要表现在自我开拓创新、及时了解国际速滑运动前沿动态和吸收消化先进的训练理论与技术的能力不强。因此，我们需要培养一批学历高、能力强、善于思考、勇于开拓、年富力强的教练员充实到我国短距离速滑教练员队伍中来。

四、体能系统观

（一）体能的系统分类和结构分析

美籍奥地利生物学家贝塔朗菲于 20 世纪 40 年代创立了系统论，他认为系统的定义可以确定为处于一定的相互关系并与环境发生关系的各组成部分（要素）的总体（集）。钱学森将系统表述为："由相互作用和相互依赖的若干组成部分结合的具有特定功能的有机整体。" 系统是一切事物普遍具有的根本属性，是物质存在的基础形式，是事物间一种本质的关系。"系统科学方法是指运用系统科学的观点和理论，按照事物本身的系统性，把研究对象放在系统形式中加以考察的方法。即从系统的观点出发，着重从系统与要素、要素与要素、系统与环境之间的相互联系、相互作用和相互制约的关系中，综合地、精确地考察对象，以最佳地或者有效地处理问题的一种方法。" 系统科学的理论认为：整体性是系统最为鲜明、最为基本的特征之一，系统之所以成为系统，首先必须有整体性。所谓系统的整体性，是指 "系统是由若干要素组成的具有一定新功能的有机整体，各个作为系统子单元的要素一旦组成系统整体，就具有独立要素所不具有的性质和功能，形成了新的系统的质的规定性，从而表现出的整体的性质和功能不等于各个要素的性质和功能的简单加和"。系统的功能，不是各部分孤立时所具有的，也不是各部分功能的简单相加，它大于各部分功能的总和。局部离开了系统整体，就没有意义；部分功能，一旦离开整体，也就不能存在；任何事物，都由相互联系和作用的部分相结合而构成有机联系的整体。系统论是辩证唯物主义世界观的组成部分，它把世界看作由无数层次的子系统构成的纵横交错的立体网络的大系统，是各要素组成的有机整体，而不是机械集合体。世上万物各成系统，又互为系统。系统的方法已成为现代科学中人们认识事物、分析事物的一种普遍方法。

体能系统观就是将体能作为一个有机整体，系统地加以考察研究所建立的观念。运用系统论的观点来认识体能，有助于我们从整体与部分、整体与环境的相互关系、相互作用中去研究体能的整体功能。根据系统论，我们对体能系统的认识应当从体能的结构要素、体能系统各组成要素间的相互作用、体能系统的整体功能和体能系统的主要外部影响因素等方面进行全面考察。

（二）体能系统的结构

系统的结构是整体与部分之间相互关系的中介。整体不等于部分的总和，是通过特定的系统结构来实现的。在哲学范畴，把结构解释为组成有机整体（系统）的各个部分，要素和成分相互结合的方式或构成的形式。它是由各要素、各成分的特殊本质共同决定的，按其发展的规律逐步形成内在的联系。从系统论的角度出发，系统的结构反映系统中各要素之间的联络方式、组织次序及其时空表现形式。结构是任何一个系统的具体构成形式，是系统内部各要素的排列组合方式，是系统的性质和数量的集中表现形式，是系统各要素之间相互作用最固定的和起决定作用的规律。只有依靠结构，才能把孤立的诸要素组成一个系统；也只有依靠合理的结构，才能组成一个优化的系统。系统科学理论认为，系统是指集合了若干相互依存、相互制约的要素，具有特定的功能，为了达到确定的目的而组成的有机整体。这个系统本身又是更大系统的组成部分；并认为，一个系统通常由要素（核心要素和外层要素）、系统和环境构成。体能作为一个系统，其结构是指构成运动员体能的各要素之间的一种固定和必然的联系，也就是指体能系统中各部分的空间和时间相互作用的规律性，以及各种力相互作用和能量相互转化的规律性。其下属包括身体形态、生理机能和运动素质三个子系统，并与外界环境紧密结合，成为运动员竞技能力大系统中的一个要素。体能的结构分为内部结构和外部结构。体能的内部结构是指体能系统内各要素之间的相对稳定的联系方式、组织秩序及其时空关系的内在表现形式。体能内部结构取决于体能系统中的各要素和由这些要素联系形成的关系及其表现形式的综合，并由这样的综合导致体能系统的一种整体性规定。体能的外部结构是指体能系统外部各要素之间的相对稳定的联系方式、组织秩序及其时空关系的表现形式。

从系统内部结构来看，内部结构反映了系统的内部关系。研究表明，人体各器官、组织和细胞的形态结构是其功能的物质基础。一定的结构具有一定的功能，即结构决定功能，特定的形态结构实现特定的机能活动。反之，机能状态也能对形态结构产生相应的影响，两者相互依存、相互制约。运动素质是指运动员机体在运动时所表现的各种能力，通常包括力量、速度、耐力和柔韧等。而力量、速度、耐力和柔韧等运动素质，实际上是人体形态结构与机能在神经系统支配下的一种综合表现，是运动员的整体运动机能。同时，运动素质的发展反过来又对运动员的形态结构和机能产生一定的影响。三个构成因素中，运动素质是体能的外在表现，是体能结构中最具代表性的和最具活跃性的指标。所以，在运动训练中，多以发展各种运动素质作为体能训练的重要内容。短距离速滑运动员在体能训练过程中，要力求运用各种有效的训练方法与手段，改造自身的身体形态，提高有机体的机能水平和发展各种运动素质，以达到整体提高体能水平的目的。

（三）体能系统各要素的相互关系

系统是由若干要素构成的，在系统的运行中，各要素发挥各自独立的功能。同时，各组成要素并不是相互独立的，而是相互联系、相互依存、相互制约，共同服务于系统的整体功能。

根据系统理论，我们来分析体能系统的三个要素。运动员的身体形态是由高度、长度、围度和充实度等组成，不同的运动专项对机体的形态有不同的要求，特定的身体形态有赖于遗传，同时也是专项训练适应性改造的结果。身体形态是否适应运动的需要是决定运动员专项成绩的一个主要方面，对运动员身体形态的塑造是现代体能训练的重要内容之一。

生理机能主要包括循环、呼吸、运动、内分泌等，身体机能适应运动需要的能力主要体现在机体各器官系统的功能和体内主要能源物质的储备等方面。不同的运动项目对各器官系统的机能要求是不一样的，如耐力性项目对运动员的呼吸机能、心血管机能以及肌肉的有氧代谢机能都有较高要求，速度性项目对运动员的无氧代谢机能要求较高。身体形态结构和生理机能是体能的最基本要素，这两个要素构成了体能的物质基础，也决定着身体素质水平的高低，从而最终决定体能水平的高低。同时，身体形态结构和生理机能之间又相互影响、相互制约。人体器官系统的形态结构与其机能有密切的联系。器官形态结构对运动的适应性变化有助于机能的提高；反过来，机能状态对形态结构产生相应的影响，两者相互依存、相互制约。例如，心室容积的扩大和心壁的增厚促进了心脏泵血机能的提高，而心脏泵血机能的提高反过来使心脏充盈期有更多的血液回流，有助于心室容积的扩大和心壁的增厚。

身体素质是体能的外在表现，它的主要作用在于将身体形态结构和生理机能提供的潜能在运动中展示出来。形态和机能的变化是身体素质变化的内在因素，是各种运动因素相互作用的纽带。身体素质在体能系统中处于核心地位，因为身体形态结构和生理机能水平提供的只是一种可能性，在训练和比赛时要把这种可能性转化为现实性必须借助身体素质。身体形态结构和生理机能共同决定了身体素质发展水平，而身体素质的提高反过来有利于机体在训练中承受更大的运动负荷，从而进一步促进身体形态结构的改善和机能水平的提高。

从结构的层次性来看，身体的形态结构和生理机能处于体能的基础层次，在体能系统中发挥着基础的作用，而身体素质是建立在二者之上的，它直接彰显出运动员体能水平的高低。

人体的形态及机能状态是决定其运动素质水平的基础。运动员身体形态、生理机能及其运动素质是构成人体运动能力的各个不同层面。运动员身体形态是其生理机能和运动素质的物质载体；生理机能是运动员身体内部各器官系统的功能体现，是运动员体能的生理学基础；运动素质是运动员体能状态的具体外在表现。

（四）体能系统各项运动素质表现的整体性

"运动素质是运动员在运动过程中，有机体在中枢神经系统的控制支配下，通过肌肉活动所表现出来的各种基本运动能力，主要表现为肌肉收缩力量的大小、完成动作的频率、体位移动距离的时耗、保持肌肉持续工作时间的长短、运动肌群之间活动的协调配合和各个关节活动范围的大小等方面。"在狭义上，运动员的体能水平主要通过运动素质表现出来。

运动素质的表现是多元的，在体育运动实践中很少有某项运动只要求一种运动素质参与，一般都是多种运动素质共同发挥作用。它们彼此独立，又相互影响、相互促进和相互制约。其实，从人体生物学的本质上讲，人体所有运动能力或运动素质的表现均来源于骨骼肌收缩。做功所消耗的能量均从糖、脂肪、蛋白质等能源物质中获得，而把这些物质中的化学能转换为机械能则只有在肌肉中进行。在运动训练理论与实践中，人们很难区分与单独实施纯粹意义上某一种运动素质的训练。

在发展某一运动素质（如力量）的同时，也对其他运动素质也会产生影响（速度和耐力）。这种以三大能量代谢系统为基础，以骨骼肌收缩为核心所表现出来的力量、速度、耐力、柔韧和灵敏等运动素质或运动能力，在运动中不是孤立存在和独立发展的。这种身体素质和能力不仅具有生物力学特性，还具备生物化学的特性，它们之间具有多维度不同程度的互动关系。人体运动的复杂性使这些运动素质和能力表现出互动性、多样性、转移性、特异性和统一性等特点。在竞技运动实践中，不仅存在力量、速度、耐力三种基本运动素质的两项结合，即速度力量、力量耐力和速度耐力，还存在力量、速度、耐力三种运动素质的多项结合，即力量—速度—耐力的复合运动素质。在发展主要生物运动能力的同时，很可能产生某种积极的和消极的转移。例如，当力量得到发展时，有可能对速度的发展甚至在某种程度上对耐力的发展也产生积极影响；相反，有时旨在发展最大力量的力量训练，很可能对耐力的发展产生消极影响；专门用于发展有氧能力的训练，可能阻碍力量和速度的发展，而专门性的速度训练则往往具有某种"中性影响"等。

运动训练为了实现特定的人体整体功能态，在中枢神经系统和内分泌的调节控制下，各器官和系统之间有特定的整体协调关系。这就是运动素质的整合，"整合就是把诸分离部分结合成一个完整和谐的整体，运动素质整合是运动员整体功能的统一表现，是机体各种复杂的内在变化的一种整体外在表现"。

训练刺激对人体机能的改变虽然分别表现在各个系统、器官和组织，但最终必然是相互内在地联系在一起的，忽视人体运动能力整体状态的作用，就无法全面地了解和解释人体运动能力提高的实质。运动员的各种运动素质是人体整体功能的动态表现，是有机体各种复杂的内在变化的一种整体外在表现，构成了特定的整合状态。各种运动素质之间不是泾渭分明、条块分割的，而是相互渗透、相互作用，形成一个整体开放的系统。

整合是系统科学的哲学命题，其实质说明系统的整体具有系统中部分所不具有的性质。所以，系统整体的性质不可能完全以系统要素的性质来解释。整合所揭示的是由若干要素组成的具有一定新功能的有机整体，各个作为系统子单元的要素一旦组成系统整体，就具有独立要素所不具有的性质和功能，形成了新的系统特性，从而表现出整体的性质和功能不等于各要素的性质和功能的简单相加。一般系统论的创立者贝塔朗菲指出："整体大于部分之和。"其含义是整合特征不能用孤立部分的特征之和来解释。由此可见，整合是从系统整体的角度对事物的认识过程。

系统是由要素组成的，整体是由部分组成的，要素一旦组合成系统，部分一旦组合成整体，就具有了要素和部分所不具有的功能。其内部结构的优化整合将导致整体功能作用的放大。

（五）运动素质的整体性与专项能力的关系

专项能力是指运动员参加专项竞技运动和训练所具有的专门能力，是运动员在比赛中创造优异运动成绩的决定因素，是由运动员的各项运动素质的发展状况所决定的。每一专项都有其不同的运动素质组成结构，专项特点的不同决定了其对运动素质要求的不同。在运动训练实践中，常常有两种情况：一种情况是某运动员的速度和力量素质都很好，但他们专项所需要的速度力量或爆发力并不好。这是因为在他们的速度素质和力量素质之间缺少有机的整体联系，作为一种复合运动素质，速度力量或爆发力并非速度和力量的简单加和。另一种情况是运动员的专项能力或专项素质很强，但并不是该名运动员的各种运动素质都强。这种现象在运动训练实践中具有一定的普遍性，专项运动素质并非各种运动素质的简单相加。在各项运动素质或体能训练中，力量、速度或耐力任何一项、两项或三项的发展不等于运动员体能整体功能水平的提高。各种运动素质重新整合为新的专项运动素质，其系统整体性需要的是系统内部与外部的互动作用。这种专项运动素质是由若干运动素质与专项特征相结合而产生的具有一定新功能的有机整体，具有独立的基本运动素质所不具有的性质和功能，具有明显的专项性特征。就耐力素质而言，运动员的耐力水平是运动素质多因素的综合互动效应。耐力水平不是由运动员有机体单一运动素质决定的，而是与人体各个组织、器官和系统的功能密切相关。其中，与呼吸系统、心血管系统、代谢系统的功能显著地密切相关。同时，又与运动员的速度、力量、耐力、协调和柔韧各相关素质水平密切联系，其中与速度、速度力量和速度力量耐力及协调能力显著地密切相关。力量素质是影响速度水平的重要因素，但耐力项目运动员发展力量，应立足于速度力量和速度力量耐力的改善和动作频率的提高，才能获得专项所需要的速度。速度、力量和耐力是一种复合素质，它的水平高低并非由速度、力量和耐力中的某单一素质所决定，是速度力量、力量耐力和速度耐力三者的综合水平。

复合运动素质是运动项目特征和运动员个体特点的客观存在，也是训练理论与实践中经常遇到的实际问题。不同运动项目，其力量、速度、耐力三种基本运动素质不仅存在两种运动素质结合的特征，还存在三种运动素质结合的特征，即力量—速度—耐力三维重叠特征。这种复合运动素质所表现的专项运动特性就是力量、速度、耐力整合的专项体能整体功能。其实，人们在运动训练理论与实践中，很难区分与分别实施对某一种运动素质的训练。这种以三大能量代谢系统为基础所表现出来的力量、速度、耐力等运动素质和能力，不是孤立存在和独立发展的。

就某一具体运动项目而言，其专项运动能力的高低主要取决于专项运动过程中能量的供给、转换和利用的能力。运动时的能量源自无氧磷酸原、糖酵解和有氧代谢。三大代谢供能系统构筑了该项目运动员力量、速度、耐力等素质的生理基础。在专项运动过程中，这三种能量代谢的结构比例，反映了运动员专项运动素质整合结构的不同类型。磷酸原供能强的运动员输出功率最大，具有较好的力量和速度素质。这类运动员在比赛中出发和冲刺能力较强。糖酵解能力较强的运动员在比赛中能保持较长时间的高速度，即速度耐力较强；有氧代谢能力强的运动员一般具有良好的耐力素质，但其速度和力量素质一般较差，这些都是由各运动项目的特点决定的。专项运动能力是各项运动素质优化组合的整体性功能表现。

虽然不同的专项都有其主导运动素质，但这并不否认辅助运动素质的重要作用。日本学者根本勇在研究竞技能力结构模型时把经济学的"木桶模型"应用于运动训练领域。这一模型认为，盛水的木桶由若干木片所围成，用桶中所盛的水面的高度表示运动员的总体竞技水平，各个木片的长度则代表不同的子能力。由于各自能力发展的程度不同，所以各个木片的长度也不同。在这个模型中，水桶里能盛多少水，并不取决于那些长木片所代表的优势子能力，而是取决于最短的木片所代表的劣势子能力，因为长木片本来有可能存的水会从这些最短的木片所造成的缺口流出去。这一模型提示我们，要找出运动员竞技能力中最差的子能力，及时地予以相应的发展，借以促进运动员整体竞技水平的提高。"木桶模型"表达的是一种对平衡的追求，要求我们注意发展不同竞技能力之间的均衡性特征，通常称为"补短"。在运动素质内部这种现象是客观存在的，主导运动素质是专项训练的核心，但核心素质的发展离不开其他素质的辅助支持，更何况各种运动素质本身就是紧密联系的，之所以把它们分开是人们为了研究的需要。只有核心运动素质的高度发展，没有其他辅助运动素质的支持，专项运动能力的发展就会出现非均衡性，表现出某种缺憾，这种缺憾会成为其创造优异运动成绩的限制性因素，从而表现出单一的运动素质很突出，而专项成绩很一般。

主导运动素质的高度发展是建立在各种辅助运动素质的全面发展之上的，各种运动素质的全面发展是主导运动素质进一步提高的基础。专项运动能力是以项目的主导运动素质为核心的各种运动素质整合的外在表现，实质上是人体各项运动素质整体功能的反映。在运动素质内部各种运动素质的协调发展会使机体的整体功能态得到优化，从而展示出"整体大于部分之和"的整合效应，运动员各单项运动素质的表现都一般，却能取得较好专项成绩，就是这种现象的充分体现。

在运动训练过程中，机体通过训练刺激—疲劳—超量恢复之间的稳定与失稳的矛盾来实现运动员体能的提高。即使系统在整体上是稳定的，系统中也可能存在局部的不稳定性。而且，正是因为系统中存在不稳定因素，这种最初个别的、局部的不稳定因素，在一定条件下得以放大，超出了系统在原有条件下保持自身稳定的条件，导致系统保持自身稳定的能力遭到破坏，使系统整体上失稳，进入不稳定态。系统中的不稳定因素，反而成为系统整合的积极因素。系统之所以是稳定的，是因为系统内部存在内稳定的机制，从而对于系统中不可避免的随机突变进行选择，有利者加以利用，不利者则予以淘汰，使系统功能可以稳定地向更高方向发展。体能的提高过程正是遵循这一规律的。

（六）体能与竞技能力系统的关系

"竞技能力即指运动员的参赛能力，由不同形式和不同作用的体能、技能、战术能力、运动智能以及心理能力所构成，并统一地表现于专项竞技过程之中。"体能是竞技能力系统的一个重要组成要素，与其他各要素之间存在复杂的相互影响、相互作用的关系，它们以不破坏系统的相对稳定性、独立性为原则共同处于同一系统中。竞技能力的5个构成要素，在不同的项目中作用与地位各不相同，但无论运动专项的主导竞技能力是什么，体能在其专项中的作用都是不可忽视的。我国著名训练学家田麦久博士提出的项群训练理论的分类体系中，按竞技能力的主导因素对运动项目进行了分类。在运动训练实践中，这是一种操作性较强的分类方法。短距离速滑属体能主导类项目，在体能类项目中，体能的作用是最为突出的。有关体能类项群的研究表明，体能类项目运动员提高其竞技水平的关键是在熟练地掌握合理的动作技术的基础上，主要依靠不断发展体能水平，以更大的力量、更快的速度和更强的耐力促进整体竞技能力的不断提高。因此，体能在这一类项目竞技能力的构成中居于主导和核心地位。短距离速滑竞技运动中，体能无疑是运动员竞技能力系统中最突出和最典型的一种能力。

1. 体能和技战术的关系

技术和战术通常统称为技能，任何一个专项都有其独有的技战术特点，它是运动员为了在比赛中战胜对手所采取的具体方法和手段，正因如此，不同项目表现出其特有的专项特征。运动员良好的体能是技能发挥的重要基础和保障。体能是技能保持稳定的重要物质基础，专项所需要技术的稳定性发挥，以及各种战术的运用都是建立在良好的体能基础上的。没有良好的体能，技术就会变形、达不到一定的规格或者根本完不成，战术也是在充分考虑体能状况的基础上所采用的目的性行为。尤其是体能类项目，其战术的运用主要取决于体能的现实储备状况，其实质就是如何正确分配体能，使体能在整个比赛中的运用达到合理化和最佳化。

在比赛中运动员的技术对其体能表现产生重要影响，体能与技术的关系是相辅相成的。在比赛中，运动员的技术对体能表现的影响主要体现在两个方面：第一，良好的技能有利于运动员体能的充分发挥；第二，良好的技能有助于运动员体能的节省化。衡量运动员技能的标准主要有两个：一是合理性；二是经济性。合理性是指，技术符合人体解剖结构特点、生物力学原理和机能活动规律；经济性，简单地说，是以消耗最小的能量达到最大的运动效果。经济性与合理性是密不可分的，技术动作只有具备了合理性才会有经济性。娴熟合理的技术有助于节省体能，因为熟练的技术是建立在大脑皮层兴奋分化和牢固的自动化基础上的，它可以有效地减少因兴奋泛化而带来的多余动作。熟练的技术是大脑精确支配肌肉收缩的结果，它使主动肌群、协同肌群和对抗肌群在运动时更加协调，使人体以精确的力量和速度，按照一定的次序和时间去完成所需要的动作，有效地减少了不必要的能量消耗，提高了能量的利用率。另外，良好的技战术能力还有助于运动员控制比赛节奏，使比赛尽量按照自己的节奏进行。这不仅有利于自身体能的发挥，同时也避免了无谓的体能消耗。

体能训练的内容、方法手段的选用，都要严格服从于其专项的特点和专项运动能力提高的需要。不符合专项要求的体能训练是没有意义的。体能训练只有与专项技战术科学紧密结合成一个整体，才能发挥积极的作用。科学的体能训练，可有效地促进人体各器官、系统的生长发育和调节改善生理机能，使身体更加强壮、精力更加充沛，技战术的表现更加稳定。体能是技术的基本保障，也是战术赖以发挥的基础。

2. 体能与心理、智能的关系

现代竞技体育对运动员的心理、智能提出了越来越高的要求，在训练或比赛中，运动员对自己体能状态的感知能力和控制能力对体能的发挥产生直接影响。在竞技运动中，运动员常常在激烈的对抗下，在逆境中进行艰苦的比赛。此时，运动员良好的心理状态和随机应变能力往往成为夺取胜利的关键。许多研究结果证明：技术和体能对低水平运动员成绩的影响占 80%，心理因素占 20%，而这两个因素对高水平运动员的影响所占比例正好相反。这说明运动水平越高，对其心理素质的要求也越高。运动员自控能力的提高和心理稳定性的加强是高水平运动员的重要特征之一。

　　良好的心理状态和较强的自我心理调节能力有助于最大限度地激发运动员的生理潜能，完成比赛任务；而不良的心理状态或自我心理调节能力差，常常导致思想包袱过重，心理压力过大，比赛过度紧张，消耗过多的心理能量和生理能量，而且会造成食欲下降、难以入睡、精神不集中等诸多问题，从而使身体产生抑制，运动员的体能下降，影响比赛时的竞技状态，不利于体能的发挥。所以，运动员在训练比赛中，在消耗巨大生理能量的同时，还必须付出巨大的心理能量。运动员在承受生理负荷的同时，也在承受着心理负荷。那些意志力顽强的运动员在比赛中更容易战胜疲劳，而那些意志品质较差的运动员往往会提早因疲劳而无力坚持下去。

　　体能状态与心理状态是密不可分的，良好的体能是形成良好心理品质的物质基础，运动员对自己良好体能的感知是建立自信、形成强烈竞争欲望的基础，这是身体与心理统一性的充分体现。在体能训练过程中，实际上就伴随着心理的训练。通过体能训练，可以有目的地培养运动员适应大赛的心理素质。同时，顽强的意志品质的培养也是建立在运动员体能发展的基础上的。体能训练是改善和提高人体运动机能，并逐步达到专项成绩目标要求的极其艰苦的训练过程，这个过程对人的意志品质的影响是极其深刻的。因为，体能训练要通过身体反复多次地向身体极限冲击，克服生理障碍，具有一定的艰巨性，运动员必须有决心、有毅力、不怕苦、不怕累和长期坚持才能见效。所以，它有助于培养运动员吃苦耐劳、坚持不懈的思想作风。同时，由于体能训练具有对抗性和竞争性，要求同伴密切配合，对手间要斗智斗勇进行竞争，因此有助于磨炼运动员的意志品质，培养运动员良好的心理与智能。

　　体能是竞技能力的重要组成部分，是竞技能力系统的一个重要组成要素，它与竞技能力系统中的其他要素——技术、战术、心理和智能，相互联系、相互作用共同构成竞技能力系统。在由运动员体能、技能和心理能力相互联系、相互制约的关系中，体能是形成运动员技能的基础，它相当于竞技能力的"硬件"。"没有体能，技能会成为无源之水；没有体能，心理能力则成为无的之矢；总之，没有体能，竞技能力也就无从谈起。"

　　短距离速滑是体能主导类项目。根据项群训练理论，各竞技能力决定因素的作用是不同的："运动员的形态、机能和身体素质起决定性作用；技术和心理起重要作用；战术和智能起基础性作用；运动技术是身体素质和机能得以充分发挥的方法和途径；身体素质和机能是运动技术的基础；身体形态是身体素质和形成合理的运动技术的基本条件，对身体素质的提高和运动技术的掌握有较大的影响；心理是运动员完成艰苦训练和在激烈的竞赛中充分发挥水平的重要保证。"

（七）体能系统周期性变化的有序性

运动员的体能在训练过程中呈周期性变化，这种周期性变化是通过体能状态无序和有序的相互转化实现的。体能内部各要素之间以及体能与负荷之间的相互作用机制，是运动员体能状态出现无序到有序现象转化的原因。运动员体能的各个构成要素之间相互联系和相互影响，各要素与训练负荷之间存在一种非线性作用机制，这是耗散结构的一大特征。普利高津用"涨落"来描述这种非线性关系。正是因为这种非线性作用机制的存在，才使耗散结构得以形成，使其变化表现为"突变"。在没有施加训练因素的影响时，运动员的体能处于一种非平衡的相对稳定状态。也就是说，耗散结构理论中所说的非平衡性，即远离平衡的相对稳定状态或有序状态。运动训练过程中，运动员体能的发展，就是这种远离平衡的相对稳定状态不断迁移的结果。在运动训练系统中的体能系统，不断地接收来自运动训练系统的各种负荷刺激而作出应激反应。在不同的训练阶段，施予机体的刺激是不同的。在进行体能训练时，应注意运动员体能发展的不平衡性，如在准备期的开始训练阶段以有氧训练为主，然后逐渐过渡到无氧训练。那么，在开始阶段运动员的有氧能力就得到优先发展，而其他素质则没有明显变化。这一点我们在头脑中要有一个明确的概念，在不同的训练阶段要有不同的主导训练目标。

由于人体适应机制的存在，运动负荷刺激可以对人体产生三种训练效应："即刻训练效应""延续训练效应"和"叠加训练效应"，即各项素质的整合效应。体能是一个有机整体，在评价运动员某一阶段的体能时并不是指某一项体能因素的水平，而是指整体水平。但是，运动员体能的整体水平并不是训练过程中各种体能因素整体平行发展形成的，而是通过在训练的不同阶段重点发展某项运动素质，最后通过整体训练效果叠加形成的。"在训练中通过方向性地激发扩大涨落，依靠整体稳定性，突破局域稳定性，进入新的稳定态，就实现了功能的提高和成绩的进步。"但是，并非一次刺激就会实现某种状态的改变，而需要无数次的强化、反馈和调控才能实现。也只有某种训练刺激的量和强度足够大时，体能状态才会发生改变，才会向有序的方向转化。

人的能力系统的资源是有限的，也是相对稳定的。当系统耗散的有序物能大于流入时，系统会偏离平衡状态。运动的各组成成分、整体结构和保证运动形态和机能系统发展是不平衡的。体能系统就是这样一个结构，在一定的限度内，体能系统的膨胀依靠的是更多的物能流入和内部资源的整合。在体能的形成期，运动员个体不断地从环境中吸收训练信息，接收训练刺激，逐渐形成新的有序结构。随着比赛的进行，人体系统开始偏离平衡态，使体能的稳定状态出现暂时紊乱，机体生理过程不能维持其机能在特定水平上和预定的运动强度。这时，机能的有序结构则被打破，体能资源不断耗散。比赛越多，规模越大，压力也越大，体能资源的耗散也越多，最终导致整体竞技能力的下降。在过渡期，由于体能的前期耗散，竞技状态降落到最低值，但这一时段可为人体竞技能力系统赢得重新调整的时间，人体系统与竞技能力系统通过内外的物能流动进行平衡状态初始化。这个平衡的初始化过程是非常必要的，是赛季耗散后必需的回归过程。否则，"人体系统持续负熵化会出现系统坍塌危险，从事任何高强度工作的人都必须经历这样的过程"。

第二节　国内外体能训练的发展历史

一、中国体能训练历史变迁

（一）发展历程

1. 体能训练的萌芽引进时期（20 世纪 90 年代末—2000 年）

从历史文献来看，体能是中华人民共和国成立初期就有的词语，1956 年，《人民教育》发表的《关于改进学生健康教育的几点意见》中提出学生体力、体能的增长不够迅速的问题。1959 年在《人民卫生》发表的《肺活量计式体能指数换算器创制成功》出现体能指数。1977 年陈雷昌在文献中表示身体训练的目标是要提高全面体能。在这较长的一段时间内，体能的用词环境在身体训练、身体素质、身体能力中，词义基本指向身体有关的体质或体格。1980 年以后，中国学者对体能有了新的认识，1980 年第一次把体能问题独立出来。吕文元提出在运动训练工作中，根据不同的范畴，通常把它分成作风（或意志品质）、技术、战术、体能四个方面，这是现代体能表述中最直接的体能范畴。田麦久[1]提出了按照运动所需能力主导因素为一级分类标准，把运动项目分为体能类、技能类两大类。2000 年体育局官方出现了"119 工程"，即体能类基础大项的概念。

2. 体能训练的自我发展时期（2001—2008 年）

随着北京奥运会申办的消息传出，2001 年国家体育总局启动体能训练培训计划，国家体育总局先后组织多个高水平教练员和体育专业人才赴德国、美国、法

---

[1]　田麦久，刘筱英．论竞技运动项目的分类 [J]．体育科学，1984（3）：41-46.

国等国家进行培训交流。培训过程中新的训练理念、训练方法和技术不断地被引进国家队备战重大比赛的训练中，特别是对美国、德国等国家的体能训练的一些新理论引发了我国竞技体育领域的科研人员、教练员对现代训练和体能训练的新认识与新思考。随着北京奥运会备战工作的进一步推进，自 2004 年开始，国家体育总局科教司邀请美国体能协会（NSCA）有关专家到我国进行体能培训，先后举办 4 期美国国家体能协会认证体能训练专家培训，一批理论水平强、实践经验丰富的对体能训练特别感兴趣的年轻教练员和科研人员积极参加培训，并进行了美国体能协会体能教练考试，这是我国第一批获得国际体能教练资格认证证书的人员。2006 年，在体育总局人事司、科教司和竞体司的指导下组织第一批国家级教练员赴美体能训练培训班，到美国体能协会进行学习，这也是国内第一次全面接触美国的体能训练。至此，体育总局每年都会派出 1—2 批教练员和科研人员到美国或其他体育强国去学习，培养了一批从事体能训练研究的学者，把全新的科学体能训练理念引入各支国家队。这一系列的工作逐步打开了我国竞技体育领域国际体能训练的窗口，带动我国现代体能训练手段多样化、实用性。通过学习与交流，大量国外先进的有关体能训练的理论成果、训练手段与方法被逐步引进，一批新的训练理论与方法被不同项目国家队和各省市地方队教练员、科研人员学习，并逐步应用于训练实践，并将总结出的有关经验与方法应用于 2008 年的奥运会训练实践中。在备战 2008 年奥运会过程中，国家科研人员在训练实践中学习国外体能训练理论成果，将这些成果逐步应用到备战奥运会的训练实践中，并在实践中积极分析训练过程、总结训练经验与效果，探讨训练中存在的问题，并逐步形成一些符合我国体能教练员培养、训练理论和实践训练方法的理论与应用成果。

3. 体能训练的自我创新阶段（2008 年至今）

随着 2008 年北京奥运会的华丽落幕，我国竞技体育实现了位居奥运会金牌榜第一，圆满完成了中国人百年奥运梦想。2008—2010 年，上海体育职业学院等出版的美国体能协会体能教练培训教材《体能训练概论》，张英波博士编著的《现代体能训练方法》《现代体能训练——核心力量训练方法》等，这些读物的出现为日后形成我国体能训练理论体系与方法打下良好的基础。2017 年成立的中国体育科学学会体能训练分会，开展中国体能教练认证培训体系研究，组织编写了《中国体能教练培训教程》。东京奥运会备战期间，国家体育总局成立备战东京奥运会身体功能训练团队，联合国家体能训练专业机构和国内体育高等院校、科研院所，为备战奥运会提供理论研究、训练实践服务等方面工作。近几年，国家体育总局在国家队推行体能铁人计划，无疑是一次积极的有意义的尝试。现阶段，体能训练的研究与应用逐步向全民健康、儿童青少年、老年人康复和特殊人群发展。

（二）发展现状

1. 体能训练人才培养现状诟病

目前，我国对体能教练的需求量很大，特别是高水平的体能教练。我国体能教练很大一部分来源于体育高等院校，北京体育大学、上海体育学院、武汉体育学院、沈阳体育学院等学校都开设体能训练专业，其专业类别划分在运动训练学中。但这些学校整体的硬件设施、专业课设置、教师水平、国际合作等方面的综合水平与实力差距较大，专业水准整体不高，主要是由于目前我国培养体系不完备，导致体能教练尚有缺口。

2. 体能训练重视程度问题

相比之下，体能训练在国内起步较晚，全面深入推进体能教练下队执教仍有很大难度。由于接触时间较短，主要是大家对体能的理解还不够深入、认识还不统一，过去以技术训练带体能理念根深蒂固，技术教练已习惯了以往的计划安排模式，毕竟时间是有限的，如果在原有的时间里划出一部分时间专门训练体能，技术教练员担心技术水平由于训练时间不够会下降，担心体能训练课后对技术训练质量产生干扰，甚至队医会担心在体能训练强度和量增强后，会诱发陈旧性损伤。再好的技术、战术没有体能支撑也不能充分发挥，没有体能更谈不上心理上的自信，体能是技术、战术、心理和预防伤病的基础。

3. 体能教练认证途径落后

中国体能教练的匮乏跟高等院校体能训练专业的缺失、社会体能训练行业的认证滞后有一定关系。体能教练是一种职业，职业就应有相关资格证书，就应持证上岗。这一方面西方国家相对成熟，但国内仍属新生事物，首先体能教练还没有进入中国职业大典，体制内就没有办法定岗定编。另外，中国的体能教练行业认证又相对滞后，导致在中国境内国际、国内各种体能教练认证满天飞，甚至还有打着中国体能教练认证的旗号在全国进行批量认证培训，而且培训的水平参差不齐。体育总局相关部门也意识到了这个问题，中国体育科学学会成立体能训练分会，在体能训练分会的大力推动下，业界开始引进翻译出版世界权威性体能训练教材和专著，创建中国自己的体能教练培训体系，并于 2019 年年初顺利举办了第一期中国体能教练培训考核，对于规范中国体能教练培训、培养、管理、使用和有序发展无疑将起到至关重要的作用。

二、国外体能训练的历史变迁——以美国为例

（一）发展历程

美国体能训练体系及其表达的对现代体能训练的认识，不再是围绕具体身体指

标的训练方法或手段，而是围绕竞技目标所进行的运动与训练活动。它带给我们的不仅仅是体能训练，还包括对运动生命科学基础、运动健康与竞技训练水平发展的职业细分等体能训练系统化的深刻理解。所以，对于美国的体能训练我们需要从它的发生与背景层面进行深入了解，才能形成比较完整的认识。在 20 世纪 50 年代，在西方术语中出现了 fitness 的概念，对应体能的意思。美国作为运动科学发展比较完善的国家，拥有专门的体能训练协会——美国体能协会（NSCA）。美国体能协会是目前世界上最有影响力的体能专业协会，协会成立于 1978 年，是全球体适能领域中最具权威的专业组织，现有会员近 50000 名，其颁发的资格证书得到了全球超过 60 个国家的认可。NSCA 的会员多为来自运动、医疗领域的专家，包括医生、大学教授、科研人员、运动学专家、康复治疗师、运动训练师等。其宗旨是研发和运用最有效和适当的训练方法，不断完善和提高体适能的专业水平，架起理论与实际的桥梁，以长期保持在世界体适能领域的领先地位。它的发展分为三个阶段：

发展时期（1960—1978 年）。1969 年，美国内布拉斯加大学聘请 Bob Devaney 作为校橄榄球队的全职力量教练；1978 年，美国体能协会成立，并举办全国性会议，选举出州负责人并出版体能训练刊物。

拓展时期（1979—1997 年）。实行协会会员制度并在全国范围推广，会员数量快速增长；1984 年，认证委员会成立，并启动 NSCA-CSCS 认证；1987 年，出版学术刊物；1993 年，启动 NACA-CPT 认证；1994 年，出版官方教材。

深化时期（1995 年至今）。在这个时期，第 2—4 版官方教材相继问世；开展注册体能教练和战术体能教练项目并推行特殊人群体能教练认证；与美国大学体育协会（NCAA）、全美高中联盟（NFHS）和全美校际运动员管理协会（NIAAA）建立战略合作关系。

美国还有其他的一些行业协会在体能训练领域进行资格认证和教育培训。美国体能领域相比中国的一个重要特点就是大众健身和竞技体育相结合，许多机构同时服务于这两个领域。美国体能协会最初把体能分成健康体能和竞技体能两部分，目前的认证主要涉及高水平竞技体育体能教练、大众健身私教、军事战术体育体能教练以及特殊人群体能教练。

（二）发展现状

1. 体能教练的多样化

截至目前，全世界有 60 个国家会员加入美国体能协会，通过体能教练资格认证考试的有 50000 多人持有 NSCA-CSCS 资格证书。其中美国领取证书执教的体能教练为 11000 人。拥有资格证书的人数占全世界的 1/3，其专业化程度处于领先地位，在这些体能教练中基本都拥有本科以上的学历，有许多是研究生或博士，并且都有过运动实践的经历，他们的职业也是不同的，有可能是大学教师或中小学教师，也有可能是各种运动竞技机构的教练。例如，美国体能协会主席葛瑞格拥有博士学位，还做过美国西弗尼亚大学医学院运动生理学助教，同时还是澳大利亚举重协会会员，克里斯蒂安森是一位陆军老兵，并且具有极其丰富的实战经验。各界相关精英的共同参与促进了美国体能训练专业化的发展。

2. 美国体能的理论与实践相结合

美国体能协会的宗旨是架起科学与实践之间的桥梁，所以，美国的体能训练理论研究和实践操作紧密结合，其主要表现为两个方面：一是理论研究和实践操作紧密结合；二是体能教练专家理论与实践兼备。在美国体能训练专家的讲座中得到了充分的体现，他们提出一些新理论的同时都会结合相关的实践操作，并不仅仅局限于理论，会根据不同的训练计划创造出多种简单实用的训练方法和手段。从上述体能教练人群的多样性来看，他们都拥有多学科的运动科学教育背景以及丰富的实践经验。这与我国教练员形成鲜明的对比，这也是影响我国教练员水平的重要因素之一。

三、体能训练发展趋势和数字化智能化转型

当今社会正处于大数据转型的重要历史阶段，现代信息技术的发展不断提高竞技运动的科学性和精准化，智能技术正在成为赛场夺冠的核心竞争力。体能训练作为挖掘人类极限潜能的科学工程将随着大数据和智能化技术的发展而不断强化，其表现水平将日益趋向于精细化和精准化，大数据将构架起体能与健康的桥梁。与国际竞技体育强国相比，我国体能训练尚未得到足够重视，长期以来仍处于落后局面。本文将分析国内外体能训练发展趋势，探索体能训练数字化和智能化转型及其运用，并对未来体能训练进行展望。

（一）国内外体能训练发展趋势

随着奥运会竞赛规则向"更快、更高、更强"转变，赛场比赛出现了"更激烈、更精彩、更吸引眼球"的场面，训练负荷不断强化，比赛密度不断加大，竞争强度日趋白热化，尤其是职业体育已经形成了全新的"体能+技、战术"数字化训练模式，体能训练理念和体能训练方法不断更新升级转型，成为保持高强度训练、保障连续比赛对抗、防伤防病的关键工程。

1. 国际体能训练发展迅速

随着现代奥林匹克运动发展和职业体育赛事密集化，体能训练已经成为竞技体育十分重要的核心环节，受到各国教练员和运动员的高度重视。训练中，体能教练已经成为促进项目可持续发展，提高运动水平和赛场表现的重要人才。职业比赛负荷不断增加，密度不断加大，对抗强度日趋提高，体能成为保持高强度训练和比赛以及快速恢复再生、预防伤病的不二选择。美国作为世界第一竞技体育强国，其高度发达的社会化、市场化职业联赛促进了体能训练理念、理论和方法的创新，其体能训练水平始终居于世界领先地位，也是世界上最早设立体能教练认证体系的国家。究其原因，美国体能训练迅速发展源于第二次世界大战后美国政府的高度重视。在当时体育专家的建议下，1956 年艾森豪威尔总统成立了"美国青少年体能总统委员会"，强调将"发展体能"作为美国青少年日常生活第一优先工作；随后，肯尼迪、约翰逊总统将其更名为"体能总统委员会"和"体能与竞技体育总统委员会"。布什总统宣布 2006 年 5 月为"国家体能与竞技体育月"，呼吁全体国民应将健身体能运动视为每日必做的工作之一，将时间花费在与亲人朋友共同参与体能性活动或竞技体育活动，可增加个人自信心和降低紧张生活压力。1978 年美国体能协会成立，这是世界上最早的国家体能协会，从此建立了体能教练认证培养体系。

目前，美国体能协会先后在全球约 80 个国家培训认证近 40000 名体能教练，美国本土超过 29000 名会员。美国奥委会设立备战奥运会国家队体能总教练，各项目国家队均配备数量不等的体能教练。而且在美国，即便从高中到大学或职业俱乐部都有体能教练，美国职业俱乐部更是将体能教练作为核心成员对待，并制定了体能训练标准、体能教练管理制度，将体能放在与技战术同等重要的地位，甚至体能训练的时间超过专项技战术训练时间。与此同时，体能训练成果还渗透到海军陆战队、警察、消防、公安等各个特种行业，各行业均有完备的体能训练标准、体能训练手册。社会上诞生了大量体能训练培训机构、体能俱乐部，社会化、市场化培训机构如雨后春笋般不断涌现，如 AP、VSP、ATT 等国际著名体能机构应运而生；美国体能训练在世界各地产生了巨大的辐射效应，巴西世界杯德国获得冠军，其体能教练员就来自美国。美国每年还组织全球性的体能训练峰会、论坛、年会和研讨会，以创新开放的姿态融合世界体能专家智慧，同时，向世界输出美国式体能训练的新理念、新理论和新模式，保持国际体能领先的地位。体能训练的优势对美国项目集团优势的形成起到了重要作用。不仅田径、游泳项目实力优势明显，奥运会上金牌贡献率超过了 60%，而且，美国体能训练超前发展，一系列体能训练新理念、新理论、新方法不断涌现，为美国技能类、个体类、对抗类和球类项目提供了足够的体能支撑，使美国竞技体育具有强大优势和领先地位。在美国辐射带动下，澳大利亚、英国、加拿大、日本等国于 2000 年前纷纷成立了体能协会，建立了体能教练培养体系；国际单项协会如足球、网球、棒垒球、篮球、高尔夫都有各自国际化的专项体能训练标准体系和培训课程。随着信息化和智能化技术发展，大数据成为赛场夺冠的核心竞争力，成为训练挖掘人体潜能的重要手段，为运动表现精细化训练和精准化监控提供了新动能。可以说，体能训练已成为全球竞技体育发展的"引擎"，成为体育学科最重要的发展方向，成为提高运动员竞技水平，保持比赛精彩纷呈的重要支撑力量。

2. 我国体能训练现状与不足

和国际体能训练先进国家相比，我国的体能训练还处于传统训练阶段，体能训练理念、理论滞后，方法手段创新不足，缺乏体能训练标准，体能教练组织培训体系薄弱，体能教练人才匮乏，难以满足我国备战各项比赛需要。概括起来有以下七点：

（1）体能训练战略地位和价值认识不到位

在"奥运争光计划"政策驱动下，追求金牌奖牌效益最大化催生了我国六大优势项目，奥运会金牌贡献率超过70%，但是我国优势项目属于技能类、个体类和小众性项目。项目竞争水平和体制保障下长时间训练效益成正比，导致我国长期不重视体能训练，而是更重视技术训练和动作创新。奥运争光计划的实施，客观上对我国职业体育发展和体能训练产生了巨大影响，但我国体能训练发展速度滞后于国际。在职业体育发展的初级阶段，我们未能及时引进、消化、吸收国际体能训练新经验、新模式，导致体能训练价值地位认识不足。因此，要改变我国竞技体育发展结构，提高综合竞争力，亟待从战略高度认识体能训练的重要价值。

（2）体能教练制度建设和激励政策亟待出台

和欧美国家相比，我国在体能教练人才建设方面至今没有相关政策设计、制度建设和激励机制，国家队仅仅从近两届奥运会开始重视体能，虽然国家队复合型训练团队中聘请了国内外的体能教练，但由于缺乏政策保证、岗位设计、职称评审、待遇保障、激励机制，国家队很难留住体能训练人才。目前，备战办采取高薪聘请国外体能教练的做法只能解决燃眉之急，大量的国外体能教练执教国家队还存在专项冲突、信息保密和专项磨合的问题。

（3）体能教练人才培养体系不健全

我国体能教练人才培养培训体系不健全，欧美国家和国际单项体育协会都有相应的体能教练员协会和官方的体能教练培训认证标准和体系。目前，虽然美国、澳大利亚、德国等体能、康复、物理治疗等培训体系在中国都开展了培训认证，但是良莠不齐，标准不统一，课程不系统，培训质量难以保证。当前，中国体育科学学会正在积极开展全国性体能教练培训认证体系，近期将组织培训，有望从源头上解决我国体能教练人才匮乏的问题。

（4）奥运项目尚未建立体能训练标准

体能训练是一项系统工程，只有建立体能训练标准、体能训练流程和体能训练评价体系，才能真正解决我国各个项目的体能水平和体能保障。只有建立体能标准，找准国际竞争对手、奥运会冠军的标准，才能做到有的放矢。

（5）体能训练学科建设滞后

现代体能训练是多学科交叉融合发展的系统工程，是利用神经生理学、功能解剖学、生物力学、运动医学研究的成果，是从进化论、人体发育学、动作模式等方面进行深入的研究和探索而来。因此，体能训练已经成为现代体育教学和体育科学、健康教育中一门重要的综合性学科，理论支撑更加系统，学科认识更加深刻，方法体系更加丰富，实践模式便于复制。现代体能更重视身体运动功能测试评价，重视动作训练和中枢神经控制训练，重视利用大数据对技术动作捕捉和分解，重视功率和爆发力训练等。体能和技、战术训练是一项和谐共生的复杂系统，体能训练组织已经发展到精细化分工和无缝合作的团队模式，体能训练本质是体能训练师、物理治疗师、运动防护师、营养师、放松按摩师等共同探索、提高专项体能的创新工程。总体而言，我国在体能训练方面刚刚起步，体能训练学科建设还处于探索阶段，训练理念和方法依然滞后，学科建设缓慢，尚未建立完善的理论研究、学科体系、人才培养、技术研发等体系。

（6）体能训练理论视域较为狭窄

体能训练已经经过体能要素阶段、功能训练和运动表现训练三个阶段。与传统要素型体能训练单纯重视力量、耐力等"硬件素质"相比，现代体能训练更重视"软件信息水平"的提高，即更重视从身体运动功能出发重新审视体能：从重视肌肉训练专项到重视动作训练；更加重视中枢神经系统控制能力训练；重视大数据专项技术动作捕捉和分解；更重视动作功率和爆发力训练；重视通过动作模式不断进阶式训练来提高神经系统动员速度和控制效率，内容包括功能动作筛查、动作准备、动力链训练、核心力量、快速伸缩复合力量和恢复再生等训练。目前，我国在体能训练学科建设上还处于初级阶段和学习、消化再创新阶段，需要加快发展和创新发展，恶补短板才能迎头赶上，建立我国体能训练学科发展新理念和新体系。

（7）智能化、数字化体能训练器材研发能力不强

我国在体能训练器材上有数量优势，但没有创新领先的技术优势，始终处于模仿学习阶段，如何借助我国智能化、数字化发展的良好机遇和优势条件，设计理念超前的智能化、数字化体能训练器材设备来助力我国奥运会备战的体能训练，是一个重要的命题和攻关方向。我国工业 5.0 时代到来，为体能训练器材中国制造向中国创造迈进奠定了基础，这将是我国体能训练快速发展的助推器和加速器，可以为体能训练提供新动能。

（二）大数据已经成为竞技表现的核心竞争力

当今世界，信息技术创新日新月异，数字化、网络化、智能化深入发展，在推动经济社会发展、促进国家治理体系和治理能力现代化、满足人民日益增长的美好生活需要方面发挥着越来越重要的作用。"以信息化驱动现代化，加快建设数字中国"的时代主题必将激发全社会各个领域"数字中国"建设的积极性、主动性、创造性，推动信息化更好地造福社会、造福人民。数字化、智能化和神经网络是大数据和智能化的核心概念。

1. 数字化、智能化和人工网络技术基本内涵

数字化就是将许多复杂多变的信息转变为可以度量的数字、数据，再以这些数字、数据建立起适当的数字化模型。把它们转变为一系列二进制代码，引入计算机进行统一处理，这就是数字化基本过程。智能化是指事物在网络、大数据、物联网和人工智能等技术支持下，所具有能动地满足人各种需求的属性。例如，无人驾驶就是智能化事物，它集传感器物联网、移动互联网、大数据分析等技术为一体，能动地满足人们的出行需求。它之所以是能动的，是因为它不像传统的汽车，需要被动的人为操作驾驶。人工神经网络是 20 世纪 80 年代以来，人工智能领域兴起的研究热点，从信息处理角度对人脑神经元网络进行抽象，建立某种简单模型，按不同连接方式组成不同网络，简称为神经网络或类神经网络。神经网络是一种运算模型，由大量节点（或称神经元）之间相互连接构成。每个节点代表一种特定输出函数，称为激励函数。每两个节点间连接都代表一个对于通过该连接信号的加权值，称为权重，相当于人工神经网络的记忆。网络输出通过网络连接方式，权重值和激励函数的不同而不同。而网络自身通常都是对自然界某种算法或者函数的逼近，也可能是对一种逻辑策略的表达。人工神经网络在模式识别、智能机器人、自动控制、预测估计、生物、医学、经济等领域已成功地解决了许多现代计算机难以解决的实际问题，表现出良好的智能特性。大数据和人工智能技术的运用，可以对训练过程和竞技表现进行快速的分析、解构，能实现双向反馈，优化竞技赛场技战术方案。当今的足球、篮球等职业体育项目已经深深植入大数据分析技战术的理念和技术，正在形成了大数据智能化职业训练体系。

2. 现代竞技体能训练的大数据转型

（1）训练本质特征是数据化

世界冠军、奥运冠军不仅是艰苦训练的结果，而且是多学科集成攻关的结晶，需要攻关团队不断创造训练过程新理念、新知识、新技术和新战术的过程。奥运会金牌本质是科技金牌、数字金牌和智能金牌。当前，科技助力奥运备战已成为各国教练员的共识。大数据、人工智能和信息技术的迅速发展，体育科技和奥运攻关全

面进入信息化、数据化新时代，传统的训练观念、训练手段、训练体系和训练参赛模式正在发生深刻的变化。"没有数据就没有训练"和"没有监控就没有训练"已成为高水平竞技基本准则。训练团队对技战术、体能、状态、赛场、指挥等全程数据化监控、反馈、优化，正在实现传统经验型训练向信息化、数字化、科学化训练模式转型，数据科学正在成为奥运赛场夺冠的理论支撑。大数据作为当下热点研究科学，技术应用前景十分广阔，数据科学正成为横贯多领域、多学科的工具学科；竞技训练行业分工更加精准化、专门化和体系化，传统的运动训练行业的教练系列人员，体育数据分析师、数据架构师、数据工程师、数据科学家都将使训练空间无限可期，使训练进入一个大数据训练的精准化时代，5G 时代的到来更将加速运动训练过程的智能化和互联互通的运动表现平台化。

（2）国际竞技体能训练的大数据应用

①美国田径。科技助力是美国成为竞技体育强国的核心支撑。田径作为美国优势项目，20 世纪 80 年代美国田径协会就高度重视多学科攻关，大量聘请专家博士形成团队，早在 20 世纪 80 年代协会就聘请 10 名矫形外科与康复医学博士、8 名生物力学博士、12 名生理学博士、15 名心理学博士、4 名营养学博士、50 个理疗师。博士团队采取分散和集中工作形式，每年进行全国性比赛数据收集，及时为教练员、运动员提供数据分析报告，研究下一个赛季训练计划；召开训练科学研讨会，专家团队和教练员、运动员面对面研讨和跟踪服务。在大数据和人工智能技术运用上，美国田径十分重视创新体能训练设备和训练理念，不断提高动作技术的大数据分析和系统积累，形成了不同专项、不同技术的数据库，通过大数据不断对田径各个项目的技术动作进行科学的分析，并根据训练比赛目标制定出符合生物力学和功能解剖学以及个性特征的功能化体能训练，不断提高专项竞技水平和竞技表现能力。

②美国职业篮球联赛（NBA）。在 NBA 顶尖球队中，如魔术和小牛都有专职数据分析师。数据分析对于球队战绩和训练针对性产生巨大影响，在有数据分析师的 15 支球队里，平均胜率达到 59.3%，没有分析师的球队则只有 40.7% 的平均胜率。一个数据分析结果可能就是一大截技战术优势。对篮球场到底是投三分球好还是投两分球好，在没有数据支撑的时代，教练员都是靠经验做决策；引入数据之后，通过数据分析，发现投三分球的好处要比投两分球的好处大。这些判断直接折射到训练环节，有针对性地对球员进行训练，现在整个 NBA 打法越来越往三分线以外靠了。美国 Kinduct 球员管理系统为 NFL 和 NCAA 球队提供运动表现、健康数据分析服务，对运动员跑动距离、加速度、血压、心率、脑电波等数据进行动态便捷采集，为教练备战训练、预防伤病、提升球员运动表现提供支撑。国际职业球队都配有数据分析师，负责球员比赛数据分析，对球员能力评价和商业价值都要依赖数字。因

此，大数据分析已经成为队伍发现优势和不足，赢取胜利不可或缺的手段。金州勇士队近年成绩比较出色，这支球队一直在用各种大数据手段进行训练。勇士队主场在硅谷附近，大量科技公司主动找上门向球队提供黑科技。虽然不是每支球队都有这样的条件，但大数据技术能提高成绩已经成为共识，足球、篮球、排球等项目中，采集大数据的球队越来越多。球队采集数据第一种是可穿戴设备，以及遍布可穿戴设备里面的各种传感器；第二类采集数据的方式是用高速摄影机。采集的数据很丰富：包括心率、血压、跑动距离、跑动线路、能量消耗等，还有些球队采集数据超过 100 项，而且在不断增加。三餐吃什么等数据都要采集，科技球队早上起床先填一份问卷：起床以后感觉怎么样？昨天晚上做了什么样的梦？记不记得是噩梦还是什么梦？这些都是生理指标的体现。2014 赛季 NBA 在所有球场中安装包括 6 个摄像头和专门软件的 SportVU 球员追踪系统，系统由 6 个摄像机以及配套的数据传输软件组成。NBA 最早引入 SportVU 是在 2009 年魔术与湖人的总决赛期间，当时魔术主场安装了这一系统。过去 3 年，有 15 支球队在主场添置了 SportVU，加强数据分析，更快更好地提升球队实力。该系统提供持续数据流和创新统计数据，将所有运动员的运动情况，包括速度、距离、急停、变向、加速、队员间的动态距离、运动员各个关节动作模式，以及控球情况，如得分、篮板、助攻、盖帽、抢断、失误、犯规等一系列场上数据翔实而细致地进行统计分析，提供每一个运动员突破其局限和破解他人优势的建议。

③英国自行车。英国自行车在近三届奥运会上取得了辉煌成绩，这与他们严密的科技助力和攻关计划紧密相关。由教练、医学、体能、支持等组成的高效团队，分别从宏观结构和微观训练上为队伍提供了保障。宏观上，他们利用信息技术和大数据建立动态训练监控评估体系，设定客观的、具体可测量增长目标，制订谨慎和严密训练计划，细化训练中采取的方法、指标和流程等，做好专项生理、技术和装备等方面研究，确保英国运动员技术领先和设备领先。微观上，他们就比赛服装、器材装备、能力评价、方法创新、负荷设计、身体恢复、高原训练、赛前减量、状态控制和心理训练 10 个方面提供系统和细致的攻关服务。为了备战伦敦奥运会，英国自行车协会组成超过 30 人的智能化攻关团队，形成了系统的、超强的、科学的保障体系，这些措施成就了英国自行车持续三届奥运会的成功，使英国里约奥运会金牌排名一度赶超俄罗斯和中国，这是重视科技助力和大数据应用的经典案例。

④德国足球。德国足球协会提出，大数据是德国足球的未来。这既是对德国足球运用大数据取得巴西世界杯冠军的高度概括，也是大数据在德国足球不断深入的理性提升。足球运动中产生的数据量超出了我们的想象，10 个球员用 3 个球进行训练，10 分钟就产生 700 万个可供分析的数据点。德国科隆一家足球博物馆里陈列着

一台电脑，这是促成"2006 神奇小纸条"秘诀，这一秘诀的功臣则是当年的德国科隆体育学院技术分析团队。研究在高度机密下由布什曼教授负责完成。为了点球大战，他带领 40 名大学生，利用电脑日以继夜地从 13000 条点球录像算出阿根廷队谁罚点球、怎样罚点球的结论。最终，通过数据挖掘信息、团队分析统计和电脑总结研判完美结合，完成了 2006 年伟大的"大数据研究"成果——点球成功。2014 年世界杯中，德国队在首轮比赛中以 4：0 大胜 C 罗所在的葡萄牙队，背后就有大数据带来的力量。通过对球员跑动、传球等数据捕捉和分析，教练能够评估每场比赛的主要状况和每个球员的特点，并以"数字和事实"来优化备战方案，提升球队成绩。只靠球员天赋和教练经验的时代已经渐行渐远，针对每个球员设计个性化解决方案，让传统足球向现代足球迈进。在德国大数据公司 SAP 技术支持下，德国队成为全球首支在比赛中使用"大数据"的球队。巴西世界杯前，德国队使用"赛场分析透视"系统（SAP Match Insights）进行训练数据分析。球员的鞋内、护板中放置传感器，训练场地内布满传感器。通过这些装置，SAP 系统捕捉球员各种细节动作与位置变化。他们的跑动及传球信息被实时传回到 SAP HANA 平台上。经过后台迅速处理，教练利用平板电脑就能在 Match Insights 的界面上获得球员的全部数据和录像。通过这些数据的采集和分析，教练可以方便地了解每个球员的特色和优劣势。SAP Match Insights 收集的数据量大，因此，处理速度要非常快。数据中任一个球员的运动轨迹、进球率、攻击范围等数据都实时呈现在面板上，供教练员决策。教练针对球员表现提出建议和改进方案，球员通过数据直观地理解自己的长处和短处，及时调整战术，补缺拾遗，提高战术的准确性和技术发挥的有效性。

第三节 国内外体能训练的专业组织及其认证

一、国家体育总局体能训练中心

体能训练中心是为国家队及国内高水平运动员提供专业高效的体能训练、机能测试与监控、康复服务的机构。重点为乒乓球、羽毛球、举重、篮球、游泳、跳水、排球、体操等传统优势项目，特别是针对其中具备夺牌实力的重点运动员提供传统体能训练，以及以提高专项竞技能力为目的的体能训练，同时采集训练数据，建立运动员资料数据库，进行长期跟踪服务，为运动员的科学训练安排提供测评服务和参考依据。

国家体育总局运动员体能训练中心是国内历史最悠久、设施最完善、驻训运动队最多、产生冠军最多的综合性国家级体能训练基地，被誉为"中国竞技体育的大本营""世界冠军的摇篮"。

二、美国国家体能协会及旗下认证介绍

（一）概述

NSCA 英文全称为 National Strength Conditioning Association，即美国国家体能协会。该协会成立于 1978 年，是全球体能训练领域中最具权威的专业组织，现有会员近 50000 名。协会颁发的资格证书得到了全球超过 60 个国家的认可。NSCA 的会员来自运动、医疗领域的专家，包括医生、大学教授、科研人员、运动学专家、康复治疗师、运动训练师等。NSCA 的宗旨是研发和运用最有效和适当的训练方法，不断完善和提高体适能的专业水平，架起理论与实践的桥梁，以长期保持在世界体适能领域的领先地位。

（二）NSCA 旗下认证

NSCA 坚信在管理其认证计划时遵守行业最佳实践和既定的认证标准。CSCS、NSCA-CPT 和 TSAC-F 认证计划获得了国家认证机构委员会（NCCA）的认可。CSCS 于 1993 年获得 NCCA 认证，是首个获得国家认证的体能训练认证项目。1996年，NSCA-CPT 成为第一个获得 NCCA 认证的认证私人教练项目。2014 年，TSAC-F 计划是首个获得 NCCA 认证的此类项目。通过认证过程，NSCA 已经证明 CSCS、NSCA-CPT 和 TSAC-F 认证达到或超过 NCCA 标准。NSCA 目前正在申请获得 CSPS 项目的 NCCA 认证。

1. NSCA-CPT 私人教练认证

适用于一般大众人群以及青少年、老人等特殊群体的体适能训练。包括：

①私人教练（必备从业认证）。

②团体课教练（团课教练、青少年体适能训练师等）。

③健身爱好者。

④健康领域从业人员。

报考要求：

①高中以上毕业证书。

②有效的 CPR/急救证书。

2. CSCS 体能训练专家认证

适用于针对竞技体育运动员体能训练相关从业人员以及健身领域的培训师等。

包括：

①体能教练。

②体能康复师。

③体育科研教练。

④竞技体育爱好者（力量举、Corssfit 业余运动员）。

⑤健身领域的专业培训师。

报考要求：

①持有本科以上毕业证书。

②有效的 CPR/急救证书。

美国国家体能协会认证体能训练专家（简称 CSCS）是由美国国家体能协会组织当今体能训练界著名专家、学者和教练员于 1985 年创设的。旨在评定和检验体能训练专业从业知识和水平的证书。经过近三十年的不断发展，CSCS 证书已经成为国际上聘用和应聘体能训练专业岗位的必备证书。

认证体能训练专家©（CSCS ©）是专业人士，他们运用科学知识来训练运动员，以实现提高运动成绩的首要目标。他们进行针对运动的测试课程，设计和实施安全有效的体能训练方案，并提供有关营养和损伤预防的指导。认识到他们的专业领域是独立与不同的，认证体能训练专家们在适当的时候咨询运动员并酌情将其转介给其他专业人士。

3. CSPS 特殊人群训练专家认证

适用于针对特殊人群的体适能训练，包括心血管疾病、代谢类疾病、儿童、女性、老年人、骨科损伤等患者进行健康管理、体适能训练等。包括：

①康复师。

②医师。

③健康管理从业人士。

④特殊人群训练师/私人教练。

⑤特殊人群训练领域培训师。

认证特殊人群训练专家©（CSPS ©）是健身专业人士，他们采用个性化方法，评估、激励、教育和训练各个年龄段的特殊人群客户，了解他们的健康和健身需求，并预防性地与医疗服务专业人士合作。他们设计安全有效的锻炼计划，提供指导，帮助客户实现个人健康/健身目标，并识别和应对紧急情况。CSPS 能够认识到自己的专业领域，接受来自客户的推荐，并酌情将客户转介给其他医疗服务人士。

4. TSAC-F 战术体能训练师认证

适用于针对消防、军队、警察等特种人员体能训练相关从业人员。包括：

①消防/军队/警察体能训练师。

②现役军人/军官。

③特种人员体能训练方向培训师。

认证战术体能训练师©（TSAC-F ©），运用科学知识对军队、火灾和救援、执法、保护服务和其他应急人员进行体能军事训练，以提高表现、促进健康和减少受伤风险。他们进行需求分析和身体测试，设计和实施安全有效的体能训练计划，并提供有关营养的一般信息。认识到他们的专业领域是独立和不同的，TSAC-F 在适当的时候咨询并推荐其他领域的专家。

5. CPSS 运动表现与运动科学专家认证

适用于针对竞技体育体能训练科研从业人员。包括：

①科研教练。

②运动表现数据分析从业人员。

③生物力学/运动生理学科研人员。

④运动科学相关科研人员。

⑤体能训练总监。

报考要求：

①运动科学或相关领域博士学位。

②运动科学或相关领域的硕士学位，以及十二周的实践经验（480h）。

③运动科学或相关领域的学士学位，以及 3 年全职工作经验。

以上 3 选 1，并持有有效 CPR/AED 证书。

应用经验选项如下：

①从体育或战术领域中获得的重要科学研究经验，包括论文，经过同行评审的出版物，荣誉项目或学术研究项目。

②在密切相关领域中的重要应用从业者经验，包括实习、研究金、研究生助学金或全职专业职位。

③以上基于学术或专业的研究经验与应用从业者经验相结合。

合格的全职经验如下：

要获得全职经验，需要在实习级别之外，在全面的全职基础上积极参与与体育科学相关的正式专业角色。合格的全职专业角色包括与运动或战术运动员，运动队以及适用的研究，分析和技术相关学科的合作。

运动表现与运动科学专家认证（CPSS）专门从事科学过程的应用，以改善个人和团队的运动表现并降低受伤风险。CPSS 可以是跨学科工作的全能型人才，也可以是主要从事与运动科学和运动表现有关的一个或多个特定学科领域内的培训或实践的专业从业人员。

CPSS 从业人员主要学科包括生物力学、生理学、心理学、营养、体能，以及了解适用于评估和监控运动表现的技术，适用于评估可用技术、选择技术来收集关键绩效指标的数据、监控使用情况并评估技术的收益，以达成评估目标。了解进行研究的科学方法，并将其应用于了解研究方法和统计、设计和进行研究、对运动表现数据进行定性和定量分析、遵循循证实践、严格评估研究和发现。

（三）NSCA 全球分支机构

NSCA 的全球分支机构，提供完整的服务，包括会员、教育和认证，以完成 NSCA 在其国家和地区的使命。目前共有 NSCA 上海、NSCA 日本、NSCA 韩国、NSCA 意大利、NSCA 西班牙 5 家分支机构。

自 2008 年起，为方便中国及亚洲华语地区的从业者申请 NSCA-CPT 和 CSCS 认证证书，NSCA 与上海市体能协会共同在中国上海成立官方国际分支机构——NSCA-Shanghai，并授权上海市体能协会管理 NSCA-CPT 和 CSCS 认证的考务、培训、继续教育以及再认证（证书更新）等工作。NSCA-Shanghai 旗下官方合作培训机构为 ARCA 亚洲体能康复学院（北京瑞丰康体）。

认证私人教练（NSCA-CPT）和认证体能训练专家（CSCS）的认证考试，如今已在包括中国境内的全球 60 多个国家和地区展开，并自 2016 年起全面实施全球统一标准的计算机在线化考试。它的权威性是目前国内健身市场和专业体育领域内流通的其他证书所不能比拟的。在通过考试之后，将获得 NSCA 证书委员会颁发的认证证书。证书编号可以在 NSCA 官方网站直接查询以识别真伪。四十年来，NSCA 之所以长盛不衰，领跑体能训练培训领域，依靠的是严格的认证证书颁发以及证书更新制度。NSCA 承诺不会让任何一名不合格的从业者持有有效证书，从而确保了认证证书的质量。所以，NSCA 的认证证书是迄今为止全球最具权威的体能从业人员证书。

第四节 体能教练的职业素养

体能训练是一个指导练习者通过身体训练来保持或提升健康水平或运动表现的教育和训练过程。体能教练需要以练习者为中心，一切为了实现练习者的训练目标，并且不断提升自身的职业能力，使自己具备能够科学指导练习者的知识和技能，并在具体教学过程中注重对练习者的人文关怀。因此，体能教练看似是一个门槛很低的职业，但要成为一名合格的体能教练员需要具备多种职业素养。

一、我国体能教练员职业产生的背景

（一）体能训练发展的国际背景

随着国际职业体育的发展，现在高水平的运动队都在进行复合型教练员团队建设，体能教练员作为复合型教练团队中的重要成员之一，在日益复杂的竞技运动训练中，发挥着重要作用。在欧美职业运动队的教练组里早已增加了体能教练员的职位。以四大职业体育联盟（NFL、NBA、NHL、MLB）为代表的职业体育是美国体育产业的亮点，也是美国体育产业中最具活力的一个领域。其商业利益的诉求及观众的需求，对比赛的精彩程度提出了很高的要求，需要最大限度地来挖掘职业球员的身体潜力。因此，无论是球队老板、教练、观众还是运动员本身，在运动员的体能状态的保持和提升、损伤的预防和康复治疗等方面，都提出了较高的要求。但对于球队自身来说，仅靠主教练、战术教练和队医都无法完成这个任务。在这种背景下，为运动队进行专项服务的各类人员细化为体能教练员、物理治疗师、运动损伤防护师以及整脊治疗师等多种专职人员。

在国际上，美国体能协会是培养出色体能教练员的组织，NSCA 的诞生和发展，起源于美国大学橄榄球联赛。由于橄榄球运动员对冲撞性力量的特殊要求，少数队伍开始聘请兼职的健身教练为运动员做力量训练指导，效果显著。1969 年，在全美第一个全职的体能教练员 BoydEpley 的系统训练下，内布拉斯加大学橄榄球队成绩迅速复苏，并神奇地在 1970 年和 1971 年连续两年夺得全美冠军。聘请专业体能教练员的新模式被迅速传开，其他的职业球队纷纷效仿。内布拉斯加大学橄榄球队的这一举动，最终促成了 1978 年 76 名体能教练员联合在内布拉斯加大学校园举办了第一届 NSCA 会议，随后于 20 世纪 90 年代开始颁发私人教练 CPT 证书，逐渐发展成为全球最具权威的体能行业组织。NSCA 的会员来自于运动、医疗领域的专家，包括医生、大学教授、科研人员、运动学专家、康复治疗师和运动训练师等。这些人员致力于推动最新体能训练研究成果的应用转化，并将体能训练视为一门学科和专业加以发展。高新科技不断促进体能训练的发展，分工逐渐细化，对运动员综合竞技能力贡献率增加，体能训练新产品的研发和创造在体能训练领域逐年上升，很多跨行业的产品有助于提高运动能力和预防损伤。据美国劳工部劳动统计局（BLS）发布的美国主要产业发展排名显示，体能训练行业已经成为发展前景良好、需求较大的热门行业。其主要代表之一的 AP 公司（Athletes Performance），已经建立了"以训练需求为导向，以市场效益最大化为动力，以科技人才团队为支撑，以快速研发和整合知识方法为核心，构建全球化的体能训练和高效服务体系"的理念,为全球的专业运动队提供"体能训练专家",进行体能训练、理疗及营养服务。

由此可见,当代竞技体育已经进入多学科综合运用、多因素综合作用的整体对抗阶段。优异成绩的获得,是在核心训练的基础上,进行大体能训练,训练的科学化程度不断提高。目前,竞技体育的竞争是复合型团队的竞争,由教练团队、体能训练团队、训练过程支持团队、运动损伤预防团队、咨询顾问、医务人员、管理人员和后勤保障人员等构成的复合型团队就是具备技能互补和角色互补的人组合在一起,把各个团队成员的力量形成合力,通过充分发挥科技先导作用,来创造优异的比赛成绩。

(二)我国体能训练发展的背景

我国于 1979 年在国际奥委会恢复了合法权益,我国体育界和运动员全面登上了世界体育舞台。2001 年 7 月 13 日,北京申奥成功,这对我国体育事业的发展既是机遇又是挑战。2002 年,国务院要求在 2008 年奥运会中必须有明显突破。中国体育决策层先后提出了旨在扩大夺金面的"119 工程"和"122 工程",就是力求在这一奥运会"大金库"中占到份额。2008 年奥运会,我国首次超过美国,取得了金牌第一、奖牌第二的傲人成绩。在"奥运争光计划"的推动下,圆满地实现了竞技体育"金牌"工程。我国竞技体育发展历程艰辛曲折,同时又成绩斐然。作为一个现代体育的后发展国家,中国竞技体育仅用几十年便实现了其他国家历经近百年乃至数百年才能达成的目标。但是我们也应该清醒地看到,我国体育发展仍有不足。2008 年奥运会后,时任国家领导人提出中国要由体育大国向体育强国转变。时任国家体育总局肖天副局长在"当代运动训练理论发展趋势与训练规律探索"专家座谈会上指出,要变成体育强国必须实现两个方面的转变:一方面,中国要在诸如 F1 赛车、美洲杯大帆船、高尔夫、公路自行车、大满贯网球、美国四大职业联赛以及三大球等商业化、市场化、娱乐化比较强的项目上实现突破,以项目带动产业崛起,实现职业体育的跨越式发展。另一方面,必须在田径、游泳和水上项目、自行车、高山滑雪、速滑等体能类项目上有所突破,在世界上占有一席之地。如果在这些世界主流项目上较弱,中国不可能成为世界体育强国。

体育离不开竞技,国人更需要竞技,需要金牌,需要听到国歌时的亢奋,需要胜利后的狂喜。从这个角度来说,随着现代奥林匹克运动日益深入的发展及各种国际比赛的频繁开展,竞技体育已渗透到现代社会生活的各个方面,日益成为一种具有极大魅力的社会文化交流和活动形式,并对社会的政治、经济、文化、教育等各个领域产生广泛的影响。从世界范围看,借助科技力量提高训练的科学水平已经成为当今竞技体育发展的必然趋势。

随着现代竞技水平的不断提高，竞争日益激烈，体能对运动成绩影响的不断加大，体能训练日益成为各项目训练与比赛中的突出问题。我国对体能训练的重视始于 20 世纪 90 年代，尤其是在 2008 年北京奥运会后，随着运动项目的发展和西方各种训练理念的引入，以及科研、体能、康复、营养、医务及管理训练理念的更新丰富，复合型管理训练团队的模式被各个项目的国家队普遍采用。体能教练员作为团队成员之一，越来越受到大家的关注，成为活跃在竞技体育、大众健身和体育产业市场，促进体育事业发展不可缺少的积极因素。目前，国内竞技体育界对体能训练的关注，说明了传统训练方式已不能满足竞争日益激烈的竞技体育发展的需要。整体来说，国内的体能训练还属于"借鉴吸收"的起步阶段，缺乏系统化的吸收和自主创新。我们的专业人才还非常匮乏，行业协会的机制还不够健全，对国外训练理论和方法的理解掌握还不够深入，很多借鉴的过程还停留在表面。体能教练员的知识结构、技能结构、职业素养和执教能力是决定其训练质量的几大要素，直接关系到中国体能训练事业的可持续发展。

当前，国内体能人才的缺乏主要有两方面原因：一是现有的一线体能教练员能力水平与队伍的要求尚有差距；二是体能教练员职业缺乏足够的吸引力，导致出现"高不成，低不就"的现象。国内许多队伍的体能教练员仍由专项教练、队医或科研人员兼任，一些队伍虽配备了专职的体能教练员，但对运动训练科学知识缺乏系统性的掌握。而体能训练是一门综合多学科知识的学问，相关的理念和方法发展更新迅速，如果对于体能教练员没有长期规划性的培养方案，必然不能满足队伍训练发展的需要，将出现诸如体能训练缺乏明确目标、训练方式不符合专项要求、不注重身体基本运动功能的训练、体能训练与专项需求脱节、忽略体能训练中的技术要求、忽视潜在的运动风险、没有严格的体能测试和评估、热身不充分及缺乏针对性和不注意训练后的恢复与再生训练等问题。目前，国内教练员对国外体能训练体系存在两种极端认识：一是盲目崇拜，二是盲目排斥。这两种认识禁锢了我们可能的突破和发展，严重影响运动效果和运动成绩的提高。体能教练员目前还不是国家正式认定的职业岗位，缺乏规范合理的机制保障，因此很难吸引和留住优秀人才。体能教练员的数量、质量还很难达到高水平运动队的需求，亟须建立行业协会，进而规范、引导体能训练行业的发展。

国家体育总局意识到了体能教练员在体育事业发展过程中的重要作用，目前，已经明确提出要建立中国特色的体能训练行业，推进体能教练员的职业准入工作，规范体能教练员的管理，提高从业人员的素质。尤其是在我国实行两个根本性转变的社会重大转型时期，非常有必要在理论、实践、市场培育和人才培训等诸多方面做好准备。

二、体能教练的理念树立

(一) 身体、知识、教法缺一不可

在我国，体能教练是对从事指导不同人群通过身体训练来保持或提高健康水平或非技能性运动能力的所有从业者的一个统称，它并没有根据服务对象和工作场所的不同进行行业分工。但在体能训练行业发展成熟的美国，体能训练相关从业者根据工作场所和训练目标的不同，可分为物理治疗师、健身教练、运动防护师和体能训练师等。并且，这些职业分工都有各自的职业标准和准入门槛。因此，有必要思索和建立我国体能教练的职业标准和准入门槛，可以从身体、知识、教法 3 个方面进行探讨。

1. 身体

体能教练从事的是一种指导身体运动的工作，就像钢琴教师必须会弹钢琴一样，体能教练首先需具备动作示范能力。这种示范能力不仅包括正确动作的示范，还包括错误动作的示范。结合正误动作的示范，能促使练习者对动作的正确掌握。此外，在指导身体运动过程中，语言具有局限性，再详细的语言讲解也无法准确描述一个动作。因此，"言传身教"在体能训练过程中具有重要意义，体能教练的一言一行对练习者是一种最好的教育。在身体方面，体能教练的教姿（如何站、如何蹲、如何跪）会潜移默化地影响练习者。体能教练只有严格要求自己，并将这种正确的理念融入一举一动中，才能真正要求和指导练习者。

2. 知识

身体类的能力对于体能教练来说是一个初级的要求，真正制约一名体能教练达到高水平的是其知识方面的储备。如讲解能力，体能教练结合训练场所、人数和队形，运用洪亮的声音、精练易懂的训练用语，结合动作示范，向练习者讲解动作的要求和要领。精练到位的讲解是对动作示范的一个有益补充，两者配合使用可以达到很好的施教效果。同时，知识类的职业素养还包括体能教练对正确与错误动作的识别能力和纠正能力。体能教练示范、讲解了正确动作，但练习者在操作过程中仍无法准确完成，这就要求体能教练及时发现问题。对常规动作错误的识别有赖于体能教练通过多方面学习进行积累。为能准确发现练习者训练过程中的错误，体能教练需不断调整观察角度，并根据练习内容选择从前面、后面和侧面对练习者进行观察，帮助练习者纠正错误。

体能教练需要通过观摩、阅读和观看等方式不断积累体能训练的方法和手段，并在积累的基础上寻找训练原理和规律，最终达到因地取材，创造性地设计一些练习方法和手段。要想把握体能训练原理和规律，需要体能教练系统地学习运动生理

学、运动解剖学、运动生物力学、运动医学等学科知识，并将相关理论综合应用于对人体运动的理解，以掌握人体运动的原理、不同人群的体能特征和训练需求、不同运动项目的特征和需求、不同训练器材的特点及常见运动损伤的原理和预防措施。在掌握了体能训练的方法、手段和原理后，一名合格体能教练还需循序渐进地根据练习者的特征，系统、个体化地安排动作类型，选择合适的训练器材，制定相应的训练强度、训练量、训练间歇、训练频率等，帮助练习者保持或提升健康水平及运动表现。

3. 教法

体能训练是一个教与学、教与练的过程，这个过程的有效完成要求体能教练具备一定的教育学和心理学知识与技能。体能教练需要根据训练课的内容、练习者的人数、场地、器材，安排训练课的组织方式和课程结构。作为一种教学过程，体能训练中的反馈非常重要。体能教练需要运用多种反馈方式指导练习者掌握正确的动作技术，这些反馈方式包括视觉类、听觉类和触觉类。练习者可以运用镜子来实现动作技术的自我纠正，也可以通过体能教练的语言提示和触觉提醒实现动作技术的自我纠正。体能教练需根据练习者的具体问题，综合运用多种反馈方式帮助练习者获取练习的正误信息。体能训练过程中体能教练的激情在一定程度上可以主导训练气氛。体能教练需要以饱满的精神面貌和富有激情的言语来感染练习者，鼓励练习者顺利完成训练任务。当然，体能教练还需充分发挥练习者相互鼓励的作用，通过营造一种团队氛围，帮助练习者共同完成训练任务。

（二）力行勤思，善于表达

百闻不如一见，力行方知其妙。体能教练通过经验获得的知识对于专业表现非常重要。因此，具备一定的知识体系后，重要的是找到平台进行实践。在此过程中，不要急于下结论，在提出问题之前要想一想答案。力行的另一层含义是来自去体验，各种动作、练习方法的效果不一定与书本上描述的一致，体能教练可以亲自练习，并对其效果进行思考，思考的过程是很多专业工作者（如护理人员、教育工作者）从经验中学习的先决条件。Knowles 等指出，当教练员反思训练计划并接受一段时间的专家指导后，便会对自己的实践行为有更深的理解，并对实践行为进行适当的调整，最终提高自己的能力。反思有助于进步。训练圈里流行一句话"当你手里有了一个锤子，你可能觉得什么都是钉子"。因此，新手总是很有"攻击性"，看到什么都觉得落伍。一般情况下，体能教练作为团队中的一员，应与主教练和助理教练及时沟通，将训练手段、方法与原有的训练体系相融合，不可各自为战。再者，需要与队员交流。可能有些队员之前经历了许多体能教练，他对你的训练体系需要一个认识的过程，也可能在进行你安排的练习时也在回顾一些以前的练习。此时，体能教练应学习他们的训练方法，了解以前的教练是如何做的，不要急于否定。因此，交流意味着倾听，倾听则意味着接受和不排斥。体能教练应学会分享，敢于提出自己的问题，表达自己的看法。分享不是"秀"，分享的过程是一个收集信息的过程，别人的赞赏、质疑、认同都能帮助你打开"脑洞"。学习的本质就是学会用不同的方式解决同一个问题。体能教练应找机会参加不同的研讨会，尽管不一定会收获新知识，但可能从别人解决问题的思路与方式中受到启发。

（三）热爱、博学、服务意识

曾有这样真实的一幕，世界冠军感激体能教练不仅提升了她的竞技表现，也让她改变了自我认识和心理困境，让她开始相信科学训练，汲取力量重返竞技巅峰。体能教练的正能量可以激发运动员的无限潜力，在某种意义上带给运动员的帮助远超过体能本身，包括情绪调控、自信改善及科学理念的启迪等。要达到这样的效果，需要体能教练自律并且心胸宽广。很多刚入行的体能教练都充满了热情，恨不得为队员倾其所有，但当面临挫折、生存压力和职业归属感等困惑时却不能持久。因此，保持兴趣和好奇心，做到持之以恒非常不容易，需要充分调动主观能动性，做职业生涯的长远规划，着眼现实但保持情怀，培养优秀的职业习惯，善于反思和总结。如果不喜欢帮助别人，不喜欢运动，就不可能成为一名优秀的体能教练。研究发现，所有有成就的人都能长时间坚持做一件特别感兴趣的事情。人体科学、训练理论系统的知识储备，测试分析、日常监控、周期安排等方法的掌握，动作示范、实践指导和器械操作的身体力行，言语交谈、节奏把控和组织安排的执教艺术等每个环节，体能教练都不可缺席。此外，康复、营养、心理、教育、科技等相关知识体能教练也要多涉猎，多汲取，广泛吸收，严格自律，知行合一。体能教练要有对运动员及团队的服务和接纳意识。既能从专业的角度知晓训练方案对运动员的益处，需要改善和努力的方向，也要客观分析现实处境，分析运动员的困难和疑虑，哪些环节可以优化。只有换位思考、整体把控，了解运动员和教练员的客体思维，才能更高效地朝既定目标前进。

（四）多交流、多学习、多参与

教练员最本质的工作就是与人打交道。橄榄球教练 Joe Ehrmann 认为，教练员需要培养人，而不是只重视输赢。行业发展对体能教练综合素质的要求越来越高，而一个人不可能对所有知识都了如指掌，所以，拥有自己的朋友圈，有问题的时候向同行请教，定期与朋友交流，一定会受益无穷。体能教练一定要读书、看科研文章、与不同项目的教练员交流，因为很多时候需要佐证自己的训练方法，需要说服专项教练按自己的计划进行训练，更重要的是说服自己。每一个写在计划上的练习，都应清楚地知道为什么。就读书而言，不要仅局限于体能训练方面的书籍，注重提高自己的综合素质。体能教练要求队员完成的计划自己首先要体验，给队员使用的营养品自己必须尝试过。否则，要求队员完成时感到底气不足。比如，举重是非常好的发展爆发力的方法，但对技术要求非常高。举重体能教练想通过看电视、读几篇文章就达到教学要求，是完全不可能的。体能教练是实践性非常强的工作，需要训练足够数量的运动员，没有量的积累，就不可能有质的变化。体能教练的经验只有一个来源，那就是实践。运用相同的科学思路根据不同专项的特点制订相应的体能训练计划，是很多体能教练带出不同运动项目高水平运动员的原因。美国橄榄球联盟 Oakland Raiders 的体能教练 Darryl Eto 曾在 NBA 休斯敦火箭队工作了 5 年，通过自己的实践认为，参与不同项目的训练对于年轻体能教练的成长很有帮助，会使其有不一样的收获。随着参与的项目越来越多，体能教练会发现项目间体能训练的更多共性，这些共性就是体能训练的本质。

（五）注重细节，追求卓越

正如陈小平教授所言，"体能"已成为一个具有相对独立的学科和职业。体能教练工作的目标群体复杂，决定了体能教练知识体系的构建本质上应从共性知识的吸收向个性知识的输出转化。以大学为主的学历教育能为体能教练提供基本的体能训练与指导的相关知识储备，然而想要成为一名合格的体能教练，还应根据自身的定位（无论是私教还是职业体能师）获得行业的资格和认证。目前，国际认可的美国三大职业认证体系（美国体能协会、美国运动医学学会、美国国家运动医学学会）、国家体育总局刚刚设立的运动防护师，以及 Gray Cook、Michael Boyle、EXOS 等为代表的商业认证机构的继续教育和培训，都是体能教练应关注的职业教育。这些职业教育体系中的行业标准就是评判体能教练合格与否的主要依据。毫无疑问，体能教练是体能训练和指导的设计者与执行者，因此，了解运动项目规律，精准分析目标群体，确保计划安全有效地实施，是体能教练的动脑环节。而动手环节有两层含义。

第一层体现在科学研究的动手能力，不仅能在实践中研发和形成专属于自己的认知体系，同时还具有敏锐的洞察力和求知的好奇心，能将体能训练前沿研究成果在实践中应用和转化。

第二层体现在实践层面的动手能力，能够流畅、标准地完成动作示范，讲解的术语准确、清晰，特别是对于某项目的专项体能教练而言，应熟练掌握该项目的专项技能。

如果可以将体能教练的工作进行拆解，其内部组件应该由一个个大大小小的周期无缝组成，一堂训练课就是一个周期，一次重要赛事的备战也是一个周期，一个客户健身需求的达成还是一个周期……每个周期结束之时，体能教练都应对周期内的实施情况进行得失分析，与预先的训练计划进行比对，所有总结都是为下一个周期的到来做好准备。人体的复杂性让体能教练的工作充满未知和挑战，正如《每天都是比赛日》（*Every Dayis Game Day*）一书中提出的理念：我们每天的生活就如同比赛，没有预演和彩排。失败经验的总结固然重要，但对未来表现的掌控才是王道。

无论从分工还是角色来看，体能教练似乎都是冠军或主教练身后不被聚光灯追逐的那个人，然而他们又不可或缺，或者说极其重要。在日常训练中，体能教练必须时刻保持严谨、专注、耐心和敬业，正如工匠精神所倡导的：注重细节、精益求精。因此，工匠精神应是一名合格体能教练员具备的首要特质。

平常心下，追求卓越。在此，笔者引用由日本企业推崇、后被德国人吸收并演绎到极致的哲学理念——Kaizen。其意为构成组织或系统中的每个环节在质量把控上如果能够再好一点点，最终呈现给世人的产品质量就会更好一点。之于体能教练，无论是体能训练工作本身还是作为团队的组成部分，如果在每个具体环节上都能再好一点，距离完美就更近一步。

三、应急与急救能力

对于体能训练教练来说，应具有以下几种情况的应急与急救的能力。

（一）软组织损伤

这类损伤可分为开放性损伤和闭合性损伤。前者有擦伤、撕裂伤、刺伤等，后者有挫伤、肌肉拉伤等。

1. 擦伤

因运动使皮肤受擦致伤。例如，跑步摔倒时、体操运动时，身体擦磨器械受伤，擦伤后，会伴有皮肤出血或组织液渗出。小面积擦伤，用红药水涂抹伤口即可。大面积擦伤，先用生理盐水洗净，涂抹红药水，再用消毒布覆盖，最后用纱布包扎。面部擦伤，最好不用龙胆紫等含染色剂的药物涂抹，因为用后可能在数月内染色不退，有碍美观。例如膝关节处皮肤擦伤，先洗净，然后用消炎油膏涂抹，盖上无菌纱布，粘膏固定，必要时可缠上绷带。

2. 撕裂伤

在剧烈运动时或受到突然强烈的撞击时，易造成肌肉撕裂。其中包括开放性损伤和闭合性损伤，常见于眉际撕裂、跟腱撕裂等。开放性损伤顿时出血，周围红肿。闭合性损伤出现时有凹陷感和剧烈疼痛。

撕裂伤的处理：轻度开放性损伤，用红药水涂抹即可；裂口大时，则需止血和缝合伤口，必要时应注射破伤风抗毒血清，以防破伤风症。例如肌腱断裂，则需要手术缝合。

3. 挫伤

因撞击器械或练习者之间相互碰撞易造成挫伤。单纯挫伤，在损伤处会出现红肿，皮下出血，并伴有疼痛感。内脏器官受伤时，则会出现头晕，脸色苍白，出虚汗，四肢发凉等现象，严重者甚至出现休克。

挫伤的处理：在24小时内冷敷或加压包扎，抬高患肢或外涂中药。24小时以后，可按摩或理疗。进入恢复期，可进行一些功能性锻炼。如果怀疑内脏损伤，则在临时处理后再送医院检查和治疗。

4. 肌肉拉伤

通常在外力直接或间接作用下，使肌肉过度主动收缩或被动拉长时，易引起肌肉拉伤。特别是由于准备活动不充分，动作不协调以及肌肉弹性、伸展性、肌力差者，更易拉伤。损伤后伤处肿胀、压痛、肌肉痉挛，触诊时可摸到硬块。

严重的肌肉拉伤是肌肉撕裂。

肌肉拉伤的处理：轻者可即刻冷敷，局部加压包扎，抬高患肢。24小时后可施行按摩或理疗。如果肌肉已大部分或完全断裂者，在加压包扎急救后，固定患肢，立即送医院进行手术缝合。

（二）关节、韧带扭伤

扭伤是由于受到外力的冲击，使关节和韧带产生非正常的扭动而致伤。受外力的触击或撞击；运动时身体落地重心不稳，向一侧倾斜或踩在他人足上或高低不平的地面上而致伤。伤后局部能力立即丧失，有明显肿胀、疼痛感等。

关节、韧带扭伤的处理：

①伤后立即抬高患肢，伤情严重的要立即冷敷或用自来水冲淋，加压包扎，固定休息；使毛细血管收缩，防止肿胀。24小时后即可拆除包扎，再采用热敷、理疗，使毛细血管扩张，促进血液循环。

②严重扭伤，如韧带断裂、关节脱位，应尽快到医院缝合或做固定处理。

（三）溺水

在游泳时，因肌肉痉挛或技术上的原因易导致溺水。溺水时，水经过鼻腔进入肺内，造成呼吸道阻塞，或者因水的刺激，引起喉部肌肉痉挛使气体不能正常进出，导致窒息和昏迷。如果时间稍长，机体会因缺氧而危及生命。

窒息后，脸色苍白而肿胀，眼睛充血，口鼻充满泡沫，四肢冰冷，神志昏迷，胃腹因吸满水而鼓起，甚至呼吸心跳停止。

溺水窒息的处理：

①立即将溺水者救上岸，然后清除口腔中的分泌物和其他异物，并迅速倒水，但不要过分强调倒水而延误了宝贵的抢救时间。

②立即进行人工呼吸。若心跳已停止，应同时施行胸外心脏按压法。人工呼吸和心脏胸外按压以 1：4 的频率进行，急救者之间应密切配合，进行积极而耐心的抢救，直至溺水者自主恢复呼吸为止。

③清醒后立即送医院，做进一步检查和治疗。在运送途中，必要时可继续进行人工呼吸。

（四）膝关节侧副韧带损伤

这种损伤以内侧损伤较常见，多发生在膝关节处，小腿突然外旋，或足部固定，大腿突然内收内旋，都可使内侧副韧带损伤。如旋风脚落地方法不当，极易造成内侧副韧带损伤。另外，关节外侧受暴力撞击也可造成损伤。症状表现为伤部疼痛，肿胀，皮下瘀血，活动困难。受伤后应立即冷敷，严重的用绷带固定包扎。24 小时后可按摩、热敷。

（五）急性腰扭伤

运动时，身体重心不稳定或肌肉收缩不协调，腰部受力过重或脊柱运动时超过了正常生理范围都易引起腰部扭伤。症状表现为伤后一侧或两侧当即发生疼痛，有时听到"咯咯"的响声，有时出现腰部肌肉痉挛和运动受限。轻微扭伤当时无明显疼痛感，第二天起床时觉得腰部疼痛，不能前屈，用不上劲，损伤部位有明显的压痛点。

急性腰扭伤的处理：轻微扭伤可按摩、热敷。较严重的应让患者平卧，一般不应立即搬动。如果疼痛剧烈，应用担架抬送医院诊治。

（六）心肺复苏

心肺复苏是一种针对于心搏骤停的人群采取的急救技术，如果方法正确，且急救时间及时，可以挽回患者的生命。一般的体能训练教练人员都要了解和掌握心肺复苏方法。

心搏骤停一旦发生，如得不到即刻及时的抢救复苏，4—6 分钟后会造成患者脑和其他人体重要器官组织的不可逆损害，因此心搏骤停后的心肺复苏必须在现场立即进行。

心肺复苏急救过程如下：

①首先评估现场环境安全，心肺复苏的过程最好在开阔、通风流畅的环境下进行。

②意识的判断：用双手轻拍病人双肩，问："喂！你怎么了？"告知无反应。

③检查呼吸：观察病人胸部起伏 5—10 秒（1001、1002、1003、1004、1005……）告知无呼吸。

④呼救：来人啊！喊医生！推抢救车！除颤仪！

⑤判断是否有颈动脉搏动：用右手的中指和食指从气管正中环状软骨划向近侧颈动脉搏动处，告之无搏动（数 1001、1002、1003、1004、1005……判断 5 秒以上 10 秒以下）。

⑥松解衣领及裤带。

⑦胸外心脏按压：两乳头连线中点（胸骨中下 1/3 处），用左手掌跟紧贴病人的胸部，两手重叠，左手五指翘起，双臂伸直，用上身力量用力按压 30 次（按压频率至少 100 次/分，按压深度至少 125px）。

⑧打开气道：仰头抬颌法。口腔无分泌物，无假牙。

⑨人工呼吸：应用简易呼吸器，一手以"CE"手法固定，另一手挤压简易呼吸器，每次送气 400—600mL，频率 10—12 次/分。

⑩持续 2 分钟的高效率的 CPR：以心脏按压：人工呼吸以 30：2 的比例进行，操作 5 个周期。（心脏按压开始送气结束）

⑪判断复苏是否有效（听是否有呼吸音，同时触摸是否有颈动脉搏动）。

⑫整理病人，进一步生命支持。

第二章

体能训练的科学基础

第一节　神经系统、肌肉系统、结缔组织对训练的适应

一、神经系统对体能训练的适应

神经系统由脑、脊髓以及附于脑和脊髓的周围神经组成。人类的神经系统特别是脑，不仅与各种感觉和运动行为有关，而且与复杂的高级活动，如情感、语言、学习、记忆、思考、音乐等诸多思维和意识行为有关，对机体起着主导作用。其功能主要是控制、调节其他系统的机能活动，实现有机体内部统一；提高机体对外环境的适应能力，维持机体与外环境间的统一。

(一) 神经系统的组成

神经系统分为中枢神经系统和周围神经系统两部分。中枢神经系统包括脑和脊髓。周围神经系统是脑和脊髓以外的神经成分，其一端连于脑和脊髓；另一端通过各种末梢装置连于身体的各器官、系统。与脑相连的部分称为脑神经，共 12 对；与脊髓相连的部分称为脊神经，共 31 对。根据分布对象不同，周围神经可分为躯体神经和内脏神经。躯体神经分布于体表、骨、关节和骨骼肌；内脏神经分布于内脏、心血管、平滑肌和腺体。躯体神经和内脏神经都需经脑神经或脊神经与中枢神经系统相连。通常将周围神经系统分为脑神经、脊神经和内脏神经三部分。

周围神经的感觉成分又称传入神经，将神经冲动由感受器传向中枢神经系统；运动成分又称传出神经，将神经冲动由中枢神经系统传向效应器。内脏运动神经支配不直接受人主观意志控制的平滑肌和心肌运动及腺体的分泌，故又称为自主神经系统或植物神经系统，可分为交感神经和副交感神经两部分。

(二) 神经系统的结构

神经系统由神经细胞和神经胶质细胞构成。神经细胞是神经系统的结构和功能单位，又称神经元，具有接受刺激、整合信息和传导神经冲动的功能。神经胶质细胞对神经元起支持、保护、营养和绝缘等作用。神经元的形态多种多样，但都由胞体和突起两部分构成。胞体是神经元的营养和代谢中心，主要位于脑、脊髓的灰质和神经节内，均由细胞膜、细胞质和细胞核三部分构成。细胞膜具有接受刺激、处理信息、产生和传导神经冲动的功能。突起是胞体的细胞膜连同细胞质向外突出形成的结构，分为树突和轴突两种。每个神经元有一至多个树突，其功能主要是接受

刺激。每个神经元只有一个轴突，功能主要是传导神经冲动。

1. 神经元的分类

神经元可分为三类：

①感觉神经元，又称传入神经元，将内、外环境的各种刺激传向中枢神经系统。

②运动神经元，又称传出神经元，将神经冲动自中枢神经系统传向身体各部，支配骨骼肌、心肌和平滑肌的活动以及腺体的分泌。

③联络神经元，又称中间神经元，是在中枢神经系统内位于感觉和运动神经元之间的多极神经元，此类神经元的数量很大，占神经元总数的99%以上，在中枢神经系统内构成复杂的网络系统，有对传入的信息进行贮存、整合、分析和传递的作用。

2. 突触

神经元与神经元之间，或神经元与效应细胞之间传递信息的部位称为突触。突触是一种特化的细胞连接，可分为化学突触和电突触两类。化学突触以神经递质作为传递信息的媒介，是一般所说的突触。突触由突触前成分、突触间隙和突触后成分三部分构成。突触前成分、突触后成分彼此相对的胞膜，分别称突触前膜和突触后膜，两者之间有突触间隙。突触前成分一般是神经元的轴突终末，内含许多突触小泡。突触小泡内含神经递质或神经调质。突触后膜中有特异性的神经递质的受体以及离子通道。当神经冲动沿轴膜到达突触前膜时，突触小泡与突触前膜相融合，释放神经递质到突触间隙，突触后膜中的受体与特异性神经递质结合后，改变突触后膜对离子的通透性，使突触后神经元或效应细胞产生兴奋或抑制。

3. 神经胶质细胞

神经胶质细胞是构成神经组织的另一类细胞，其数量是神经元的10—50倍，对神经元起支持、保护、营养和绝缘等作用。

4. 神经纤维

神经纤维由两部分组成，包括神经元的突起和包裹在突起外层的神经胶质细胞。神经纤维可细分为有髓和无髓两大类，主要取决于神经胶质细胞是否形成了髓鞘。传导神经冲动是神经纤维主要的生物功能，不同类型神经纤维传导神经冲动的特点有较大差异。有髓神经纤维传导速度迅速，是跳跃式传导。无髓神经纤维由于没有髓鞘和郎飞结，传导神经冲动的速度缓慢，只能沿轴膜连续传导。

5. 神经末梢

神经末梢对人体的各种机能活动极为重要，分布在机体的各种组织器官中，是周围神经纤维的终末部分并形成末端装置。由于功能的不同，可以把神经末梢分为感觉神经末梢和运动神经末梢。

感觉神经末梢与邻近的组织共同组成感受器，是感觉神经元周围突的终末部分。依靠感受器，人体接受内外环境变化的各种刺激，并迅速地把刺激转化为神经冲动，通过神经纤维传至大脑中枢并形成感觉。

运动神经末梢主要控制肌纤维的收缩和腺细胞的分泌，是运动神经元的轴突在肌肉组织和腺体的终末结构，与邻近的其他组织构成效应器。根据功能的差异，运动神经末梢可分为躯体运动神经末梢和内脏运动神经末梢两类。躯体运动神经末梢分布于骨骼肌，内脏运动神经末梢分布于心肌、内脏、血管平滑肌、腺上皮等部位。不同神经元支配的肌纤维数量有很大差异，一个运动神经元支配的骨骼肌纤维数目少者1—2条，多者可达上千条。但是一条骨骼肌纤维通常只接受一个轴突分支的支配。支配数量的不同影响动作的准确性，因此对神经肌肉的精细化训练十分重要。一个运动神经元的轴突及其分支所支配的全部骨骼肌纤维合称为一个运动单位。

（三）体能训练中神经系统的适应研究

1. 训练研究

多数研究在观察神经活动训练变化时应用了肌电图（EMG）❶。EMC可定量骨骼肌的电活动水平。EMG增强反映神经活动增强，但是，应用表面EMG还不能决定确切的机制（增强募集、频率、同步、高尔基腱器抑制）。多数研究已证明EMG会增强，而有些研究发现RIT后尽管肌力增长了70%以上，EMG并没有增强。训练状态是关键。训练首先会引起神经适应，如增强运动学习和协调。当肌肉肥大发生时，EMG会下降，因为肌纤维能提供更大张力。此外，训练还可引起神经和肥大机制互动，以提高力量和爆发力。当肌肉肥大时，举重运动员在训练中必须特别刺激神经系统，即举起更大重量或加快举起的速率。优秀举重运动员在一年练习中进一步提高神经适应的潜力受到一定限制。

训练程序规定了适应方式。EMG或神经活动，已被证明：

①高强度肌肉活动的EMG要高于低强度活动。

②冲刺式或爆发式抗阻运动的EMG要高于低速运动。

③在强度相当时向心（concentric，CON）肌肉活动的EMG要高于离心（eccentric，ECC）肌肉活动。

④当亚极量抗阻运动中向心和离心肌肉活动发生疲劳时，EMG会增强。

⑤工作后与工作前相比，例如当训练引起疲劳状态时，EMG会降低。

⑥高强度大运动量训练（即过度训练）后EMG会下降。

---

❶ 肌电图是通过肌电对疾病进行辅助检查的一种手段。应用电子学仪器记录肌肉静止或收缩时的电活动及应用电刺激检查神经、肌肉兴奋及传导功能的方法称EMG检查。通过此检查可以确定周围神经、神经元、神经肌肉接头及肌肉本身的功能状态。

⑦在停止训练期 EMG 会下降。

总之，当强度高、速率快和向心收缩时 EMG 会增强或升高。靶向神经系统的训练项目应该把重点放在大重量和爆发式活动上，如快速伸缩复合训练、爆发式 RT、速度以及灵活性训练。疲劳是另一个影响训练时神经反应和适应的因素。在亚极量运动时（例如，10 次为 1 组），EMG 随着运动进程而增强。这反映在随着运动时间延长，募集更多运动单位以取代疲劳单位上。然而如果在训练后即刻测试，与完全训练有关的疲劳水平高，EMG 反应就会降低。疲劳会在某种程度上限制运动单位活化，EMG 会降低。因此，要在下一次训练前恢复到最大神经功能，训练后的恢复是关键。

2. 单侧与双侧训练

单侧或双侧肢体训练同时影响神经的训练适应。肌力训练的交叉迁移在单侧训练时未训练侧肢体也可获得力量和耐力。有研究已证明，单侧训练力量增长达35%，未训练一侧与训练前相比也会增长 8%。力量增长还伴随着训练侧肢体和非训练侧肢体的 EMG 活动增大，未训练侧肢体的耐力也会增长，实际意义是一次只训练一侧肢体也会对神经系统产生新的刺激。这种适应也会传递给对侧肢体。单侧训练也用于提高功能表现以及用于受伤个体，因为受伤肢体在固定不动或减少活动时部分也可获得受伤肢体训练效果。

就单侧和双侧训练而言，有一种双侧逆差现象。双侧逆差现象是指双侧肢体收缩（同时）产生的最大力量要小于单侧肢体收缩产生力量之和。单侧训练会更大程度上增大单侧力量，双侧训练会增大双侧力量，相应地，EMG 反应会更大。双侧逆差更多见于极少训练个体，因为它随着双侧训练而下降。实际上，把单侧训练和双侧训练安排在同一个训练计划中很重要。

二、肌肉系统对体能训练的适应

肌肉在人体内执行很多功能。肌肉组织包括心肌、平滑肌和骨骼肌。心肌位于心脏内。

心肌是非随意肌，收缩时可产生强大的力量，通过节律性收缩推动血液流经全身。平滑肌位于中空性器官壁和血管内。平滑肌也是非随意肌，收缩时引起挤压现象。骨骼肌约占全身体重的 40%，是随意肌，能快速收缩和舒张，且含有多个细胞核（这是运动适应过程的关键）。骨骼肌执行多种重要功能。骨骼肌收缩完成运动，产热，维持姿势，协助交流，包括呼吸肌节律性收缩完成通气功能。

（一）骨骼肌的作用

骨骼肌收缩产生张力，作用于骨从而产生运动。人体约有 660 块骨骼肌。肌肉两端一般附着于骨。凡靠近身体正中面或肢体近侧端的附着点，称为起点。凡远离身体正中面或肢体近侧端的附着点，称为止点。有的肌肉有多个起点或止点。肌肉（肌腱）必须跨过至少一个关节才能产生运动。有的肌肉起点和止点跨过 1 个关节（如股外侧肌）。这些肌肉是单关节肌，只引起一个关节运动。有的肌肉跨过 2 个或 2 个以上关节。这些肌肉是多关节肌，引起 2 个或 2 个以上关节运动（如腘绳肌）。肌肉收缩时会变短，因而拉着起止点靠近起点和附着点。但是活动只在一端发生。另一端因为肌肉收缩或骨骼附着点的肌肉围度而固定或稳定。在止点可发生多次运动，但是运动也会发生在起点。例如髋关节的腰大肌。在站立时，腰大肌收缩会引起大腿上抬做屈髋运动（止点运动）。而在仰卧下肢固定时，腰大肌收缩会引起躯干上抬（如仰卧起坐）做屈髋运动，因而引起起点运动。

当一块肌肉收缩完成一个特定动作时，这块肌肉被称为主动肌。而与主动肌动作相反的肌肉则称为拮抗肌。例如，在屈肘关节时肱二头肌是主动肌，而肱三头肌是拮抗肌。但是在放下重物时，肱二头肌是拮抗肌，而肱三头肌是主动肌。拮抗肌必须放松到一定程度主动肌才能完成动作。拮抗肌收缩在稳定关节、减慢主动肌动作和降低关节损伤风险中起关键作用。当一块肌肉收缩以稳定相应肌肉的起点或止点时，这块肌肉称为稳定肌或固定肌。当一块肌肉收缩以消除多关节肌的动作时，这块肌肉被称为中和肌。例如，腘绳肌是屈膝肌和伸髋肌。当只需要伸髋关节时，股四头肌收缩消除屈膝关节的动作。肌肉在其所具备的功能中如何起作用取决于关节的位置。

（二）骨骼肌的特征和适应

骨骼肌以多种特定方式适应运动刺激。训练可上调多种基因表达以增强肌肉功能。当承受更大力量生成的应激刺激时骨骼肌会增大（肥大）。纤维类型和结构转换会发生，以增大力量、爆发力和耐力。骨骼肌酶活性、底物含量、受体含量、毛细血管和线粒体密度以及蛋白质含量的变化也会增强运动能力。

1. 肌纤维形成

新肌纤维形成对肌肉功能非常重要。虽然肌纤维数量在大多数情况下是保持稳定的，但是必须形成新的肌纤维以更新老化或损伤的肌纤维，这是组织重塑的一部分。肌纤维形成过程称为肌生成。卫星细胞（干细胞）从基底层释放出来并迁移到纤维形成区。卫星细胞增殖（数量增多）和分化为有更多功能的成肌细胞。成肌细胞融合形成多核肌管。肌管形成新纤维的支架，并进一步成熟引起新肌纤维形成。肌生成过程因几种中间蛋白的作用而增强，如 MyoD、Myf5 和肌细胞生成素，但可被一种名为"肌肉生长抑制素"的蛋白质所抑制。这些肌生成刺激因子可增强肌肉生长，而抑制因子可限制肌肉生长。肌肉生长抑制素对科学家来说有重要意义，因为在 20 世纪 90 年代后期，研究发现不表达肌肉生长抑制素基因的动物会出现巨大的肌肉。此后，训练时引起肌肉生成的基因标志物已开始被研究。

大多数（但不是全部）研究证实急性抗阻运动在几小时后（24—48 小时）增加肌肉生成标记物（肌细胞生成素，MyoD）。有趣的是，对运动的急性反应因长期抗阻训练（resistancetraining，RT）而增强。耐力运动对这些反应也有适当作用。更长期的研究（如 12—16 周）证明，RT 可增加肌肉生成标志物的数量。另外，大多数研究证明训练后肌肉生长抑制素表达降低，即使是极低强度的训练。这些变化在长期训练时肌肉生长和肌纤维变化中起一定作用。

2. 肌纤维类型

肌纤维对接收的神经系统不同类型刺激产生不同的反应。根据肌肉的收缩和代谢特性，有 2 种纤维类型分类方法：快肌纤维（fast-twitch，FT）和慢肌纤维（slow-twitch，ST）。ST 型（I型）纤维主要是耐力型纤维，而 FT 型（II型）纤维主要是力量/爆发力型纤维。每一种纤维类型都具有不同的特征，形成了力量/耐力谱。在这些重要的分类中，肌纤维存在于一个连续统一体。也就是说，中间型纤维是存在的，且有 6 种亚型存在。因为纤维类型连续体运转，I型纤维力量最小但耐力最强，II型纤维耐力最差而力量最大。其他纤维亚型处于连续体中间。这种连续体是与肌球蛋白重链表达相伴随的。

骨骼肌由慢肌（ST）和快肌（FT）纤维组成。两种纤维的比例有助于决定肌肉的功能能力。每一块肌肉有不同的纤维比例，以某一种或另一种为主。例如，大多数个体的腓肠肌主要含有 FT 纤维，而比目鱼肌主要含有 ST 纤维。耐力型运动员（例如，中长跑运动员、自行车运动员）肌肉内 I 型纤维比例较高，而力量或爆发力型运动员（如短跑、投掷、举重、跳高等项目运动员）肌肉内 II 型纤维比例较高。Hakkinen 等的研究证明，力量举重运动员、健美运动员和摔跤运动员的股外侧肌中 FT 纤维百分比分别为 60%、59%、42%。还有研究证明，在耐力运动员的同一块肌肉内 II 型纤维比例范围是 18%—25%。Tesch 和 Alkner 在一篇文献综述中比较了不同举重运动员纤维类型组成。在股外侧肌内，力量举重运动员拥有 55%—56% FT 纤维，健美选手拥有 45%—48%FT 纤维，举重选手拥有 54%—62%FT 纤维。健美运动员拥有的 ST 纤维比例高于举重、力量举重和其他爆发力项目运动员。纤维类型组成是由遗传决定的，是引导运动员从事某一项目的一个重要原因。

3. 肌肉肥大

肌肉大小增长是对无氧训练尤其是 RT 的常见适应变化。肌肉大小与肌肉力量生成之间呈正相关关系，因此更大的肌肉就是更强壮的。肌肉肥大是因为蛋白质合成增强、分解减弱，或两个因素共同作用的结果。运动后蛋白质合成增强，而且一次急性运动后可持续 48 小时。在举重时蛋白质分解是常见的，而蛋白质合成（肌肉生长）是在恢复期发生的。反复的蛋白质分解和合成最后会导致超量补偿，引起肌肉增长。运动后蛋白质合成增强取决于营养摄取的氨基酸，营养摄取的时间（运动前、运动中或者运动后即刻），运动强度和运动量（机械应力），激素和生长因子反应等因素。肌肉生长引起肌动蛋白/肌球蛋白丝大小和数量增长，周围肌节数量增多，这对力量和爆发力生成非常重要。虽然神经适应在训练早期起主要作用，但是随着 RT 持续进行，肌肉肥大变得越来越重要。肌肉蛋白质在几次运动后会改变。但是需要更长时间（大于 8 次运动）才会显示肌肉生长，而且只会发生在运动刺激超过个体训练阈值时。男子和女子都会因为训练而发生肌肉增长。但是实际上，男子肌肉肥大程度高于女子，主要是由于高浓度睾酮激素。最后，肌肉典型增长在肌腹以一种不均匀方式发生的程度更高。

三、结缔组织对体能训练的适应

肌肉体积、力量、耐力和爆发力的增长只有在支持组织相应发生适应时才能发挥最大效应。也就是说，为了适应骨骼肌性能的变化，结缔组织（connec‑tivetissue，CT）大小、力量和耐力也需要发生相应增长。结缔组织主要包括骨、软骨、肌腱、韧带和筋膜。结缔组织对训练适应是肌力传递给骨、维持关节稳定和预防损伤的重要因素。本部分讨论不同类型结缔组织结构及其训练适应特征。

（一）结缔组织适应的刺激

在讨论结缔组织前，了解有关负荷的术语很重要，负荷是发生适应的起因。随着应力增大，结缔组织受到渐进性超负荷，会逐渐产生适应。机械应力是指内在力量除以结缔组织结构的横截面积。当力量遇到横截面积（等式的分母）增大时，作用于结缔组织的机械应力会减小。因此，结缔组织通过尺寸增大和（或）结构性质改变来增强对负荷的耐受力。这对预防运动损伤和增强肌肉到骨的力量传递非常有意义。但是结缔组织适应要晚于骨骼肌。

应力与作用于结缔组织的力量有关。三种最常见和结缔组织有关的应力是：张力、压应力和切应力。张力对组织造成拉力。在肌肉收缩时肌腱会随之发生拉伸或延伸。压应力向内推动组织，或者压缩长度。例如，深蹲时的脊柱或俯卧撑时的肱骨（上臂骨）。当某位点遇到倾斜力时，切应力引起偏移。例如，剪切时的剪刀和伸膝时的膝关节。

在运动时切应力更容易引起损伤。有些情况下还会发生扭曲效应，或称为扭转。应力会使结缔组织发生形变，而形变会导致适应，且这种适应与受到的应力成比例。

因为应力是组织遇到的一种力量水平，那么应变就是遇到相应力量作用时产生的形变大小。有两种应变常见于结缔组织、线性应变和剪切应变。线性应变是由于压应力和张应力的存在，组织（肌腱和韧带）会改变长度。线性应变的量化是用静息长度的百分比表示的。剪切应变会引起组织（骨）弯曲，用形变的角度来量化。而圆形组织（软骨）会发生另一种应变。当组织受压时，其纵高下降而侧向扩张。纵向应变与横向应变的比值称为泊松比。这是检验关节软骨和椎间盘压力的指标（压力过大会导致其破裂）。当完全静息时，肌腱呈较小的松弛度。肌肉低水平收缩时，肌腱伸长到正常长度。随着应力增大，应变成比例增长，如果应力水平太高，会引起损伤。肌腱受到应力会伸长，应力取消时会恢复原长度。结缔组织牵张后能恢复到原来长度的特性称为弹性。但是，长期牵张组织会引起短暂或永久形变，而组织会保留部分伸长而不会完全回到原来的长度，这种性质称为可塑性。可塑性有好的一面（长期柔韧训练对肌腱的作用），也有不好的一面（韧带劳损）。

（二）骨骼系统

骨骼系统由 206 块骨构成，其中 177 块骨参与人体随意运动。骨骼系统分为两大部分：中轴骨和附肢骨。中轴骨有 80 块，包括颅骨和躯干骨（脊柱、肋骨、骶骨和尾骨）；附肢骨有 126 块，包括四肢骨、肩带骨和盆带骨。骨骼系统对人体功能起重要作用，提供支撑、肌肉附着点和保护器官。肌肉收缩时骨产生运动。骨是贮存矿物质的场所，当食物摄入量低时骨会提供预先贮存的矿物质。最后，骨髓产生运输氧的红细胞。

1. 骨的解剖学

骨有 5 种形态。长骨（股骨、肱骨）是决定人类身高和四肢长度的重要因素。短骨（手的腕骨和足的跗骨）常见于活动灵活的部位。扁骨（肋骨、肩胛骨、颅骨和胸骨）起着特别重要的保护作用。不规则骨（椎骨）形状独特，具有多种功能。籽骨（膝盖骨）为跨关节肌肉提供有利的收缩条件。

要理解骨对运动的适应，必须先了解骨的解剖学。骨的两端称为骨。生长板（骨骺板）是生长发育期骨纵向生长的部位。骨的长轴称为骨干。长骨由两种骨成分组成：骨密质和骨松质。骨密质在外周，比骨松质坚实，骨松质位于内部，使骨具有柔韧性。两者的比例决定了骨的坚实和柔韧程度。骨的外层有骨膜。骨膜分两层，外层是结缔组织附着点，内层分泌细胞参与骨重建。骨内膜衬于骨髓腔内部，也可分泌细胞参与骨重建。骨髓腔内含有骨髓。

长骨骨密质内层骨板紧密排列。骨密质由骨单位组成。骨单位类似于同心层，中间通道供神经和血管穿过。骨细胞和周围的骨基质构成骨单位。骨细胞位于陷窝内，被骨小管包围。骨小管类似于毛细血管床，为骨细胞提供营养。骨小管在骨适应负荷时起重要作用，因为在流体活动时刺激骨细胞会引起形变。骨细胞周围的区域称为骨基质。骨基质包括有机区（35%）和无机区（65%）。有机区主要是蛋白质，其中胶原最多，赋予骨强度和柔韧性。无机区含有矿物质和特化细胞，赋予骨硬度，称为羟基磷灰石。无机区对骨的硬度和抗压强度是非常重要的。一般来说，骨有 25%—30% 的成分是水。

2. 骨重建

重建是影响骨的一个过程。骨不断被分解又重建。为了重建，功能细胞必须被激活以改变骨代谢。骨的形成是由特化的成骨细胞完成的。成骨细胞分泌富含胶原的基质（帮助形成骨基质），促进骨的形成。成骨细胞是骨外膜和骨内膜产生的，能分泌骨钙蛋白，骨钙蛋白是骨代谢的一种血液标志物。成骨细胞还分泌一种酶，被称为骨碱性磷酸酶（参与骨矿物质化），也是骨代谢的一种血液标志物。破骨细胞参与骨吸收、分解。它们通过酸和溶酶体酶消化骨矿物质，分解骨结构。成骨细胞和破骨细胞都源于由母体分子激活的干细胞，受激素、生长因子、免疫细胞、营养和体育活动所控制。一个完整的骨重建周期包括骨重吸收、形成和矿物质化，需要 3—4 个月，那么骨量的变化往往要 6—8 个月或更长时间才能测出来，骨骼的长度和宽度都会增加。

骨纵向生长发生在生长发育期，主要有两种方式，源于结缔组织膜的骨生长是膜内成骨，而源于软骨的骨生长称为软骨内成骨。在儿童期后，骨继续发育主要是软骨内成骨。纵向骨生长发生在生长板上。骨髓因为软骨生长和骨替换而增大，骨干延长。每块骨都有其代谢速率。有些骨在 18 岁时就达到最大长度，而有些骨要到 25 岁。纵向长度的变化还需要骨同步变粗作为支持。

增加骨骼负荷会使骨增粗，这对讨论运动适应是很有意义的。骨横截面积增大（cross-sectional-area，CSA）使骨能耐受更多负荷。肌力和肌肉大小增长都会增大对骨的作用力。收缩力量增大会加大对骨的机械应力（应变），骨必须增粗才能适应更强的肌肉。骨在细胞水平上对负荷的反应称为机械力传导，或机械力传导为局部细胞信号。在这一模式中，作用于骨的应力会导致形变或骨弯曲。弯曲是与负荷大小和速率成比例的，这也证明了运动强度的重要性。弯曲的发生是压力负荷直接作用于骨骼系统的结果，或者是肌肉收缩时牵拉肌腱引起的。骨形变会引起液体在骨内流动。为了使此模型生效，有一种感受器能感受这种刺激。骨内的感受器是成熟的骨细胞。骨细胞有几种被激活的方式，因为骨膜的牵张（液体流动），或是因为液体内离子活动引起电荷变化。这两种刺激都可打开骨细胞的离子通道（钙离子、钠离子），钙离子流是介导骨细胞内很多反应的关键。主要结果就是增强基因转录和蛋白质翻译，最终导致骨内沉积和结构变化。胶原纤维形成支架，矿物质和羟基磷灰石（黏细胞）迁移，成骨细胞到达靶区域引起成骨作用。这些过程虽然很快，但是骨的生长非常慢，需要几个月时间。

3. 骨对运动的适应

运动给骨骼系统施加强大应力。但是应力必须达到一定水平才会使骨产生适应。最小必要应力是指最小阈刺激（量和强度），是引起新骨形成的必要条件。如果运动刺激没有达到这一阈值，那么骨不会产生有利的适应。事实上，有研究表明，用低强度训练不会引起骨量的适应。最小必要应力取决于运动员的状态和年龄。运动需要足够的强度和量才能引起骨矿物密度（bone mineral density，BMD）增大。骨矿物密度常用于研究骨的适应。但是骨强度增大独立于 BMD 的变化。骨强度要比 BMD 变化更大、更快、更强。研究表明，最小必要应力大约是引起骨折力量的 1/10。某些运动增强 BMD 的效果比另一些更好。动力性、高强度负荷对骨骼系统是最重要的。负重运动增大骨密度的效果要好于非负重运动，因为在需要承受体重时负荷更大，速率更高。举重和身体接触类项目，需要爆发式跑动/跳跃的项目（快速伸缩复合训练、冲刺跑与灵敏训练）是增强 BMD 的好办法，而相对游泳的效果却较差，因为水的浮力会降低对骨骼系统的应力。美国运动医学会发布了一个观点，建议按照下面指南的要求来增强骨量：

①承重耐力锻炼，包括跳跃和抗阻训练（resistance training，RT）。

②中等到高强度锻炼。

③耐力运动频度是每周 3—5 天，抗阻运动频度是每周 2—3 天。

④每天锻炼 30—60 分钟，多种训练方式。

研究表明，BMD 与肌肉质量和肌力之间呈正相关关系。力量训练运动员的 BMD 高于同年龄运动不足的个体。但是骨需要更长的适应期。短期训练计划并不会增大 BMD。BMD 的变化通常是在训练 6 个月后，而且只发生在训练强度超过目前阈值或者超过最小必要应变时。骨的定量沉积是一个长期的过程。有意义的是，骨的生长开始于前几次锻炼之后。此时测量血液中骨生长的标志物可以观察骨合成过程的激活和增强，尽管骨的大小还没有发生变化。骨生长的两种标志物是骨碱性磷酸酶和骨钙蛋白。高强度无氧运动可升高骨钙蛋白水平。举重运动员比同龄对照组的骨钙蛋白水平高。抗阻训练会提高骨钙蛋白，其程度受蛋白质摄入水平影响。在前几次锻炼后骨生长机制就被激活，但是需要几个月才能检测到变化。

4. 训练增加骨大小和强度

设计训练计划刺激骨生长需要专门的负荷条件，负荷速度和方向，运动量，运动方式选择，渐进式超负荷，以及调控。虽然对不同计划影响骨生长的科学研究有限，但是下面的建议是有帮助的：

①多关节运动（深蹲、高翻、硬拉、卧推）被认为比较好，因为使个体能举起更大负重。

②负荷要高，但运动量要中等或低（10 次重复或更少）。

③快速收缩比较好，因为力量与加速度成正比，增大骨骼肌收缩力量会对骨造成更大应力。

④间歇时间应该中等或较长（至少 2—3 分钟），以完成每组更大负荷。

⑤训练应力的变化对改变作用于骨的刺激很重要。

（三）致密结缔组织的构成

肌腱和韧带是致密纤维结缔组织结构，主要含有水（占 60%—70%）或纤维细胞（生成胶原的细胞）、纤维细胞（成熟细胞）、弹性蛋白、胶原和基质。基质为结缔组织提供结构稳定性。弹性蛋白赋予结缔组织弹性，而胶原是人体内最强壮、最丰富的蛋白质（占总蛋白 20%—25%）。胶原提供极大抗张强度，这是在需要支撑和力量的组织内发现大量胶原的原因。有多种胶原，皮肤、骨、肌腱和韧带中含有 I 型胶原，而软骨中含有 II 型胶原。胶原具有抗张强度有两个原因。第一个原因是大量胶原并列在一起形成更大的成分。胶原分子自组装或者并列排放形成微原纤维，微原纤维并列捆扎形成原纤维，原纤维再并列形成纤维，纤维再形成胶原束，再构成肌腱等。原纤维是承重的单位。第二个原因是胶原的结构，胶原被其母分子前胶原激活，由三条肽链构成，每条都包含大于 1400 氨基酸。胶原主要含有 3 种氨基酸，即脯氨酸（25%）、羟脯氨酸（25%）和甘氨酸（33%）。这些氨基酸是 3 条链之间形成紧密的氢键的基础。这些氢键形成横向连接，赋予胶原纤维极大强度，类似于一条绳子。胶原更新（胶原合成和降解引起胶原含量的净变化）是决定结缔组织强度的重要因素，并与牵张和负荷高度相关。

肌腱含有较高比例胶原，而韧带含有较高比例弹性蛋白。事实上，肌腱和韧带中胶原含量都比骨高，而且远高于骨骼肌。肌腱提供极大强度和被动能量吸收，而韧带则柔韧性更高。这非常重要，因为肌腱连接肌肉和骨，而韧带连接骨与骨。肌腱的代谢非常慢，因为血液循环较差。在骨骼肌内围绕并形成不同水平结构的结缔组织称为筋膜。筋膜含有胶原纤维，在不同面上排列的胶原纤维可抵抗来自不同方向的外力。骨骼肌内筋膜聚集形成肌腱，通过肌腱将肌肉收缩力传递给骨，引起关节运动。

1. 肌腱、韧带和筋膜对训练的适应

肌腱、韧带和筋膜生长的重要刺激是机械负荷，会激活一系列级联事件导致肥大。这些事件类似于前面讨论过的骨的机械力传导。在负荷时牵张细胞骨架就会引起净胶原合成和结缔组织生长适应程度与运动强度是成比例的。结缔组织增大力度的位置有三个：

①肌腱/韧带和骨表面之间的连接点。

②肌腱/韧带的主体。

③骨骼肌内筋膜网络。

在结缔组织中，会发生胶原纤维数量、密度和直径增大，横向连接数量增多，因而会增大力量。肌肉肥大要求肌腱结构和（或）CSA 必须发生改变以适应更大力量输出。

运动会启动肌腱适应过程。急性运动（有氧和无氧）会引起胶原降解，但是接连几天胶原合成速率会显著加快。在长期训练时 I 型胶原合成会增多。研究提示，训练会引起 I 型胶原更新增强，引起组织的结构重建，那么长期训练就会引起肌腱 CSA 增大。12 周 RT 训练后肌腱会肥大，跑步运动员跟腱 CSA 大于同年龄未训练的运动不足个体。肌腱硬度（每单位面积力量传递）在力量训练后也会增大，是因为胶原组结构重建，导致肌腱强度增大。在 8 周 RT 后跟腱强度增大 15%—19%。非常有意义的是强度，大负重（80%1RM）会增大肌腱硬度，而小负荷（20%1RM）则不会。男子对训练的反应比女子更突出。最后，训练时骨骼肌胶原合成增强，这表明筋膜会发生改变以适应骨骼肌生长。

2. 软骨的训练适应

软骨由液体（60%—80%）、电解质、II 型胶原和其他基质组成。关节软骨（透明）覆盖于长骨的关节面和生长板上。纤维软骨位于椎间盘、半月板和肌腱、韧带嵌入骨的部位。弹性软骨是柔韧的，在耳朵上，关节软骨和纤维软骨是运动适应的重要部位，因为可提供关节活动时的光滑表面。作为缓冲器，帮助肌腱和韧带将力量传递到骨。软骨的一个独特性质是缺乏血液供应，必须由滑液提供营养。因此，软骨损伤需要很长的康复期，通常需要手术治疗。软骨与滑液融合过程高度依赖体力活动。加减压产生一种压力梯度，迫使滑液被软骨吸收。动物实验研究证明，有氧运动可增大关节软骨厚度。但是对人体的研究很少，不过一般认为适量运动可维持软骨厚度。

关节软骨的关注焦点就是关节的退行性变。关节软骨的退变会引起骨关节炎。动物实验表明，跑步会使关节软骨厚度增加，也有研究表明没有变化。适量运动可减轻人体软骨退变。例如，长期跑步者骨关节炎发病率没有运动不足的同年龄对照组那么高。但是关节损伤、治疗不当从事高强度反复运动会引起随后发生关节退变。从事大冲击负荷项目的运动员，如足球、橄榄球、网球、棒球和冰球由于陈旧性损伤更容易患骨关节炎，很多易受关节退变影响的运动员都是因为患有一些疾病，如关节解剖异常、先前的关节损伤或手术治疗、关节不稳、体重过大、肌力不足，或者肌肉的神经支配发生改变。

第二节　呼吸系统对训练的反应和适应

一、运动对呼吸机能的影响

（一）运动时呼吸功能的变化

运动时随着强度的增大，机体为适应代谢的需求，需要消耗更多的 O_2 和排出更多的 CO_2，通气机能发生相应变化。

1. 运动时肺通气功能的变化

呼吸加深加快，肺通气量增加。如图 2-1 所示，潮气量可从安静时的 500mL 上升到 2000mL，呼吸频率随运动强度而增加，可由每分钟 12—18 次增加到每分钟 40—60 次。结合潮气量与呼吸频率的变化，运动时的每分通气量可从安静时的每分钟 6—8L 增加到 80—150L，较安静时可增大 10—12 倍。

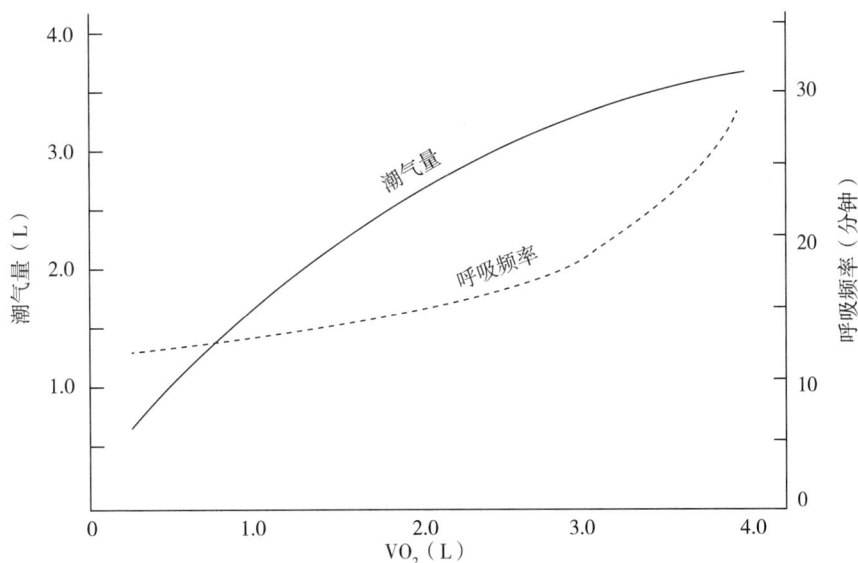

图 2-1　不同强度运动时，潮气量和呼吸频率的变化

2. 运动过程中肺通气量的时相性变化

运动开始后，通气量立即快速上升，随后在前一时相升高的基础上，出现持续缓慢上升。

运动结束时,肺通气量同样是先快速下降,随后缓慢地恢复到安静时的水平。

快时相:通气量迅速升、降的时相。

慢时相:缓慢升、降的时相。

中等强度运动:主要是靠呼吸深度的增加。

剧烈运动:主要是靠呼吸频率的增多。

（二）运动时换气机能的变化

1. 肺换气的具体变化

①人体各器官组织代谢的加强,使流向肺部的静脉血中 PO_2 比安静时低,从而使呼吸膜两侧的 PO_2 差增大, O_2 在肺部的扩散速率增大。

②血液中儿茶酚胺含量增多,导致呼吸细支气管扩张,使通气肺泡的数量增多。

③右心室泵血量的增加也使肺血量增多,使通气血流比值仍维持在 0.84 左右。

2. 组织换气的具体变化

①活动的肌肉组织需利用较多 O_2 来氧化能量物质再合成 ATP,所以活动的肌肉组织耗氧量增加,组织的 PO_2 下降迅速,使组织和血液间的 PO_2 差增大,在肌肉组织部位的扩散速率增大。

②肌肉活动时毛细血管开放数量增多,增大了组织血流量和气体交换面积。

③组织中由于 CO_2 积累 PCO_2 的升高和局部温度的升高使氧离曲线发生右移,促使 HbO_2 解离进一步加强。

运动时组织的这些变化,促使肌肉的氧利用率提高,肌肉的代谢率可较安静时增高达 100 倍。

（三）运动时合理呼吸

1. 减小呼吸道阻力

在剧烈运动时,为减少呼吸道阻力,以口代鼻,或口鼻并用的呼吸。其利有三:

①减少肺通气阻力,增加通气。

②减少呼吸肌为克服阻力而增加的额外能量消耗,推迟疲劳出现。

③暴露满布血管的口腔潮湿面,增加散热途径。

2. 提高肺泡通气效率

有意识采取适宜的呼吸频率和较大的呼吸深度。一般而言,径赛运动员的呼吸频率以每分钟不超过 30 次为宜。游泳运动员即使有特殊需要,每分钟也不宜超过 60 次。运动时（特别是在感到呼吸困难、缺氧严重的情况下）,采用节制呼吸频率,在适当加大呼吸深度的同时注重深呼气的呼吸方法,更有助于提高机体的肺泡通气量。

3. 合理运用憋气

良好的作用：

①憋气时可反射性地引起肌肉张力的增加，如人的臂力和握力在憋气时最大，呼气时次之，吸气时较小。

②可为有关的运动环节创造最有效的收缩条件。

不良影响：

①长时间憋气压迫胸腔，使胸内压上升，造成静脉血回心受阻，进而心脏充盈不充分，输出量锐减，血压大幅下降，导致心肌、脑细胞及视网膜供血不足，产生头晕、恶心、耳鸣和眼黑等感觉，影响和干扰了运动的正常进行。

②憋气结束，出现反射性的深呼吸，造成胸内压骤减，原先潴留于静脉的血液迅速回心，冲击心肌并使心肌过度伸展，心输出量大增，血压也骤升。这对心力储备差者十分不利。

4. 与技术动作相适应

（1）呼吸形式与技术动作相配合

根据有利于技术动作的运用而又不妨碍正常呼吸为原则，灵活转换。

（2）呼吸时相与技术动作相配合

以人体关节运动的解剖学特征与技术动作的结构特点为转移。

（3）呼吸节奏与技术动作相配合

周期性的运动采用富有节奏的、混合型的呼吸将会使运动更加轻松和协调，更有利于取得好的运动成绩。

二、呼吸系统对体能训练的适应

呼吸系统是氧气从外界进入机体和二氧化碳排出体外的重要途径，呼吸作用包括呼吸、肺弥散、氧运输和气体交换。呼吸主要是摄入空气和排出代谢气体。成人肺组织重约 1kg，容积 4—6L。气体由鼻或口腔，经由咽、喉、气管、支气管、细支气管到达肺泡。肺泡是气体交换部位。吸气作用将气体导入肺部，由多个肌肉参与（主要由膈肌和肋间外肌）收缩完成。膈肌呈穹窿状，是分隔胸腔和腹腔的密闭肌肉。运动时，肋间肌和腹肌收缩协助完成呼吸。肌肉收缩时肋骨抬高，使胸廓扩张或回缩。膈肌收缩拉升，其运动幅可达到 10cm。胸腔容积增加则肺内压下降，气由外界进入肺部。压力梯度的形成主要是因为组织内压力（肺内压）低于体外，吸气末肺内压和外趋于平衡。呼气属于被动过程，代谢气体由肺部和身体其他部位排出体外。呼气时，参与吸气的肌肉舒张、膈肌放松，气体进入胸腔使膈肌下降。此外，肺内压大于体外，肺组织弹性回缩使代谢气体排出。肺组织具有表面活性物质，可降低肺泡表面张力和增加组织顺应性。运动时，腹肌等肌肉收缩协助呼吸。空气进入肺泡进行气体交换，肺弥散是氧气通过呼吸屏障由肺泡进入肺部毛细血管的过程。肺泡数量超过 6.0×10^3 个，肺泡周围血供丰富且肺泡壁薄，为气体交换提供了有利条件。

（一）肺容积和机能评定参数

评定肺部的容量和机能的参数包括：

①潮气量（tidal volume，TV）：是指平静呼吸时每次吸入或呼出的气体。女性约为 500mL，男性约为 600mL。

②补吸气量（inspiratory reserve volume）：是指平静吸气后再做最大吸气动作所能增加的吸气量。女性约为 1900mL，男性约为 3000mL。

③补呼气量（expiratory reserve volume）：是指平静呼气后再做最大呼气动作所能增加的呼气量。女性约为 800mL，男性约为 1200mL。

④残气量（residual volume，RV）：是指深呼气后肺内剩余的气量。女性约为 1000mL，男性约为 1200mL。

⑤肺总容量（total lung capacity，TLC）：是指最大吸气末肺内所含的气体量。女性约为 4200mL，男性约为 6000mL。

⑥用力肺活量（forced vital capacity，FVC）：是指最大吸气后以最大努力呼气所得到的呼气肺活量。女性约为 3200mL，男性约为 4800mL。

⑦深吸气量（inspiratory capacity，IC）：是指平静呼气末做最大吸气时所能吸入的气量。女性约为 2400mL，男性约为 3600mL。

⑧功能残气量（functional residual capacity，FRC）：是指平静呼气后肺内残留的气量。女性约为 1800mL，男性约为 2400mL。

⑨1 秒用力呼气容积（forced expiratory volume，FEV）：是指最大深吸气后做最大呼气，最大呼气第一秒呼出的气量容积。常用 FEV/FVC 来判定，正常值为 85%。

⑩最大自主通气量（maximum voluntary ventilation，MVV）：是指在 1min 内以尽快的速度和尽可能深的幅度重复最大自主努力呼吸所得到的通气量。女性约为（80—120）L/min，男性约为（140—180）L/min。

⑪每分通气量（minute ventilation，VE）：是指每分钟吸入或呼出肺部的气体总量，为潮气量与呼吸频率的乘积。安静状态时约为 6L/min，即 0.5L×12 次/min。运动时，健康成人呼吸频率可增加至（35—45）次/min；而优秀耐力运动员可达到（60—70）次/min。运动时 TV 增加到 2.0L，而 VE 可达到 100L/min，甚至更高。大强度运动时，呼吸频率比潮气量在引起 VE 上升中的作用更大，优秀耐力运动员 V，高达 160～180L/min。VE 上升趋势与 VO2 呈线性相关，但达到通气无氧阈

（ventilatory threshold，VT）（VE 与 CO_2 呈指数增加的拐点）后，VE 呈指数增长趋势。抗阻运动时，短时间歇运动和大强度运动导致 VE 急剧增加。强度为 10RM，5 组，间歇 30s，运动后 VE 峰值可达到 68.1L/min；而间歇时间为 5min 时，VE 峰值为 44.8L/min；但均低于耐力运动方式。气体到达体内后，并非全部进入气泡中；部分气体残留于鼻腔、口腔、气管和解剖无效腔等部位，容积可达到 150—200mL，气体进入肺泡中称为肺泡通气量（alveolar ventilation）。

（二）呼吸调节

呼吸是一种自主动作，但受到许多调节因素的作用。通气受呼吸中枢和激素的调节，呼吸中枢位于脑干的延髓和脑桥，主要调控吸气和呼气。庞大的呼吸神经元网络产生动作电位，通过脊髓传导至膈神经（刺激膈肌）、肋间肌和腹肌运动神经，控制呼吸频率和深度。吸气引起肺扩张，刺激肺部牵张感受器，从而抑制进一步吸气而刺激呼气。张力不足时可刺激呼吸中枢神经元，反射性地增加吸气量。当吸气肌放松时，出现被动呼气，呼吸肌协调运动是关键。吸气肌和呼气肌由脑干区的神经元独立而非同步调控，吸气肌控制神经元发放冲动时可抑制呼气神经元放电，二者通过交互抑制作用相互调节，保证充分完成吸气和呼气动作。运动过程中关节和骨骼肌部位的本体感受器，可刺激呼吸中枢引起通气变化。运动时大脑皮质、小脑和下丘脑通过中枢指令（central command）刺激呼吸中枢，产生与本体感受器相似的生理效应。AT 运动时肌肉收缩节律和频率为呼吸中枢提供有效反馈，而增加肌肉收缩力在 VE 提升过程中仅发挥极小的作用。

（三）呼吸系统的运动适应性变化

AT 时，肺容积和机能参数变化较小。肺活量（vital capacity）稍增加或无变化，残气量略下降，安静或低强度运动时潮气量无变化，但大强度运动时会上升，尤其是耐力运动员。安静时或次极限强度运动时，呼吸频率下降，而极限强度运动下频率增加，肺部（肺泡通气）没有变化或稍下降，但耐力运动员大强度运动时上升至较高水平。抗阻训练人群与未训练人群相当。安静时或次极限运动状态下，肺弥散能力无变化，而极限强度运动时会增加。该参数存在性别差异，女性肺组织结构与同龄或同等身高男性有差异，肺活量、最大呼气量较小，气道内径相对较窄，表面弥散能力较低等。女性气道和肺容积较小，安静时最大呼气量较低，同时呼吸相对代谢消耗量较高。女子运动员呼气容量发展较男子局限，因此大强度运动时呼气末和吸气末肺容积较男性高，女子运动员吸气末和呼气末肺容积分别较男子高出 7% 和 6%；同时，当通气量>90L/min 时，女子运动员呼吸消耗率为男子运动员的 2 倍。

（四）呼吸肌训练

呼吸肌或吸气肌训练（ventilatory muscle specific training&inspiratory muscle training，

IMT）主要是采取呼吸运动抗阻训练，IMT 通过提升吸气肌群的力量和耐力而增强呼吸机能。有两种常用的阻力负荷呼吸训练方式：一种是将吹嘴连接到 T 型管，其一端为单通道阀门，另一端为呼吸加阻装置。向吹嘴内用力呼吸，吸气时阀门自动关闭，因此在呼吸时需对抗阻力装置（阻力大小占最大吸气口腔内压的一定比例）；呼气时阻力解除。另一种方式是施加阈值载荷，将吹嘴连接到设置阈值载荷的阀门装置上，进行抗阻呼吸运动。IMT 可增加呼吸肌的力量和耐力，提升呼吸机能，在临床上可缓解慢性阻塞性肺气肿（COPD）患者的呼吸症状。ACSM 推荐锻炼方式为：以 30%最大吸气压进行 IMT 训练，30min/d，或 15min/d×2 组，每周 4—5 天。运动员进行 IMT 训练后，呼吸肌力量和耐力提升 28%。研究显示，短跑训练后呼吸肌机能和恢复能力有所改善，但最大耐力和 VO_{2max} 增加效果并不明显。最大吸气压力与 VO_{2max} 不相关，这意味着增加呼吸肌力量并不能转化为机体的耐力。

第三节　体能训练的能量代谢与运动增补剂

一、人体能量的供给

能量代谢是指生物体内物质代谢过程中所伴随的能量储存、释放、转移和利用，称为能量代谢。

（一）生物能量系统简述——ATP 是能量代谢的重要媒介

生物能量系统可以理解为生物系统内的能量流动，主要将大分子营养素如碳水化合物、蛋白质和脂肪转化为可用的生物能量。

公式如下：

$$ATP+H_2O+水解酶=ADP+Pi$$

ATP（三磷酸腺苷）是一种含有高能键的高能磷酸化合物，它是机体各器官、组织和细胞能直接利用的能源。无论哪种能量代谢都离不开 ATP。

ATP 的生成过程：ATP 储备量有限，在人体内必须边分解边合成才能不断满足肌肉活动的需要。ATP 再合成所需的能量来自三条途径，分别是磷酸原供能系统、糖酵解功能系统和糖、脂肪、蛋白质的有氧氧化系统。

（二）磷酸原系统

由于 ATP 和 CP 均含高能磷酸原，因此将这种能量瞬时供应系统称为磷酸原系统或 ATP-CP 系统。

反应过程如下：

肌肉收缩—ATP、CP 分解放能—高能化学键瞬时转移给 ADP—短时、少量 ATP

具有如下特点：

①分解供能速度快，重新合成 ATP 速度最快。

②不需要氧。

③不产生乳酸。

④ATP—CP 供能系统最大输出功率为 50W/Kg 体重，是三个供能系统中输出功率最高者。

⑤维持供能的时间短。

磷酸原系统是一切高功率运动如短跑、投掷、跳跃等活动的供能基础。

（三）糖酵解系统

糖酵解系统是指糖原或葡萄糖在无氧分解过程中再合成 ATP 的供能系统。供能时要生成乳酸，所以又称乳酸能系统。

该系统供能总量较磷酸原系统多，输出功率次之，不需要氧，产生可导致运动疲劳的物质乳酸。

当人体剧烈运动时，骨骼肌能量消耗不仅量大且速度快，有氧供能不足。而 ATP-CP 大量消耗时，糖的无氧酵解便开始参与供能。当氧供应不足的程度为氧化供能需要量的 2 倍以及肌肉中 ATP-CP 被消耗的量约为原储备量 50％时，为了迅速合成 ATP 以保证持续运动的能力，骨骼肌中的糖原便大量无氧分解，乳酸开始生成。

具有如下特点：

①糖原酵解供能速度快，比有氧氧化供能及时，故称其为应急能源。

②糖原酵解供能不需要氧，是脂肪酸、甘油、氨基酸等供能物质所不及的。

③糖无氧酵解系统供能的最大输出功率为 25W/kg 体重，约为磷酸原系统的 1/2。因此，利用以糖无氧酵解系统供能为主的运动，表现的速度与力量都不如磷酸原系统，但维持供能时间比较长。

④糖酵解产生的能量有限，但可积少成多。

⑤糖酵解的代谢产物为乳酸。

乳酸在肌细胞中的大量增多，不仅对 ATP 的合成起抑制作用，且引起肌细胞代谢性酸中毒，工作能力降低，易产生疲劳。

糖无氧酵解系统是 400m、800m、1500m 跑，100m、200m 游泳的主要供能系统。

（四）有氧氧化系统

有氧氧化系统是指糖、脂肪和蛋白质在氧供充足的情况下，彻底氧化成 H_2O 和 CO_2 的过程中，再合成 ATP 的供能系统。

ATP 生成总量很大，但速率很慢，需要氧的参与，不产生乳酸类的副产品，该系统是进行长时间耐力活动的物质基础。

在静止或者低强度运动中，有氧氧化供能系统是提供 ATP 的主要来源，系统的主要能源物质是碳水化合物和脂肪。除了长时间的饥饿或长时间的训练（超过90min），正常情况下，蛋白质并不参与新陈代谢。静止时 70% ATP 的生产来自脂肪，30%来自于碳水化合物。随着强度的增加，脂肪供能转向碳水化合物供能，高强度有氧训练几乎 100%的能量来自碳水化合物。然而，长时间的次最大强度的（有氧运动）静止运动，机体将由脂肪和蛋白质供能。大多数运动，蛋白质不是主要能源物质，但是它可以由各种代谢途径分解成氨基酸，氨基酸可以转化为葡萄糖（糖异生作用）、丙酮酸等而产生 ATP。

有氧氧化系统供能的特点：

①生成 ATP 的主要途径。体内95%的 ATP 均来自线粒体内的氧化磷酸化作用，是 ATP 生成的主要途径，是人体能量消耗的主要供能系统。

②最经济的能量供应系统。糖的有氧氧化释放的能量比糖酵解生成的 ATP 数量大 19 倍，因此，比糖酵解产生的能量多，且比脂肪消耗的能量少，是体内最经济的能量供应系统。

③来源广泛。有氧供能系统的能量物质来源广阔、种类多、储备量大，是取之不尽的能量来源。

④氧供能系统是耐力运动项目的主要供能来源。有氧氧化过程复杂、供能速度慢，脂肪的氧化供能因耗氧量大，受氧利用率的影响，只有在运动强度低、氧供应充足的条件下才能被大量利用。所以，有氧供能系统是耐力运动项目的主要供能来源。

⑤最大输出功率低。糖和脂肪的有氧氧化时，最大输出功率比其他两个系统均低。

磷酸原系统 ATP 供应总量最低，但能提供最大的 ATP 合成效率；有氧氧化系统虽然提供的 ATP 总量最多，但 ATP 合成效率最低；糖酵解系统的能量供应总量和供能效率则介于前二者之间。

二、运动状态下的能量代谢

在一定时间内完成特定强度运动的重要前提是运动骨骼肌维持一定水平的功率

输出，而有限的能量供应将限制运动的进一步完成。依不同的运动模式，各能量代谢系统的动用取决于运动强度和持续时间。

急性运动时的无氧代谢过程：

①急性运动开始。

②ATP-CP 分解。

③继续维持强度。

④呼吸、循环系统不能满足机体对氧的需求。

⑤糖酵解系统。

⑥产生乳酸、维持运动时间延长。

急性运动时的有氧代谢过程如表 2-1 所示。

表 2-1 急性运动时的有氧代谢过程

运动强度	摄氧动力学曲线	摄氧量
运动强度<无氧阈强度	呈平台分布	维持于某一水平
运动强度>无氧阈强度	持续几分钟的慢成分	最大摄氧量平台出现
极量强度运动	不出现平台	达到或不能达到最大摄氧量

大强度运动中各能量代谢系统对能量供应的参与并非顺序出现，而是相互整合、协调，共同满足体力活动的基本器官肌肉对能量的需求。一般来讲，依运动模式、运动持续时间和强度不同，三种供能系统都参与能量供应，只不过各自在总体能量供应中所占的比例不同。

在进行不同运动项目的训练时，合适的运动强度和间歇时间将使机体选择性地启用特定的供能系统，这些功能系统的启动规律如表 2-2 所示。

表 2-2 运动时功能体统的启动规律

最大功率（%）	强化的主要供能系统	训练时间	运动时间/间歇时间
90—100	磷酸原系统	5—10s	1：12—1：20
75—90	快速糖酵解	15—30s	1：3—1：5
30—75	快速糖酵解和有氧氧化供能	1—3min	1：3—1：4
20—30	有氧氧化供能	>3min	1：1—1：3

三、能量代谢的评定

目前，常用于评定运动训练中物质能量代谢程度和运动员代谢能力的指标主要包括体重、血乳酸、血尿素、血氨、尿酮体、尿肌酐、尿蛋白、尿胆原、尿比重、尿糖、尿潜血、无氧功、最大摄氧量及无氧阈等。

（一）体重

体重是一个非同质的物质组成的总体，是反映人体发育的一个指标。它在一定程度上能够反映人体骨骼、肌肉、皮下脂肪及内脏器官增长的综合状况和身体发育的充实度。我们可将体重分为瘦体重（LBW）和脂肪重两部分。瘦体重成分即除脂肪重以外的其他身体成分的综合，骨骼肌占大多数，占瘦体重的40%—50%。一般认为，瘦体重与机体的力量及运动能力成正比，这是因为瘦体重在机能上多与力的产生、传递有关系，而脂肪重则与运动能力成反比。脂肪对于人体维持正常的生命活动和健康是必不可少的，通常女子运动员的脂肪含量为12%—16%，低于这个界限就会导致停经。脂肪在机能上不产生力，不直接做功，但又是不得不带着重量，所以过多的脂肪会影响运动的速度和幅度，也会使能量消耗和氧消耗增加。影响体重的因素主要有遗传、生活环境、营养状况及体育锻炼等。

在应用体重对运动员进行机能评定时，一般每周测体重1—2次，也可在一次训练课前后或某一训练周期前后测量体重，以了解训练对机体的影响以及机体对训练负荷的适应情况。在比赛前后测量体重并结合其他生理指标的变化，可以了解机体赛后的恢复情况。一般来说，如果运动员体重呈持续性下降，有可能是因为过度训练或患有某种疾病。

通常来说，参加全年训练的运动员的体重是相对稳定的或只有轻微的波动。在一次训练课中，由于出汗及体内能量物质的消耗，体重也可能减轻0.5—1.5kg，甚至更多，但是次日清晨一般能恢复过来。

（二）血乳酸

乳酸是一种羟基酸，是在供氧不足时由糖酵解途径产生的丙酮酸转变而来。糖酵解是生物体内普遍存在的一种代谢方式。在一些耗能较多的组织，如神经、视网膜、红细胞等细胞内，糖酵解很活跃，正常时也有乳酸生成。各组织内乳酸生成量的多少由它们的活动强度和环境条件决定。其中，骨骼肌乳酸的生成量变动幅度最大。运动时骨骼肌是产生乳酸的主要场所，乳酸的生成量与收缩肌纤维的类型和代谢速率关系密切。正常时，骨骼肌乳酸浓度约为1mmol/kg湿肌，血乳酸浓度保持在稳态1—2mmol/L。血乳酸浓度反映乳酸的生成速率与消除速率之间的平衡。激烈运动时肌乳酸迅速增多，肌乳酸与血乳酸之间的浓度平衡需要4—10min。在训练时，经常测定血乳酸可以了解体内乳酸生成和代谢变化的特点，作为训练中掌握运动强度或评价运动员的无氧代谢和有氧代谢能力的依据。

运动过程中乳酸代谢的生物意义为：第一，乳酸在快收缩肌纤维内生成后，转移到邻近具有高细胞氧化能力的慢收缩肌纤维内氧化，或随血液转运到其他低运动强度的骨骼肌和心肌内氧化，提供细胞氧化的底物。第二，乳酸在肝内糖异生成葡萄糖的过程，重新吸收和利用乳酸解离下来的 H^+，具有改善体内酸碱平衡的作用。葡萄糖释放进入血液后，维持血糖正常水平，供给骨骼肌吸收和利用。运动后乳酸糖异生促进肌糖元和肝糖元储量的恢复。第三，运动时血乳酸的消除，促进骨骼肌乳酸持续不断地进入血液，可以改善肌细胞的内环境，维持糖酵解的功能速率。

血乳酸的变化与运动时动用的能量系统有关，运动时以磷酸原供能为主时，血乳酸较少，一般不超过 4mmol/L；以糖酵解系统供能为主时，可达 15mmol/L 以上；以有氧氧化系统供能为主时，则在 4mmol/L 左右。

运动时乳酸主要在骨骼肌中生成，然后透过细胞膜进入血液。正常情况下，乳酸的生成和消除处于动态平衡中，血乳酸浓度为 1—2mmol/L，运动员血乳酸安静值与常人无差异，但在赛前情绪紧张时，血乳酸浓度安静值有可能升高到 3mmol/L 左右，这与肾上腺分泌增多有关。运动时血乳酸浓度上升，上升的起始运动强度在 50%—60%VO$_{2max}$，耐力运动员由于有氧代谢能力强，升高的起始强度推迟到 60%—70%VO$_{2max}$。运动时血乳酸浓度的变化与运动强度有关。当短时间剧烈运动时，如 1—3min 全力跑后，血乳酸浓度可达到 15mmol/L 以上；当短时间间歇运动时，最高可达 32mmol/L。在长时间耐力运动后，血乳酸浓度上升较少。训练水平可影响运动后的血乳酸浓度。速度耐力性运动项目的高水平运动员，运动成绩好，同时血乳酸最大浓度值也高；耐力性运动项目的运动员，在完成相同亚极限运动负荷时，优秀运动员血乳酸值相对较低。这一特点可用于评定运动员训练水平或选材。若对同一个体大运动量训练前后的血乳酸值进行比较，可以评定其训练效果。

运动后血乳酸的恢复速率还可以反映机体有氧代谢能力，恢复速度快表示有氧代谢能力强。另外，运动后血乳酸的恢复速率还受休息方式的影响，低强度运动的活动性休息比静止性休息时血乳酸清除的速率快，有利于运动后的恢复。研究表明，一般利用 70%—75% 的个人最大强度进行恢复性训练时，清除血乳酸的速率最快。

（三）血尿素

尿素是蛋白质和氨基酸分子内氨基的代谢终产物，在肝细胞内经鸟氨酸循环合成后释放入血，称为血尿素。血尿素经血液循环到肾脏随尿液排出体外。血尿素水平的高低受肝脏尿素合成、肾脏排泄功能等的影响。正常生理状态下，尿素的生成和消除处于平衡状态，血尿素水平保持相对稳定。研究表明，训练使运动员体内蛋白质代谢保持较高的水平，运动还会影响肝、肾的功能，因此，运动员血尿素安静值常常处于正常范围的偏高水平。我国优秀运动员晨起血尿素值的正常范围为 4—7mmol/L。

运动使血尿素水平升高，主要有 5 个原因：

①随着运动时间的延长，肌肉中的氨基酸氧化分解功能加强，脱下的氨基数增多。

②受运动的影响，机体的结构蛋白和蛋白功能+（肌肉、酶）分解加剧，使分解代谢终产物尿素的生产增多。

③在长时间运动过程中，肌肉能量平衡被破坏，三磷酸腺苷（ATP）不能迅速合成时，生成的腺苷酸（AMP）在肌肉中易脱氨基生成 IMP（次黄嘌呤核苷酸），进一步代谢转变为尿素。

④长时间大强度运动时，肾脏血流供应减少，造成肾功能下降，使尿素的生成能力下降。

⑤运动中大量排汗使血液浓缩，这也是运动时血尿素浓度升高的一个原因。

当运动负荷的时间超过 3min 时，血尿素水平明显上升。短时间运动时的血尿素变化不明显。此外，运动促使蛋白质和氨基酸分解代谢的效应会延续到运动后恢复期，恢复速度受运动应激程度和运动员机能状态的影响。在运动强度和运动量两个因素中，血尿素变化幅度对运动量更为敏感，运动量越大，血尿素增加越明显，次日晨起血尿素值恢复越慢。经过适应性训练的运动员，机能状态得到提高，代谢上表现为护氮作用增强，使晨起血尿素值降低，并在相同运动负荷后，血尿素值增幅下降或血尿素水平恢复加快。进行高原训练时，最初 7 天晨起血尿素值较高，但在 14 天后机体产生适应，血尿素值又恢复到原来的水平。较长时间的疲劳累积性训练导致过度训练时，晨起血尿素值升高，但也有研究报道其变化不明显。

血尿素在运动实践中的应用非常广泛，它是评定训练负荷量和机能恢复的重要指标。一般在运动前后和次日晨起取微量（20μL）指血测定。用血尿素评定一次运动负荷量时，一般在 30min 以内的训练课中，其血尿素水平变化不大。当运动时间超过 30min 时，血尿素水平明显增高。优秀运动员一次训练课后，以次日晨起血尿素水平在 8.0mmol/L 以下较为合适。负荷量越大或机体适应越差，血尿素水平上升越明显，次日晨起的恢复越慢。在实际应用时，还需要根据运动员身体状况和训练水平，结合其他的生理生化指标及主观疲劳感觉指数进行综合评价。

血尿素是评定运动员训练后身体恢复状况的良好指标，在训练周期测定血尿素水平，可按如下三种情况进行评定：

①大负荷量训练的次日晨起值增加，但在训练调整期结束时能恢复正常水平，则评定为训练负荷量合理。

②大负荷量训练的次日晨起值无明显变化，则评定训练负荷量不足。

③在大负荷量训练的次日晨起值上升，并持续至训练周期结束，则评定训练负

荷量过大。

在训练期，晨起血尿素安静值较低者，为对运动负荷适应、恢复能力良好、身体机能状态较好者。对训练负荷不适应和身体机能状态差者，则运动后血尿素上升幅度大，次日晨起值甚至于第 3 天晨起值较高。在训练日或训练周晨起血尿素在4—7mmol/L 者，表明身体恢复状态良好。

在实际应用中，训练后血尿素值增幅较小、恢复也快的运动员，能承受大负荷量的训练，而增幅大且不易恢复的运动员难以承受大负荷量的练习。在赛前最佳状态下，优秀运动员晨起血尿素值在正常参考范围的上限（4—7mmol/L）。已有人将这些用于运动员的选材。

在评价血尿素变化时应该注意以下几点：

①血尿素有一定的个体差异，评价时要进行纵向的系统分析和比较。

②血尿素水平与蛋白质的代谢关系紧密，在高蛋白质饮食后蛋白质会在体内代谢转化引起血尿素的增高，这要与训练所致的血尿素增高相区别。

③运动员在控制体重期间，安静时的血尿素水平较高。

（四）血氨

氨（amnonia）是蛋白质和氨基酸的氨基代谢产物。正常生理条件下，血液中氨主要以氨离子（NH^{4+}）形式存在，游离形式的比例小于 5%。血氨水平是氨进入血液和从中消除的综合反映。

在安静状态下，食物中蛋白质和氨基酸在胃肠道内经细菌作用而产生的氨进入血液循环，是血氨的主要来源。细胞内大多数氨基酸经转氨基作用、脱氨基作用和联合脱氨基作用脱下氨基。此外，在骨骼肌、心肌和大脑内还存在通过磷酸腺苷（AMP）脱氨生成次黄嘌呤核苷酸（IMP）的方式产生氨，这个反应由腺苷酸脱氨酶催化。

氨基酸代谢脱下的氨，大部分转运到肝脏。肝脏是消除氨的主要器官，氨在肝细胞内转化为尿素，流经肾脏随尿液排出体外。有些氨则由肾脏直接分泌排入尿液。

在安静状态下，外周血液中氨的浓度处于正常范围，在 20—113μmol/L。运动员安静时血氨浓度处于正常范围内。高浓度的氨影响细胞的能量代谢，主要表现如下：

①NH^{4+}可以增加糖酵解的活性，抑制糖异生，降低三羧酸循环速率，有利于乳酸的产生。

②高浓度的氨可以消耗三羧酸循环的中间产物。

③抑制线粒体 ATP 酶，降低呼吸链的效率。

④血氨升高会引起肌肉痉挛，干扰骨骼肌能量代谢。

⑤血氨可通过脑脊液进入大脑，引起脑氨水平的变化，脑氨水平升高干扰大脑的能量代谢，引起兴奋性和抑制性神经递质失衡，对中枢神经系统的功能产生影响，这在肝性脑病中的表现尤为突出。

运动时骨骼肌氨的生成较多，体内氨的生成和消除之间的平衡被破坏，使血氨水平上升，表现为高氨血症。短时间激烈运动时主要募集快肌纤维。快肌纤维内腺苷酸脱氨酶活性高，慢肌纤维内该酶的活性低，而催化二磷酸腺苷（ADP）磷酸化的 5-核苷酸酶分布活性恰好与此相反。在短时间大强度运动中，ATP 消耗增加，超过了 ADP 重新磷酸化的速度，肌乳酸堆积使 pH 值下降。这些代谢变化激活腺苷酸脱氨酶活性，加速 AMP 脱氨分解，使氨增加，扩散进入血液使血氨水平升高。

在短时间激烈运动中，经氨基酸代谢过程产生的氨很少，血氨主要由腺苷酸脱氨酶催化反应提供。所以，短时间激烈运动时血氨水平的变化，反映磷酸原系统的代谢平衡状况。例如，在 15—45s 的冲刺跑后，血氨水平可上升到（130±33）μmol/L。

在长时间耐力运动时，骨骼肌收缩以慢肌纤维为主，氨基酸参与氧化供能的比例增加，尤其是支链氨基酸分解代谢加强，致使氨基酸氨基产生的氨增多，扩散进入血液，引起血氨水平持续升高。例如，在递增负荷骑自行车时，40%最大摄氧量强度运动后血氨与安静时比较，没有明显的区别；以 50%—80%的最大摄氧量进行长时间运动时，血氨的浓度可达到 250μmol/L。

训练可以改变人体运动后血氨升高的幅度，主要体现在三个方面：

①训练使持续耐力运动和激烈运动时人体内血氨升高幅度都降低，这与运动时能量代谢调节能力的适应性提高有关，反映运动时肌肉内氨的产生和释出量减少，还可能与肝、肾等组织代谢氨的机能改善有关。

②无氧训练适应后，超负荷运动的血氨最高水平进一步升高。

③在大强度运动后及恢复初期，低训练水平的运动员血氨水平要高于高训练水平的运动员。

运动后血氨水平受运动强度、运动效果、疲劳状况等的影响较大。一般在运动后即刻取血，采用无蛋白质滤液法或紫外酶法测定血氨浓度，以评定运动强度、训练水平等。血氨可用于短时间激烈运动时训练强度和训练量的评价。不少文献显示，短时间运动中血氨与血乳酸和最大摄氧量之间存在显著相关。以最大强度跑 300m 或以 82.5%—90%的强度进行 4×300m 跑时，血氨与训练强度及训练量的线性关系要优于血乳酸。但是，在长时间耐力运动时血氨与血乳酸的变化之间没有平行关系。

运动时血氨水平的变化可以评定训练效果。在相同强度运动后，血氨升高的幅度与训练水平有关，训练水平高的运动员血氨变化幅度相对较低。训练可以降低在剧烈运动时和恢复期最初阶段的血氨水平。经过耐力训练后，不论是在持续性耐力运动还是激烈的有氧运动后，血氨升高的幅度都有下降，有训练者亚极限运动后血氨水平低于未经训练者。训练还可以加快运动后氨的消除速率。无氧训练使极限运动后血氨最大值升高。高原训练也改变氨的代谢，高原习服后执行亚极限运动，其血氨升高的水平降低，这与能量代谢的适应性变化有关。

运动后血氨水平是反映机体疲劳的一个指标。运动性高血氨是运动性疲劳的重要因素之一。血氨水平和主观疲劳感觉呈正相关。氨的积累影响动作的协调和对运动技能的控制能力。在短时间激烈运动时，血氨升高主要反映了磷酸原系统的失衡，同时氨干扰正常的能量代谢和肌细胞膜的生理特性，可以引起局部肌肉痉挛而导致疲劳。长时间耐力运动时，血氨水平过高，有可能使脑氨水平相应上升，直接影响大脑能量代谢。此外，较长时间耐力性运动时，血氨升高与中枢部分脑区内多巴胺和去甲肾上腺素含量降低、5-羟色氨含量增加等拥有共同的代谢机制，而且血氨升高也影响这些神经递质的代谢。因此，通过血氨水平的变化可以反映较长时间耐力性运动时单类神经递质引起的中枢疲劳。

极限运动后血氨峰值与无氧运动能力呈正相关，这与极限运动时肌纤维的募集途径有关。男、女运动员安静时的血氨水平没有明显差别，但是极限运动后血氨峰值存在明显的性别代谢差异，男运动员的血氨峰值高于女运动员的血氨峰值。

运动后血氨水平还受到其他因素的影响。少年运动员运动后血氨增幅的绝对值和相对值比成年人低；血氨水平与运动测试的类型有关，功率自行车运动测试的血氨水平高于跑台测试，在选择测试方法时需要注意这一点。营养措施对运动后血氨水平有较大的影响，补充肌酸使短时间激烈运动后血氨水平降低。

（五）尿酮体

酮体是脂肪酸在肝脏分解氧化时所特有的中间代谢产物，包括乙酰乙酸（acetoacetate）、β-羟丁酸（β-hydroxybuyrate）和丙酮（acetone）。酮体是脂肪酸不完全氧化的产物，在肝脏内产生。脂肪酸在线粒体中经 β 氧化生成大量的乙酰 CoA，不能同时都进入三羧酸循环。由于在肝脏内有许多促酮体合成的酶系，乙酰 CoA 在肝脏多种酶的作用下生成酮体。肝脏具有许多促酮体合成的酶系，但缺乏氧化酮体的酶系。而肝外许多组织，如心肌、骨骼肌、肾脏、脑组织等具有活性很强的利用酮体的酶系，它们是很好的氧化分解酮体，因此，酮体在肝脏内生成后并不被肝脏所利用，而是透过红细胞膜进入血液，输送到肝外组织进一步分解氧化。当人体饥饿、糖供应不足时，酮体可以代替葡萄糖，成为脑、肌肉等组织的主要能源供应。

酮体分子很小，能溶于水，能通过血脑屏障及肌肉毛细血管壁，进入肌肉或脑组织等处得到分解，为肝外组织提供了可用的能源。酮体作为这些组织的能源物质，如果能够被充分地分解利用，那么血液中浓度会比较恒定，且含量很少，一般为

0.03—0.05mmol/L。尿中酮体含量甚微，成人 24h 排泄丙酮为 3mg、乙酰乙酸为 9mg，用一般方法测不出。当体内在缺氧或糖供应不足的情况下，脂肪酸加强，生成酮体代替葡萄糖为人体提供能源，则酮体生成增加。当酮体生成超出组织所能利用时，在尿中会出现酮体，称为酮尿。丙酮一般随尿及肺泡排出，乙酰乙酸多在血细胞内。当乙酰乙酸在尿中出现时，其临床意义比尿中含丙酮时要严重。

短时间剧烈运动（如 400m 跑）等，由于体内供能物质主要由糖元提供，机体动用脂肪酸量极少，因此，血、尿中酮体含量没有明显变化。长时间大强度运动后，尤其是长时间耐力性的运动项目，如越野滑雪、马拉松跑等，由于脂肪酸分解代谢旺盛，机体利用脂肪能力增强。当骨骼肌利用酮体的氧化速度增强时，就能抑制葡萄糖的摄取和利用，使血液中的葡萄糖成分供给大脑和红细胞利用，有利于保持机体的运动能力。另外，酮体输出时，不必与血清蛋白结合，本身也能通过血脑屏障和血管平滑肌的毛细血管。正常情况下，耐力性运动能力和肌糖元的耗竭有关，提高脂肪的供能能力将会推迟糖元的耗竭，从而延长运动时间。由于机体糖元被大量消耗，脂肪酸利用增加，体内缺糖使脂肪酸氧化不完全，导致体内酮体生成增多，这时在血及尿中均会出现酮体或酮体增加，并且其酮体水平随着运动时间的增加而上升到更高水平。

运动训练可以提高体内氧化利用脂肪酸的能力。系统的体育训练会使骨骼肌线粒体数量、体积、单位肌肉毛细血管密度，线粒体酶及脂蛋白酶的活力增加。因此，训练水平越高，氧化利用脂肪酸的能力就越强。运动员肌肉氧化酮体的能力比一般人强，其酮体在血中游离脂肪酸浓度很低时就开始形成。运动员和非运动员在跑 90min 后，运动员血酮水平比非运动员要低，而血糖并无明显差异，这说明运动员能较多利用脂肪酸供能而且氧化较完全，此时尿酮体浓度很低。

测定酮体，可以了解糖元消耗和脂肪供能能力的大小，这对了解运动员燃料物质代谢，特别是脂肪代谢情况、训练程度以及糖的营养补充等大有裨益。

由于尿酮体取样方便，对运动员无损伤性，比测定血酮更简便。但是，尿酮体的生成因受多种因素的影响，与血酮体的水平并不完全一致。例如，当肾功能不全时，血中酮体很多，而尿酮体的水平常常不能反映血中情况，因此，一般只做定性试验。

（六）尿肌酐

肌酐（creatinine，Cr）是体内磷酸肌酸（CP）的代谢产物。磷酸肌酸和肌酸在人体内组成肌酸池（creatininepool），是能量利用和储存的重要物质。肌肉收缩时，需要三磷酸腺苷提供能量，当三磷酸腺苷不足时，磷酸肌酸能为 ADP 提供 P 生产 ATP 和肌酸。运动后休息时，ATP 回升，则反应向相反方向进行，即 ATP 与肌酸反应生成磷酸肌酸，恢复肌肉中磷酸肌酸的含量。人体内大约 95% 的肌酸池存在于骨骼肌中。在骨骼肌中，磷酸肌酸约占总肌酸池的 2/3。磷酸肌酸在分解过程中，可脱去 1 分子磷酸转变成肌酐，肌酸也可脱水转变成肌酐。肌酐不能为人体利用，随尿排出体外，故称为尿肌酐。

正常情况下，尿肌酐日排出量稳定，并可在很长时间内保持在一定水平上。因此，可用尿肌酐量来评定 24h 的尿量是否正常。正常成年男性每日尿肌酐排出量为 1—1.8g，女性为 0.7—1g。少年运动员尿肌酐的排泄量高于成人。大强度运动通常会使血清肌酐水平提高 20—50μmol/L，同时促进尿肌酐的排泄。大量运动训练后，血清肌酐浓度稍有上升。正常血清肌酐值：男性成人 0.7—1.05mg/dL，女性 0.5—1.3mg/dL。长时间运动 12—24h 后，肌肉排肌酐量仍然保持高水平。运动引起的血清和尿液中肌酐浓度的增高，反映了肌细胞内肌酸的释放和循环的加强。另外，由于肌酸和磷酸肌酸主要存在于骨骼肌内，骨骼肌发达的人与同体重人相比，尿肌酐的排泄量较多。反之，尿肌酐排泄量少。肌酐排泄量少，这说明肌肉发达程度低，体脂较多。膳食、尿量和人的生理活动对日尿肌酐排泄总量无明显影响。但是，某一次排尿时，尿量会受饮食、排汗等的影响，尿肌酐浓度和一日平均尿的尿肌酐浓度会不同。因此，采尿测定时不能以任意一次尿代表日尿肌酐排泄量。在测定运动员尿肌酐时，应考虑运动员是否服用肌酸或大量食肉。

考虑到不同人尿肌酐和肌肉发达程度及其他影响因素的关系，用 24h 内每千克体重的尿肌酐排泄量来表示的数据，称为尿肌酐系数。计算方法为：

$$尿肌酐系数 = 24h 尿肌酐排泄量/总体重（mg/kg）$$

男性的尿肌酐一般为 18—32mg/kg 体重，女性为 10—25mg/kg 体重。运动员肌肉发达，尤其在短跑、举重、投掷等爆发性项目运动员中，肌酐系数高达 36—42mg/kg 体重，并与专项运动成绩密切相关。因此，尿肌酐系数在运动员机能评定中常被作为速度、力量素质的选材、训练效果等检测指标，其数值高，说明肌肉机能好；反之，说明肌肉机能下降。

不同专项运动员在长期训练后，身体的成分已适应专项的要求，尿肌酐系数也会不同。

在应用尿肌酐系数时应注意以下几点：

①采尿测定时，不能以任意一次尿代表日尿肌酐排泄量，应采集 24h 尿液；也可采用分时段测定尿肌酐日排出量的简便方法，即将 24h 等分为 6 个时段，取其中相关性最大的晨起时段（21：00—6：00）和上午时段（6：00—9：00）两个时段取尿，换算为全日总量。

②在测定运动员尿肌酐时，应考虑运动员是否服用肌酸或大量食肉。

（七）尿蛋白

正常人尿中蛋白质含量极少，浓度为 2mg/L 左右。人体一日尿中排出的蛋白质总量在 10—150mg，其平均浓度不超过 10mg/L。运动员安静尿内蛋白质含量少，采用一般方法检查不出，故称为阴性尿。运动会引起某些人尿液蛋白质含量增多，由运动引起蛋白质含量增多的尿，称为运动性蛋白尿，不同于病理性蛋白尿。运动性蛋白尿在运动后能迅速地自行复原，运动尿中蛋白质排出的数量和成分，可以作为评定运动员身体机能状态、训练强度和训练量的指标。

运动性蛋白尿生成的原因是运动时肾上腺素、去甲肾上素、肾素—血管紧张系统和激肽释放酶分泌增加，使肾血管收缩，肾血流量减少，肾小球毛细血管压上升，滤过分数增加，肾小球膜电性和可滤过蛋白的电荷发生变化，使肾小球滤过较大分子量的蛋白质较多，在运动时肾小管的重吸收处于饱和状态，同时还会增加某些小分子量蛋白质的分泌。所以，运动性蛋白尿是肾小球—肾小管混合型蛋白尿，但肾小球型是主要的。

一次性运动后尿蛋白的数量与训练量有关，尤其与训练强度关系密切，因此可用尿蛋白出现的数量来评定训练量，特别是评定训练强度。但运动性蛋白尿有较大个体差异，有些人在运动后易出现且数量较多，有些人则不易出现且数量较少，与训练水平关系并不大。这种个体差异可能与遗传因素有关。尽管运动员运动后尿蛋白数量受个体机能影响很大，但个体在完成相同距离比赛或相似运动负荷时，尿蛋白量则较为稳定，一旦尿蛋白突然增多，并一直延续到次日晨起或更长时间，这是机能不适应或疲劳未消除的表现。如果运动后尿蛋白增多，4h 后或次日晨起完全未恢复到安静时正常范围，表示训练量和训练强度大，对身体有较大刺激，但机能状态保持良好，能及时恢复。

所以，运动后尿蛋白增多，与训练强度和持续时间有关，强度大（以糖酵解供能为主），负荷时间长，尿蛋白相应比较多。例如，曾经测定一名游泳运动员在 100m 自由泳后尿蛋白为 120mg/L，在预赛和复赛中测试结果都很接近，但在决赛时，赛后尿蛋白增加到 150mg/L，身体感到疲劳，比赛成绩下降，次日晨起尿蛋白在 10mg/L 以下，说明这不是病理性蛋白尿，是机能状态下降的结果。

在一个训练周期中，可以用尿蛋白作为监测指标，观察运动员对训练负荷的适应情况。在大运动量训练过程中，开始身体不适应，尿蛋白排量增多；继续坚持一个阶段的训练后，在完成相同强度的训练时，尿蛋白又会减少，这是身体适应运动量的表现。如果尿蛋白不减少，反而增加，就要注意运动员的身体状态，酌减训练强度或训练量。在运用尿蛋白评定训练负荷和身体适应状况时，应做到系统观察。在大运动量训练期，如果晨尿中尿蛋白含量较高或超出正常范围，可能是过度疲劳或过度训练导致的。

运动时，肾小球可以同时过滤白蛋白和 β_2 微球蛋白，但滤液到肾小管时，在近曲小管 99.9% 的 β_2 微球蛋白可被重吸收，而白蛋白则不能。因此，测定运动后蛋白尿中的白蛋白和 β_2 微球蛋白的浓度，可说明肾小球和肾小管在运动时的机能变化。一般的规律是：当训练负荷大时，对内环境刺激大，这时尿蛋白组分中的白蛋白和 β_2 微球蛋白都增多（称为肾小球—肾小管型尿蛋白）；在时间较长、强度较低的运动后，以及对大训练负荷已经适应或负荷减少时，尿蛋白中 β_2 微球蛋白减少，此时尿中蛋白主要是大分子的白蛋白（肾小球型尿蛋白）。由此可见，训练强度对肾小管重吸收功能影响较大。当条件允许时，最好在测定尿蛋白总量的同时测定 β_2 微球蛋白。

影响运动性蛋白尿排泄量的因素：

①运动强度。一般来说，强度越大，尿蛋白生成越多，在以糖酵解供能为主的运动项目中尿蛋白生成量高（400m、800m、1500m 跑或 100m、200m 游泳等项目）。

②运动时间对尿蛋白生成影响不大。

③运动项目和训练手段。尿蛋白具有项目的特异性，70%—80% 的运动员在剧烈运动后出现尿蛋白。短跑项目最容易出现，其次是游泳、划船等。

④年龄与环境（如冬泳）。高温比常温易出现尿蛋白，高原训练比平原训练尿蛋白生成量多。

在训练实践中应用尿蛋白指标，可以评定一次训练课的负荷量，也可以评定身体机能状态及恢复情况。一般采集运动后 15min 的尿，观察训练后的变化，评定训练负荷的大小。训练后 4h 或次日晨起取尿，可以观察其恢复的情况。

评定训练负荷：训练强度越大，尿蛋白生成越多。

评定机能状态：

①机能状态好时，完成相同负荷运动量或比赛，尿蛋白相对恒定；机能状态不好时，尿蛋白明显增多。

②训练水平提高后，完成相同负荷运动量或比赛，尿蛋白减少。

③恢复时间延长，说明机能水平下降。

评定恢复状态：

①运动后 4h 或次日晨起恢复到正常参考范围（一般在 20mg/L 以下）说明机能恢复。

②次日晨起仍处于较高水平（一般在 30mg/L 以上）说明机体未恢复。

（八）尿胆原

尿胆原是体内血红蛋白（Hb）分解的代谢产物。一般情况下，每日约有 8g 血红蛋白经代谢转换，有部分代谢产物以尿胆原形式排出体外。

尿胆原排出量增加与肝功能和肾功能下降有关。综合起来，影响尿胆原排泄量的因素主要有以下 4 种：

①肾小管腔的酸碱度。在酸性环境中，尿胆原为不溶解的脂溶性分子，易被吸收，尿中排出量减少。但运动后尿胆原在尿中浓度反而升高，这是运动时排汗量增加，尿浓缩的结果。

②胆红素的形成量。溶血过多时，胆红素增加，肠道产生的重吸收血中胆素原增加，从尿中排出的尿胆原增加，运动员在大负荷运动时，体内溶血增多，尿胆原排出量增加。因此，运动员 Hb 下降，尿胆原增加是机能水平下降的表现。

③肝功能状况。肝功能下降时，从肠道吸收的胆原不能有效地被肝细胞摄取，而随胆汁排出，尿中排出量也增加。测定尿胆原变化时，常可反映肝功能状况，患过肝炎或肝炎前期的运动员，运动后次日晨起尿胆原增加。

④剧烈运动或肾功能不全。剧烈运动和肾功能不全时，会影响尿胆原的排泄量。加大运动量、身体疲劳或机能下降时，晨起尿胆原排泄量也会增加。

在评定运动员机能时，经常综合运用 Hb 和尿胆原指标，使评定结果更可靠，应用方法是：

①晨起取指血测 Hb，取尿液测尿胆原，测定值是安静值，可以作为运动值和恢复值的对照。

②大运动量训练后次日晨起取血、尿，重复第一步骤，并记录主观疲劳感。

③结果分析。当 Hb 稳定，尿胆原变化不大，主诉无疲劳感时，这说明身体能适应所安排的训练负荷。如果 Hb 值下降，尿胆原排出量增多，晨起主诉有疲劳感，则应该减轻训练强度或训练量。

④单独使用该指标时，主要用于评定疲劳后机能的恢复状态。运动后次日晨起取样，若机能恢复，则 Hb 值低于 2mg/L；若未恢复，则该值升高。

（九）尿比重

尿液是人体的代谢终产物，其中约 97% 是水，3%—5% 是固体物质。尿液中的固体物质浓度可由其他比重反映出来。尿比重的改变常被作为肾对尿的浓缩和释放功能的客观指标。

正常情况下，24h 混合尿的比重介于 1.003—1.030。如果摄入水分过多或过少，或者水和固体物的排出量发生显著变化，尿的比重可以降到 1.001，或升至 1.035，甚至更高。由于收集 24h 的尿量较为困难，在进行机能评定时，可以采用运动训练后即刻和大量运动后的第二日清晨进行。

运动后尿比重的变化主要受气温、训练强度、训练持续时间、泌汗、饮水等的影响。如果在夏季进行强度较大、持续时间长的运动，或强度虽不大但时间长的运动，由于大量泌汗、尿量减少，会使机体产生大量的代谢产物，因此，尿比重会上升。饮水多时尿量增加，比重下降；饮水少或出汗多时尿量减少，比重上升。

另外，运动时由于血液重新分配，肾脏血流减少，故尿量少；短时间运动后，尿量无明显变化，尿比重也无明显变化。

（十）尿糖

普通人体尿液中含有微量葡萄糖，一般检查不易测出，但当血糖浓度增高（大于9.4mmol/L）时，因肾小管不能吸收尿液中的葡萄糖，故尿糖定性为阳性。生理性尿糖见于摄入的食物含糖量过高。病理性尿糖见于糖尿病、甲状腺机能亢进、垂体前叶机能亢进、肾上腺机能亢进等。

运动员中出现的尿糖，多数是由于饮食或为一次性尿糖。但也有个别运动员经常出现尿糖阳性，不能排除其糖代谢失衡的可能性。

（十一）尿潜血

由运动训练引起的血尿称为运动性血尿。运动后血尿分为肉眼血尿和尿潜血。肉眼血尿的尿液呈褐色或浓茶色。尿潜血为正常尿色，但在显微镜下可见红细胞或仪器检测中呈尿潜血阳性。运动性血尿产生的原因可能是运动使血液的化学成分或血液循环机能发生改变，肾脏产生暂时性缺血、缺氧，因而肾脏通透性增高，使原来不能通过的红细胞也能通过滤过膜。一般认为，由于运动量过大，能量消耗过多，使肾脏周围脂肪组织减少，出现肾静脉压力增高，导致红细胞渗出产生血尿。

大运动负荷量、大训练强度都可造成尿潜血的出现，它表明机体对训练量不适应，或机体承受负荷量的能力下降。在接触性的运动项目及高原训练中更容易出现尿潜血。一旦出现尿潜血，就应该及时调整训练量。女运动员中出现尿潜血阳性，应排除月经原因。

（十二）无氧功

无氧功也称为无氧功率，是指机体在短时间内、无氧条件下发挥最大力量和速度的能力。无氧代谢供能能力是肌肉在磷酸原和糖酵解供能条件下的做功能力，无氧功是评定运动员机体无氧代谢能力的主要指标。无氧功的测试方法有30—40种，但都不成熟。按运动时间可分为短、中、长三类，使用最多的是10s、30s、90s三种运动形式。按评估指标划分，有纵跳摸高、登台阶时间、功率、最大乳酸值、功率—乳酸结合、力与速度的关系、氧恢复等。按测试仪器和场地划分为实验室测试（功率车、跑台等）、运动场地测试。Wingate无氧试验（Wingate Anaerobic Test，WAT）是以色列Wingate体育学院运动医学研究室于1970年提出的。自从1974年Ayalon等介绍本法后，这一试验法目前作为无氧功的标准测试法被广泛应用。

Wingate 无氧实验在评定结果时，常选用 3 个指标：

①最大功率（peak power），又称峰值。最大功率反映了机体肌肉在短时间内产生的高机械功率的能力。最大功率越大，机体肌肉在短时间内产生的高机械功率的能力越强，即通常所说的爆发力越强。

②平均功率（mean power）：6 次 5s 的平均功则为平均功率。平均功率反映肌肉维持高功率的耐力。平均功率越大，肌肉维持高功率的耐力越强，即通常所说的速度耐力越强。

③疲劳：功率的递减率为表示疲劳速率的指数，其计算公式为：最大功率减最小功率，除以最大功率，以%表示。无氧代谢能力测试的基本条件及评价方法如表 2-3 所示。

表 2-3　无氧代谢能力测试的基本条件及评价方法

代谢供能系统	磷酸原能力测试	糖酵解能力测试
运动强度	执行最大强度或最大用力	接近最大无氧功率的强度
运动时间	10—15s，不能超过 20s	30—120s
无氧功总输出量	在规定运动时间内磷酸原系统释放能量的最大潜力	在规定运动时间内糖酵解系统供能的最大潜力
最大功率输出	单位时间内磷酸原系统	单位时间内糖酵解系统
平均输出功率	释放能量的最大速度	供能的最大速度
代谢指标	血乳酸增值	血乳酸增值或最大血乳酸值
疲劳指数	（最高功率−最低功率）/最高功率（1s）	（最高功率−最低功率）/最高功率（5s）
评价方法	输出功率和总功值高、血乳酸增值低，疲劳指数小，是磷酸原供能能力好的标志	输出功率和输出总功值大，血乳酸增值或最大血乳酸值高，疲劳指数小，是糖酵解功能能力好的表现
指标与运动的关系	反映最大速度、最大力量	反映速度和速度耐力

不同能源物质供能的输出功率不同，表现出的运动能力也不同，如 100m 跑、50m 游泳、跳跃、投掷等应尽量发展磷酸原系统供能能力；400m 跑、100m 游泳应尽量提高糖酵解供能能力。同时中长跑、马拉松跑、1500m 游泳也要有良好的糖酵解供能能力，因为它是变速、终点冲刺时能量的来源。重视发展运动员的糖酵解供能能力，对 2—3min 的运动项目十分重要。

人体代谢能力存在明显的个体差异，一般运动员的值高于正常人。有多种因素影响个体的无氧代谢能力。

1. 年龄、性别的影响

年龄：生长期的机体无氧代谢能力随年龄的增长而增强，在20多岁时达到最大值，然后逐渐下降，大约每10年下降6%，上述变化无性别差异。

性别：在10s、30s、90s最大功率输出的测定中，女子值仅是男子值的65%左右，存在明显的性别差异。

2. 肌肉结构和机能的影响

肌肉形态：肌肉形态对肌肉做功能力影响很大，如肌节的排列和长度、肌纤维的长度、肌肉的横截面积、肌肉总量等。这些因素会影响肌肉执行无氧运动的能力，特别是功率输出的绝对值。

肌纤维类型：对无氧代谢能力的影响表现在快肌纤维的比例上，具有高百分率快肌纤维的肌肉，收缩时无氧功率输出值大。在无氧代谢功能为主的运动中，快肌纤维越多或横截面积越大，维持功率输出的时间越短。

供能物质储量：无氧运动的供能物质CP和肌糖元的储量几乎不可能与个体的无氧运动能力直接相关。

反应产物的堆积：在最大无氧代谢运动中，糖酵解供能很早启动，在短时间运动力竭时，肌乳酸浓度可高达32mmol/kg湿肌，肌pH值从运动前的7.0下降到6.3。由于H^+竞争Ca^{2+}的结合部位，使肌动球蛋白横桥循环的形成和运转速率受到阻遏，导致ATP水解速率减慢，肌肉收缩力下降。大量的研究指出，在局部肌糖元储备充足的情况下，肌肉H^+堆积是影响无氧运动能力的主要因素。

代谢途径的效率：无氧运动时ATP生成速率也依赖CP和糖元分解的代谢能力。在骨骼肌内，尤其是负责高速爆发用力的肌内，具有很高的肌酸激酶活性，对肌内CP浓度的变化具有高度应答能力。但是，糖元酵解速率的调节在很大程度上受H^+抑制，导致糖酵解速率衰减。代谢途径的效率也依赖参与高强度收缩的肌纤维的特性和数目。在极限运动中，快肌纤维有效募集更能加快ATP的分解与合成，进而影响运动能力。

氧的运转和利用系统：在短时间极限运动中，氧化供能占很小部分。当全力运动时间达到60—90s时，供氧系统利用氧的能力得到改善和提高，线粒体内有氧代谢供能的比例有较大增长。

3. 无氧代谢能力方面的遗传问题

4. 训练的影响

机体的训练效果存在很大的个体差异。普通男女成人在接受10s、90s高强度间歇训练后，机体的训练适应性变化，即训练敏感性存在高水平或低水平应答的显著差异。

在无氧代谢能力训练中，基因型对训练效果的影响是通过卵双生子的研究揭示的。受机体基因型影响，短时间无氧运动能力（如 10s 运动时间）的训练效果相对较小，而长时间无氧代谢能力（如 90s 运动输出总功）的可训性相对较大。这些研究结果具有重要价值。例如，对短时间无氧运动项目的运动员来说，选拔天资高的人更容易获得训练效果，而对长时间无氧运动能力的提高，则应多从训练因素上找出成功的原因。

四、运动增补剂

千年来，补剂一直是运动员关注的对象。早在最初的奥林匹克运动会上，就有运动员在比赛前食用非传统食物以提高成绩的报道。

随着对运动表现研究和运动营养科学不断发展，改善运动表现和促进恢复的工具也不断升级。现代科学带给我们的各种补充剂，可以帮助运动员提升运动表现和加快身体恢复。

虽然市场上有数以千计的保健品，但其中许多都缺乏支持其使用的科学研究。每年都有几十种新产品进入市场，并提出大胆的主张；然而只有少数产品在经过全面的科学审查后，才证明是有效的。

以下是适合运动员的最佳补剂及其作用，笔者针对不同补剂给出不同的建议。

（一）肌酸

肌酸是现代科学中研究最多的分子之一。截至本文发表时，国家医学图书馆中已有超过 62500 篇关于肌酸的同行评议文章索引。

肌酸的作用是提高身体的主要代谢途径之一——磷酸原系统，来提高产生 ATP 的能力。人体在一定时间内可以储存约 100g 的肌酸，考虑到它对产生 ATP 的重要性，这是一个相对较小的数量。补充肌酸可以使身体肌酸储存量增加 30%，从而提高利用磷酸肌酸途径的整体能力。

补充肌酸已被证明有以下作用：

①改善抗阻训练运动员的身体成分。

②提高高强度重复运动的表现。

③在短时运动中增加力量。

运动员服用肌酸的最佳方法是每天服用 3—7g，对于大多数人来说，每天大约 5g 是合适的平均剂量。体型较小的人每天可以摄入约 3g，而体型较大的人每天可以摄入接近 7g。

（二）β-丙氨酸

肌酸在磷酸肌酸能量系统中发挥作用，而β-丙氨酸则帮助身体在更大程度上利用糖酵解。β-丙氨酸通过提供一种关键的氨基酸分子，来产生一种称为肌肽的分子而发挥作用。肌肽在细胞内的功能是帮助糖酵解产生氢离子，这使肌肉细胞能够在氢离子积累和糖酵解反应减缓之前，在糖酵解过程中产生更多的ATP。

从本质上讲，补充β-丙氨酸有助于通过增加肌肽的储存，进而提高身体利用无氧糖酵解的能力。一项分析发现，β-丙氨酸直接处于糖酵解提供大部分能量生产的窗口期，可以在持续约60—240s的运动中提高运动表现。

另一项分析发现，对于主要属于磷酸肌酸系统的运动（与肌酸一样，β-丙氨酸通过生物积累发挥作用，运动员应每天摄入5g左右为宜。更高的剂量会引起刺痛感，大多数运动员每天5g摄入量的最佳方法是将剂量分成两次，每次2.5g。

（三）咖啡因

咖啡因可能是地球上使用最多的一种补剂，约75%的成年人以咖啡的形式食用咖啡因，约50%的成年人每天食用咖啡因。

咖啡因经常被耐力运动员使用，因为它已被证明可以在较长的运动中起到减少疲劳和延长体力消耗时间的作用。据认为，咖啡因可能通过一些机制改善耐力运动。

第一个机制是通过阻断腺苷来提高警觉性。它会增加运动过程中游离脂肪酸的可用性，因为咖啡因已被证明可以增加脂肪酸在血流中出现的速度，并增加运动中的脂肪酸氧化。还有人认为，咖啡因会疏导糖原。

除了对耐力运动有益，咖啡因对力量和爆发力运动员有一定的好处，但目前尚缺乏科学研究。大多数指南建议咖啡因的剂量在3—9mg/kg，约300mg是大多数成年运动员的标准剂量，应慎重对待较高剂量的摄入。

（四）蛋白粉

蛋白质粉对于运动员每日达到1.4—2.2g/kg的理想蛋白质摄入量，是大有帮助的。摄入足量的蛋白质对运动员至关重要，因为蛋白质不仅能促进肌肉生长，而且有利于身体恢复、骨骼健康和维持免疫功能。

虽然人们可以通过饮食获得足够的蛋白质，但对运动员来说，利用蛋白质补充剂（通常是粉末形式）往往更实际、更有效。虽然目前有许多不同类型的蛋白粉（如乳清、酪蛋白、植物蛋白），它们在激发肌肉生长方面的功效略有不同，但整体来看，它们都是有效的蛋白质补充形式。

（五）维生素D

维生素D已被证明是确保运动员能够发挥高水平的一种重要营养素。虽然补充维生素D不一定能提高成绩，但维生素D缺乏会使运动员比赛成绩受到影响。例如，一些研究发现，较低的维生素 D 水平与较低的最大摄氧量有关。维生素 D 水平较低的运动员在补充维生素 D 后，他们的最大摄氧量得到了提高。这是一种需要关注的重要补剂，因为运动员缺乏维生素 D 的比率比较高。一项分析发现，超过 50% 的运动员的维生素 D 水平不足。虽然补充剂量因人而异，但每天补充 1000—2000IU 是合适的剂量。

运动员需要补充剂吗？不是所有运动员都需要补充剂。运动员是否需要服用补充剂应取决于每个人的独特情况，基于以下标准：

①运动员从事的运动：要求较高运动表现的运动员更需要补充营养。

②运动员的比赛水平：参加高水平比赛的运动员更需要补充营养。

③整体饮食质量：生活中缺少高质量食物摄入的运动员更需要补充营养。

④血液检查结果：显示缺乏某些营养物质的运动员更需要补充营养。

运动员应该服用维生素吗？

原则上，除非有特殊需要，否则运动员不需要服用维生素，因为超过推荐膳食摄入量的维生素或矿物质并不会提高成绩。然而，那些饮食不全面的运动员或参加控制体重运动的运动员，可能会增加维生素和矿物质缺乏的风险，这种情况下，补充维生素会有一些好处。

希望提高成绩的运动员应关注以下事项：

①总体能量消耗。处于能量平衡状态的运动员比处于能量不足状态的运动员表现更好。

②宏量营养素满足运动需求。每项运动都有不同的代谢需求，在饮食中需要不同水平的宏量营养素以确保有最佳运动表现。例如，篮球运动员比铅球运动员需要更多的碳水化合物，以满足其运动的新陈代谢需求。

③摄取足够的微量营养素。防止微量营养素的缺乏，以确保运动员不会因为缺乏关键的维生素或矿物质（如维生素 D 或铁）而出现低水平的运动表现。

④补水。确保运动员有充足的水分。

⑤补剂。一旦达到其他四个关键成分，就应该考虑使用提高性能的补充剂，如肌酸、咖啡因和 β-丙氨酸。

耐力运动员应该关注哪些微量营养素？

一般来说，运动员自身能满足大部分微量营养素需求。然而，运动员应该重点关注维生素 D、叶酸、铁和镁等几种关键微量营养素。因为这几种微量营养素在运动员中的缺乏率比较高。

第三章

体能的测试与评估

第一节 功能筛查

一、功能性动作筛查

功能性动作测试（简称 FMS 测试）又称为功能性动作筛查，是 20 世纪 90 年代由美国的 GrayCook 和 LeeBurton 等人设计出来的。它是一种通过基本动作模式来预测运动风险的筛查系统。此方法通过测试受试者的功能性动作、神经肌肉系统控制等方面表现出的稳定性和灵活性，以及在运动过程中潜存的动作补偿问题，来判断机体运动链的完善，降低运动过程中存在的风险。FMS 测试的每个测试动作都有严格的评分标准，评分分为 3 分、2 分、1 分、0 分 4 个等级，累积分值为 21 分（单侧），低于 14 分说明受试者受伤的风险要高于正常人 15%—51%，需要引起重视，并进行矫正训练。作为一种革新性的动作模式质量评价系统，FMS 简便易行，可以广泛用于各种人群的基础运动能力（灵活性和稳定性）评价。FMS 由 7 个动作构成。

功能性动作测试，反映的是人体的基本运动能力。通过深蹲、跨栏架、旋转等7 个基本动作模式的测试，可以发现在完成基本动作时人体各环节、部位的局限性因素或均衡性问题，测试结果可以作为制订运动训练计划的依据。在进行测试时，要求受试者严格按照动作要领做出规定动作，最大幅度地完成运动。测试动作虽然简单，但可以判断受测者在动作的控制、稳定等方面的表现。如果受测者的稳定性、灵活性不足，身体某些部位不平衡，他的薄弱环节就会充分表现出来。

根据经验，即使高水平竞技运动员也未必能完美地完成这些简单的动作。有些人在完成这些测试时，使用了代偿性的动作模式。如果他们日后继续使用这种代偿性动作，客观上就会强化这种错误的动作模式，最终会使动作的运动生物力学特征很差，甚至造成受伤。要注意这类测试只能判断人的功能性动作情况，并不能直接反映运动能力。

（一）深蹲

这一动作可以评价髋、膝和踝关节的双侧均衡性和功能灵活性，如图 3-1 所示。通过观察举在头顶上的木杆，可以评价肩和胸椎的双向性、对称灵活性。若想成功地完成这一动作，运动员需要良好的骨盆结构，踝关节闭合运动链背屈、膝关节的弯曲，胸脊的伸展以及肩关节弯曲和外展。各个动作都可以根据表现进行打分（表3-1）。

图 3-1　深蹲

表 3-1　功能性动作测试评分标准

分数	评分标准
3	准确地完成某个动作
2	具有完成某个动作的能力，但是不够准确或者需要一些补偿
1	不能完成某个动作的测试
0	测试过程中被测试者出现疼痛

（二）跨栏架步

跨栏架步需要受测者髋部与躯干在完成踏跳动作时具有正确的协调性和稳定性，同时也要有单腿站位的稳定性（图3-2）。跨栏架测试可以评估髋关节、膝关节和踝关节双侧功能的灵活性和稳定性。完成踏步测试时，需要支撑腿的踝关节、膝关节和髋关节表现出稳定性，以及髋关节闭合运动链的最大扩展性。同时要求踏步腿踝关节开放运动链的背屈以及膝关节和髋关节的弯曲能力。受测者需要表现出足够的动态平衡能力。

图 3-2 跨栏架步

（三）直线弓箭步

本测试所采用的动作姿势主要是模拟旋转、减速和侧向的动作。直线弓箭步测试中，下肢呈绞剪姿势，这时身体躯干和下肢扭转，保持正确的连接（图3-3）。用于评估躯干、肩部、髋和踝关节的灵活性与稳定性，股四头肌的柔韧性和膝关节的稳定性。受测者要想较好地完成这一动作，就需要后腿（站立腿）踝关节、膝关节和髋关节以及相关闭合运动链的稳定性。同时也需要前跨腿（踏步腿）髋关节的灵活性、踝关节背屈能力。由于受测者要进行扭转动作，因此必须具有足够的稳定性。

图 3-3 直线弓箭步

（四）肩部灵活性

肩部灵活性评估双侧肩的运动范围，以及内收肌的内旋和外展肌的外旋能力（图3-4）。完成规定动作时，需要正常的肩胛骨灵活性和胸椎的伸展，以及外展/外旋，弯曲/伸展与内收/内旋组合动作时肩部的灵活性和肩胛与胸椎的灵活性。

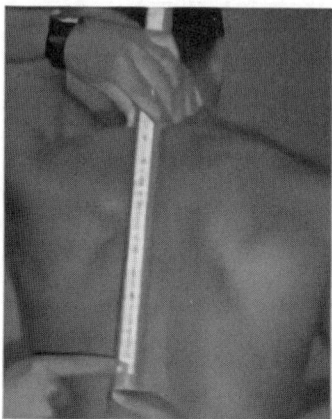

图3-4 肩部灵活性评估

（五）主动直膝上抬腿

通过主动直膝上抬腿可以测试在躯干保持稳定的情况下，下肢充分分开的能力（图3-5）。通过测试可以评价在盆骨保持稳定、对侧腿主动上抬时，腘绳肌与腓肠肌、比目鱼肌的柔韧性。

若要较好地完成这一动作，需要受测者腘绳肌具有良好的功能柔韧性，与一般测试的被动柔韧性不同，该测试也能反映运动员对侧腿髋关节灵活性以及腹下部肌肉的稳定性。

图3-5 主动直膝上抬腿

（六）躯干稳定俯卧撑

俯卧撑是一个简单的动作，但从功能性的视角来看，俯卧撑可以从前后两个维度反映运动员维持脊柱稳定性的能力（图3-6）。俯卧撑是上肢的闭合运动，上肢和肩部做对称性动作，躯干在矢状面上维持稳定。在人体完成的众多动作中，都需要躯干保持足够的稳定，使力量在上肢和下肢、左侧和右侧的传递过程中保持均衡，减少损失。如果在做俯卧撑动作时，躯干稳定性欠缺，力量在传递过程中就会减弱，导致功能性表现下降，也反映出某部位存在伤病的隐患。

图3-6　躯干稳定俯卧撑

（七）躯干扭转/旋转稳定性

该动作比较复杂，需要受测者有良好的神经肌肉协调能力，以及将力量从身体的某一部分转移到另一部分的能力（图3-7）。用以评价在上下肢同时运动时，躯干在多个维度上的对称稳定性。否则，力量在传递过程中减弱，功能性下降，损伤的可能性就会增加。

图3-7　躯干扭转/旋转稳定性

FMS 是一项评价技术，它通过测试功能性动作来发现受测者灵活性与稳定性方面的不平衡。这种评价技术可以放大受测者动作补偿的问题，从而使我们更容易发现问题。正是这些动作上的瑕疵会导致运动链系统出现故障，并使受测者在活动时动作效率不高，并有受伤的风险。通过查明与本体感觉相关的、灵活性与稳定性等方面的功能性问题，可以减少运动损伤的可能性，并通过针对性的训练来提高运动表现。

二、选择性功能动作评价

（一）选择性功能动作评价的特征

与 FMS 动作筛查不同，选择性功能动作评价（SFMA）主要是通过人体做动作时出现的疼痛来反映可能的不良性功能（表 3-2）。选择性功能动作是多种多样的，通过各种动作来激发各种疼痛和功能不良的出现，它的目的不是反映动作是否完善，而是要找出可能存在的缺陷，寻找动作模式链中最薄弱的环节。这一点非常重要，因为通常运动员的伤病产生是一个积累的过程，早期往往很难感觉和发现。而选择性功能动作评价就提供了一个发现可能导致伤病隐患的机会，利于完整地认识人体的功能状态，建立系统的动作行为观念。

表 3-2 选择性功能动作评价标准

级别	功能和症状
FN	功能或动作模式正常、无痛
FP	功能或动作模式正常、疼痛
DP	功能不良或动作模式受限、疼痛
DN	功能不良或动作模式受限、无痛

与功能性动作筛查相比，选择性功能动作评价的标准和分级是完全不同的，不是按功能性筛查的 3、2、1、0 来进行动作分级，而是根据疼痛和动作质量两个变量之间的相互作用（即 FN、FP、DP、DN 四种模式）来进行分级评价。选择性功能动作评价的相关动作名称和目的见表 3-3，实践中可以根据项目和个人需要选择进行，也可以自行设计动作对有问题的部位加强训练。选择性功能动作在其他书籍中已有大量论述，本书不再赘述。

表 3-3 选择性功能动作评价的相关动作部位和目的

名称	目的
颈部脊椎	评价颈部脊柱屈曲、伸展、转动的程度以及枕骨-寰椎联合的灵活性
各种上肢动作模式	评价肩部内外旋转、伸展、扭曲、内收和外展的活动能力
多环节屈曲	评价脊柱和髋关节的屈曲能力
多环节伸展	评价髋关节、肩关节、脊柱正常的伸展能力
多环节转动	评价躯干、盆骨、髋部、颈部、双膝和脚的灵活转动能力
单腿站立	评价动、静姿势下，每条腿的独立稳定性
双臂上举深蹲	评价双踝、双膝髋部的两侧对称灵活性

(二) 选择性功能评价的动作筛查

1. 颈椎屈曲

站姿双脚并拢，低头下巴触碰胸骨，我们要观察患者是否真的能用下巴碰到胸骨，如患者无法做到，这就是功能障碍，我们还要检查一下颈椎的曲度，是否可以很好地完成动作，在触碰胸骨时，颈椎呈一条均匀平滑的曲线。

如果患者下巴触碰不到胸骨，采用分解动作，首先是平躺（改变了身体控制稳定的需求），这样使动作变得更难了，如果患者站着无法完成这个动作，而躺着却可以，这不能说是颈椎有问题，跟灵活性无关，而是稳定性问题。我们所做的是减轻姿势所承受的负荷，所有用于稳定姿势的肌肉，现在都可以放松了。如果在做仰卧位颈部屈曲时，发现距离变大了，就表明重力使它变难了，这时我们要采用被动手法，如果被动手法也无法完成，这可能是灵活性问题，反之，则是稳定性运动控制问题。当被动手法和主动手法都无法完成时，还有一个特殊的鉴别测试，当已经确定这是灵活性问题时，就要考虑这是上颈部问题还是下颈部问题或者根本不是颈椎问题，还可能是寰枕关节的问题，这时我们就要进行特殊试验：OA 实验，检查一下寰枕关节，来判断问题是不是出在了颈椎上，因为至少 20° 的颈椎屈曲活动度来源于寰枕关节。想要确定是否是这个问题，首先让患者颈部被动旋转，旋转颈部实际上锁定了各节段的颈椎，尤其是下颈段，在被动旋转后，就让患者使者把下巴往里收，这时就要观察患者能不能屈曲 20°，如果无法旋转屈曲 20°，我们就得出一个结论，寰枕关节是有问题的，如果患者能完成旋转屈曲 20°，表明颈椎屈曲灵活性有问题。

2. 颈椎伸展

站姿双脚并拢，向后仰头，观察下巴到额头的角度是否大于 80°，还有要观察颈椎后侧受压是否平均，而不是单独出现在某一个点上。

测试者平躺，把肩膀移到床边，保持姿势肌放松，再观察被动患者能否达到80°，如果患者可以达到，则说明不是灵活性问题，而是稳定性运动控制问题，如果被动也没有达到，则表明这就是颈椎伸展灵活性问题。

3. 颈椎旋转

主要观察水平面内的旋转动作，旋转角度要达到80°，我们以锁骨作为参照点，首先找到一侧锁骨的中点。这是80°的标示线，想象这是一条直线，如果患者旋转颈部时，他的鼻子或者下巴可以超过锁骨中线，那就说明功能正常，这是80°的标示线，在动作中要观察患者是否有侧屈或者伸展的代偿动作。

首先让患者平躺，然后做一下仰卧位的旋转测试，观察是否达到80°，并观察是否产生代偿动作，如果患者没有达到并产生代偿动作，先让患者了解正确的旋转方向的动作，并再一次让患者旋转，如果还是不达标，则采用被动手法进行旋转。当被动旋转时，如一侧能达标另一侧无法达标，表明达标的一侧有稳定性问题，无法达标的一侧有灵活性问题。当确定一次有灵活性问题时，就可以采用特殊测试，颈椎80°的旋转主要来源于上颈段，一半的旋转来源于C1和C2（也就是40°），我们有一次很好的针对C1和C2的测试（当颈椎旋转进行分解时，先被动让患者屈曲，这个动作把下颈段锁定了，现在我们检查他的上颈段有没有40°的旋转，再让患者做主动旋转来观察是否达到40°），如上颈段旋转测试达标，表明患者旋转问题不是来源于上颈段，可能来源于下颈段的C3—C7有某种灵活性问题。

4. 上肢模式1（肩关节内旋和伸展）

手摸对侧的肩胛骨下角，观察患者是否能够很流畅地完成这个动作，从而不出现卡顿，如出现卡顿则表示运动控制障碍，并观察肩胛骨突起状况（翼状肩胛），并且要观察小臂与手部是否呈一条直线，而不是手掌向桡侧偏摸向肩胛骨，这种也属于运动控制障碍——观察身体中的任何代偿行为。

如果患者既有胸椎灵活度问题又有肩关节灵活性问题，那么先进行胸椎灵活度测试，会取得更好的结果。首先，进行腰椎锁定测试（排除腰椎影响的测试）。患者手膝支撑然后向后做到脚跟上，把头保持在中立位即可，并将前臂并拢，双膝不需要并拢，如果患者无法做到脚跟上，则说明患者髋膝无法屈曲，只要让患者向后坐保持舒服的姿势即可。如果要测试患者胸椎左侧，则需要站在患者的右侧，同时握住患者左手放在背后，如果这个动作让患者疼痛或无法放在背后，那就采用另一个姿势：把左侧手放在右侧肩膀上。

然后，让患者进行从左向右侧的旋转，旋转角度需要在50°，在旋转过程中身体不能侧屈，髋部及下肢需要保持稳定（如果旋转受限，身体就会出现侧屈的代偿），头部随着旋转而转动。当患者产生代偿时，我们无须辅助患者，把髋关节和肩关节控制住。如患者仍无法旋转 50°，则证明胸椎灵活性呈阳性，然后让患者进行另一侧的测试。当两侧都呈阳性时，还需要测试肩部。

让患者俯卧（改变稳定性需求）并再做一遍肩关节伸展及内旋，但做俯卧位这个动作会更难，因为重力在抵抗患者，如果可以在俯卧位完成这个动作，则表明肩关节是没有问题的，如肩关节没有在俯卧位完成，就采用被动手法辅助患者。如果可以被动患者完成这个动作并没有代偿，则不需要再进行肩关节检查，因为问题可能出在胸椎上，如无法完成则需要检查姿势的三个要素（肘关节屈曲、肩关节伸展及内旋），首先检查肩关节内旋，检查者需要给患者一个阻力点，把一只手放在患者肩部并让患者完成肩关节内旋 60°，如果活动度受限就需要被动检查，如果内旋只有 40°，需要检查一下外旋角度。外旋角度正常是 90°，如果外旋角度变成 110°，说明总活动度达标，只不过一部分内旋幅度转移到了外旋上。如果患者内旋角度完成得很好，则进行伸展测试，俯卧，手臂伸直，手掌朝上，并把手臂向上举起，观察患者能否将手臂后伸至 50°，如患者主动伸展不够，则采用被动伸展。在被动伸展时，观察肩胛骨，如果被动时肩关节伸展可以达到，则证明是肩关节伸展稳定性运动控制问题，这个问题可能与胸椎灵活度有关系。但是在测试中胸椎优先于肩关节。接下来观察肘关节的屈曲能力，在动作模式中，肱骨是朝下的，所以在筛查中，当肱骨朝下时，观察肘关节能否屈曲。

5. 上肢模式 2（肩屈曲和过头上举）

需要观察患者手上举时能否够到对侧肩胛冈，并且屈曲和外展都可以达到 170°，肘关节要举过耳朵的高度，放下到对侧肩胛冈。当身体有任何代偿时（耸肩、身体侧屈）都属于功能障碍。和动作模式 1 很像，我们先检查胸椎灵活度、肩外旋、肩屈曲外展、肘关节屈曲。

首先做腰椎锁定测试（无论主动腰椎锁定测试能否达到 50°都需要被动也测试一下，确保没有代偿），腰椎锁定测试后，让患者俯卧（改变了稳定性需求），检查的一侧手臂垂直放于床下，并进行肩屈曲和过头上举的动作，如果能完成动作，则表明肩关节没有问题，如果完不成，则被动辅助患者，检查患者的肩外旋、肩屈曲外展、肘关节屈曲功能。进行外旋实验，患者俯卧，手臂垂直放松，并进行外旋，如患者主动外旋无法达到 90°，则进行被动测试，在进行外旋测试时，要确保肩胛骨没有翻起来，被动测试时感受到第一阻力就停止，如果没有达到活动度，则需要进行内旋的活动度测试，检查内旋活动度是否超标，如果内旋的活动度没达标，则说明活动度没有转移。下一步进行肩屈曲外展测试，患者俯卧，手臂伸直，手掌朝上，在外展中手臂内旋使手掌朝下，需要观察在活动中，患者的身体能不能保持在床上，同时肩关节屈曲 170°，在测试中确保患者胸部不要抬起，肩部始终保持在一个位置，接着检查肘关节屈曲角度，肘关节测试时，把肱骨抬起来，肘关节与头部保持一条直线并朝向外侧，确保肱三头肌张力保持，测试时，竖起大拇指，用大拇指触碰肩膀。

6. 多部位旋转测试

需要观察全身的旋转模式，测试人员会给患者的头或者眼睛一些提示，让患者尽可能地旋转。观察骨盆是否旋转了50°（髋关节旋转、胫骨旋转）；观察肩部旋转来判断胸椎或者整体脊柱的运动，肩部旋转是否达到50°（当髋关节旋转50°加肩关节旋转50°，就是100°，要是在患者后方，患者向右转，就能看见患者左肩，从水平面上来说相当于肩部旋转100°），再观察一下是否产生了代偿动作，骨盆有没有前倾或者膝盖弯曲以及脚部的旋转。分解测试分为三部分，第一部分检查脊柱；第二部分检查下肢（髋、胫骨和足内旋）；第三部分检查髋、胫骨和足外旋。

选用无靠背的椅子，患者坐姿，双脚并拢放于地面，并把手臂举起形成90°姿势。治疗师向患者下达口令，让患者向其中一侧旋转，在旋转时观察患者脊柱而不是骨盆。如果患者的脊柱比较紧张，在测试中一定先采用髋部旋转，为了确保患者标准，如患者向右侧旋转，右脚放于左脚上面，这样就能解决患者骨盆活动的问题，然后让患者尽可能地向右转，治疗师需要观察患者左右肩锁关节的连线（旋转50°），如果患者两边旋转角度都达标，则表明患者的脊柱没有问题。如果患者没有达到标准角度，治疗师就需要进一步检查患者的脊柱，问题可能出在胸椎上或者腰椎上。首先采用之前的腰椎锁定测试，在测试过程中如果患者主动与被动都无法很好地达到胸椎50°的旋转，则证明胸椎灵活度受限，如果患者是SMAD，则需要进一步检查腰椎，采用俯卧肘支撑姿势，腰椎有10°的活动度（每节椎体2°），胸椎有20°的活动度。

三、Y平衡测试研究

与以往评估静态平衡能力的测试方法不同，Y平衡测试是一种评估人体上肢、下肢动态平衡能力的测试，它是根据"关节与关节理论"以及"肌肉平衡机制"来整体评价身体环节的运动表现，可以对人体在执行相关动作时所需要的关节灵活性与稳定性、核心稳定性、力量、神经肌肉控制、本体感觉等综合能力进行精确量化。同时，由于Y平衡测试需要在人体稳定性受限的情况下完成，因此该测试也是对前庭觉、本体感觉、视觉以及神经肌肉等协作完成一种运动控制的综合反应。它包括身体上和下1/4测试这2个子测试，每个子测试均需在单侧肢体支撑的情况下另一侧肢体向规定的3个方向进行最远距离的伸够。Y平衡测试的主要目的在于通过对比分析每个子测试左右肢体在各方向上伸够距离的差值以及综合值大小，来快速评价上肢、下肢的动态平衡。

（一）具体测试方法

1. 身体上 1/4 测试方法

身体上 1/4Y 平衡测试分 3 个测试方向，受试者在测试时俯卧撑姿态下头部的朝向即为前方，并据此将 3 个测试方向确定为中侧、下侧和上外侧。同时，在进行身体上 1/4Y 平衡测试之前，首先要测量上肢长度，具体方法为：

①受试者直立站姿，两脚并拢，将右臂在矢状面内抬高至 90°，五指并拢，掌心朝前。

②测试者使用卷尺测量第 7 颈椎到手指最远端的距离。

正式测试，以右手支撑为例：

①受试者以俯卧撑姿势开始，两脚开立，与肩同宽，脚尖着地。保持身体呈一条直线，并垂直于测试平台。同时，右手位于右肩的正下方，五指并拢，拇指对准测试平台上的红色起始线。

②受试者保持左手支撑，同时将左手（自由手）尽可能远地推动测试板内侧面（靠近测试平台的一侧），并按照中侧、下侧和上外侧的顺序依次进行，中间无间歇，在左手连续进行 3 个方向的 1 次完整测试后，即换右手进行测试，然后换左手进行，如此交替左右手进行测试。各完整的测试之间可以有短暂休息，以减缓疲劳。测试板内侧面在测试杆上对应的刻度即为受试者左手（或者右手，以自由手为准）在该方向上的测试结果，并由测试者记录，精确到 0.5cm。

③在正式开始测试前，受试者双手可以在各方向上进行 6 次练习，以减少学习效应对正式测试的影响。正式测试为每只手在每个方向上进行 3 次测试，考虑到存在失误的情况，受试者允许在每只手在每个方向上最多有 6 次测试，而测试结果则取 3 次成功的测试值。

受试者在某个方向上能够按照上述测试要求进行，并平稳地将手收回到起始位置即算 1 次成功的测试，而出现以下几种情况均被视为无效测试，需要在该方向上重新测试：

①在测试时，支撑手肘关节屈肘以求获得更远的伸够距离。

②自由手在向各个方向进行测试时，以测试板或测试杆作为支撑。

③自由手在收回时，身体失去平衡，使膝关节或手触及地面。

④自由手在伸够过程中没有与测试板始终贴合，或者在伸够末端用力猛推测试板，使之靠惯性向前滑动。

为了排除上肢长度的影响，并能够将测试值在受试者之间相互比较，需要将测试值标准化，以求得综合值。身体上 1/4 测试综合值的计算方法为各个方向上最远的伸够距离之和除以 3 倍的上肢长度再乘以 100，具体方法为：

$$综合值 = \frac{(中侧 + 下侧 + 上外侧)}{(3 \times 上肢长)} \times 100$$

2. 身体下 1/4 测试方法

身体下 1/4Y 平衡测试分 3 个测试方向，受试者在测试时单腿站立姿势下脚尖朝向即为前方，并据此将 3 个测试方向确定为前侧、后中侧和后内侧。同时，在进行身体下 1/4Y 平衡测试之前，首先要测量下肢长度，具体方法为：

①受试者仰卧于坚硬平面上，两脚与肩同宽，脚尖朝上。

②测试者使用卷尺测量髂前上棘到同侧脚内踝中点的距离。

正式测试，以右脚支撑为例：

①受试者光脚进行该项测试（减少由鞋子提供的额外的平衡与稳定），右脚站在测试平台上，并与测试平台平行，拇趾对准测试平台上的红色起始线。同时，双手掐腰，以排除可能由上肢参与的平衡。

②受试者保持右脚支撑，将左脚（自由脚）尽可能远地推动测试板内侧面（靠近测试平台的一侧），同时，为了减缓疲劳，受试者需左脚在同一方向上连续测 3 次，然后换右脚在该方向上连续测 3 次（此时为左脚支撑），并按照前侧、后中侧、后外侧的顺序依次进行。测试板内侧面在测试杆上对应的刻度即为受试者左脚（或者右脚，以自由脚为准）在该方向上的测试结果，并由测试者记录，精确到 0.5cm。

③在正式开始测试之前，受试者双脚可以各进行 6 次练习，以减小学习效应对正式测试的影响。而正式测试为每只脚在每个方向上进行 3 次伸够，考虑到存在失误的情况，受试者允许在每只脚在每个方向上最多有 6 次测试，而测试结果则取 3 次成功的测试值。

受试者在某个方向上能够按照上述测试要求进行，并平稳地将脚收回到起始位置即算 1 次成功的测试，而出现以下几种情况均被视为无效测试，需要在该方向上重新测试：

①在测试时，支撑脚的脚后跟抬起或者支撑脚发生移动。

②自由脚在向各个方向进行测试时，以测试板或测试杆作为支撑。

③自由脚在收回时，身体因失去平衡而使自由脚触及地面。

④自由脚在伸够过程中没有与测试板始终贴合，或者在伸够末端用力猛踢测试板，使之靠惯性向前滑动。

为了排除下肢长度的影响，并能够将测试值在受试者之间相互比较，需要将测试值标准化，以求得综合值。身体下 1/4 测试综合值的计算方法为各个方向上最远的伸够距离之和除以 3 倍的上肢长度再乘以 100，具体方法为：

$$综合值 = \frac{(前侧+后中侧+后外侧) \times 100}{(3 \times 下肢长)}$$

（二）评价方法

身体上 1/4Y 平衡测试主要用来评价肩关节灵活性、肩胛骨的稳定性、胸椎的灵活性、上肢力量、核心区稳定性、神经肌肉控制能力及本体感觉能力。一般而言，在身体上 1/4Y 平衡测试中，左右手在各个方向上的伸够距离差值不应大于 4cm，以及左右手的综合值不应小于 95，否则就会增加损伤风险。但需要说明的是，关于身体上 1/4Y 平衡测试损伤风险评价标准的研究较少，需要增加相关的后续研究来确定各项目的评价标准。

身体下 1/4Y 平衡测试主要用来评价髋、膝、踝关节的灵活性、核心区稳定性、下肢力量、神经肌肉控制能力及本体感觉能力。已有研究表明，篮球运动中，在身体下 1/4 的前侧方向测试中，左右脚的伸够距离的差异不应超过 4cm，否则就说明下肢会增加非接触性损伤风险，而这种损伤风险是正常损伤风险的 2.5 倍（$P<0.05$）。同时，对于女性运动员而言（如女性篮球运动员），左右腿伸够距离的综合值如果小于 94，则预示着下肢的损伤风险会增加到 6.5 倍（$P<0.05$）。对于其他各项目而言，可以以前侧方向伸够距离差值不应大于 4cm、后外侧及后中侧伸够距离差值不应大于 6cm、左右综合值差值不应小于 95 作为评价是否有损伤风险的参考值。值得说明的是，需要增加相关的后续研究来确定各项目的评价标准。此外，无论是身体上 1/4Y 平衡测试还是身体下 1/4Y 平衡测试，在纵向跟踪测试中，如果发现伸够距离降低，那么降低的伸够距离对任何一个肢体来说都存在潜在的损伤风险。

第二节　基础体能测试

一、身体成分与人体测试

身体成分指人体中脂肪、骨骼、肌肉含量的相对比例。人体测量指关于人体的围度测量，包括身高、体重、胸围、腰围、皮褶厚度等。身体成分与人体测量评估对于教练与运动员而言是标准惯例，通过身体成分评估可以获得体脂率、脂肪分布、瘦体重、四肢长度及围度等有价值的信息。身体成分测试方法包括皮褶厚度测试、生物电阻、双 X 光吸收（dual energy X-ray absorptiometry，DEXA）、水中称重、计算机断层扫描（computed tomography，CT）、核磁共振（magnetic resonance imaning，MRI）、空气置换体积描记（air displacement plethysmography，ADP）、近红外分析。虽然双 X 光吸收法在近些年的使用有所增加，但水中称重仍被认为是"黄金标准"，并且是用于确认与制定皮褶厚度分析预测方程的首选方法。

（一）身高与体重

身高与体重是最基础的测量。身高通常用身高计（安装在墙上配有水平顶板的垂直刻度尺）来测量。身高数据在同一天内会有轻微变化，早上会较高一点。当测量身高时，运动员应赤脚、脚跟尽量并拢，深呼吸后屏住并保持头部水平。体重测量最好使用经校准的医用体重秤（有秤杆尺和可移动砝码），衣着需要规范（赤脚、最少着装、口袋无物件等）。基于饮食、排尿、排便及潜在脱水/水分流失等因素，每日不同时间体重会有所不同，因此笔者建议标准化地测量时间。

（二）评估皮褶厚度

皮褶厚度被广泛用于评估体脂率。受过训练的教练或技术人员能够通过皮褶厚度计测出相当准确的皮褶厚度数据，皮褶厚度的分析原理是皮下脂肪直接与全身脂肪含量成比例，并利用回归分析推算全身体脂率。运用适当的测试技术与统计公式通过皮褶厚度推算体脂率的误差在±（3%—5%）。体脂因性别、年龄、种族、训练水平等因素而异，多种根据皮褶厚度推算身体密度与体脂率的回归公式已经制定，运动员皮褶厚度评估如果匹配到正确的推算公式就会很准确。皮褶厚度一般测量3—7 个部位，利用公式可推算身体密度再推算出体脂率。身体密度（body density）指身体质量与体积之比。

皮褶厚度评估流程：

①首先选择测量部位及公式。

②让受测者放松，以左手拇指与食指（约分开 8cm）稳固地抓起皮下脂肪，对于体型较大者则大于 8cm 同时皮褶厚度计需要打开到最大。

③测量者将皮褶厚度计夹口置于手指抓起的皮下脂肪下方 1cm 处，然后放开夹口使其夹住脂肪并在 2—3s 内完成测量。

④所有测量均在受测者的身体右侧进行，相同操作 2—3 次确保误差在 0.5mm 以内。

⑤应进行循环测量，避免在同一部位连续测量 2—3 次。

⑥对几次测量的数据进行求和及平均，并经由回归公式或推算表来评估身体密度与体脂率。

（三）围度的测量

围度测量与肌肉体积及身体成分相关。围度测量的优势在于实施容易、快速、成本低、不需要特殊设备（皮尺即可）。围度的测量流程包括：

①皮尺拉紧置于测量部位的水平面，读取数值精确到 0.5cm，运动员尽量穿着较少衣物。

②在每个部位进行测量及取平均值，如果误差超过 0.5—1cm，则需加测。

③运动员应在测试过程中保持放松。

④一个较大的误差因素是缺乏标准化的测量位置。

皮尺的正确放置方法如下：

①胸——运动员外展上肢，皮尺置于第四肋骨水平围绕胸部，上肢内收至起始位置，并在呼吸结束时进行测量。

②肩——运动员放松站立，皮尺水平置于肩部最大围度处。

③腹——运动员放松站立，皮尺置于腹部最大围度处（通常在肚脐附近）。

④大腿——运动员放松站立，皮尺水平置于臀部以下大腿最大围度处。

⑤小腿——运动员放松站立，皮尺水平置于膝踝之间小腿最大围度处。

⑥腰——皮尺水平置于腰部最小围度处（通常脐上方 1 寸）。

⑦臀——皮尺水平置于臀部最大围度处（尽量少穿衣服）。

⑧上臂——运动员放松站立，肘关节伸直，皮尺水平置于肩肘之间的上臂最大围度处。

二、心血管系统机能测试

心血管系统是由心脏和血管组成的闭合管道，其功能反映一个人的发育水平、体质状况与运动训练的水平。对心血管系统机能进行测试在一定程度上可以反映体能状况，常用心率和血压来评定。

（一）心率

心率是每分钟心脏搏动的次数，以次/分表示。正常人动脉脉搏频率和心跳频率一致，因此可用测量脉搏频率来表示心率。作为循环系统机能状况的一个指标，心率可反映心脏机能的工作状况。常用的心率指标主要有基础心率、安静心率、运动中心率和运动后心率。

1. 心率的测定

心率测定的方法有心音听诊法、指触法和心率遥测法。指触法通常可以测定的部位有颈动脉、桡动脉和肱动脉。每次测 10s，乘以 6 即是 1min 的心率数。类别包括：基础心率、安静心率、运动中心率和运动后心率。

2. 心率的评定

心率的评定方法主要有：立位、卧位姿势脉搏差，30s 深蹲定量负荷测试，库尔克试验，台阶试验等方法。举两种方法说明：

（1）30s 深蹲定量负荷测试

首先让受试者静坐 5min，测 15s 脉搏，乘 4 得 1min 脉搏数（P_1）；然后做 30s 30 次起蹲，最后一次站起后测 15s 即刻脉搏，乘 4 得 1min 脉搏数（P_2）；休息 1min 后再测 15s 脉搏数（PR）。

评定：$$指数 =（P_1+P_2+P_3-200）/10$$

正常情况下，心率可在运动后 3min 内完全恢复，如果身体疲劳，恢复时间将明显延长。根据上述公式，计算出心脏功能指数，指数的大小可以反映心脏功能的好与差，也反映了训练水平的高低。经常从事体育运动，心脏机能逐渐提高，安静时脉搏降低。固定负荷运动时，身体出现机能节省化，运动后的心率不会发生显著变化，运动停止后恢复较快，因此计算出的指数较小。根据指数，评价标准依次是：最好（小于或等于 0）、很好（0—5），中等（6—10）、不好（11—15），16 以上为很不好。

（2）台阶试验

12 岁以上（不含 12 岁）台阶高度，男 40cm，女 35cm；12 岁以下（含 12 岁）台阶高度 30cm。用 2s 上下 1 次台阶的速度，连续不停地做 3min 上下台阶运动。做完后取坐姿，测量恢复期第 2，3，4min 前 30s 的心率。计算公式如下：台阶指数 = 上、下台阶的连续时间（s）×100/2×（3 次测量脉搏数的总和）。青年大学生台阶指数的评价标准如表 3-4 所示。

表 3-4 青年大学生台阶指数的评价标准

性别	优秀	良好	及格	不及格
男	54	46—53	40—45	39 以下
女	52	44—51	25—43	24 以下

台阶试验指数可以在很大程度上代表心脏血管系统的机能水平。指数越大，说明心血管机能状态越高；指数越小，说明心血管机能水平越低。长期的有氧运动可以改善心血管系统的机能，因此在台阶实验中定量负荷运动时，心率次数降低，停止运动后心率恢复到安静水平的时间减少，表现为台阶实验指数增加。

3. 心率在训练实践中的应用

心率的测定在运动训练实践中有着非常重要的意义。

（1）反映运动强度

在一定范围内，心率与运动强度呈直线相关。心率与运动的速度、强度存在特殊的关系，因而，通过测定运动员运动中的心率，既可了解运动强度的大小，也可以通过心率的测定来控制运动员运动的速度，控制运动的强度。

（2）反映训练程度

随着运动训练程度的提高，心血管系统产生一系列适应性变化。表现在完成相同负荷运动后，心率逐渐变慢。在运动训练实践中，运动员相同的负荷，心率逐渐变慢，表示训练水平的提高，或者在一组运动员中，相同的负荷，心率慢者，训练程度较高。因此，许多研究者设计了许多评定训练程度的方法，如定量负荷运动后心率测定、PWC170测定等。

（3）反映恢复程度

运动后的心率测定，可以监护运动员的恢复程度和是否存在疲劳的积累。运动后心率的恢复速率也可反映运动员的训练水平。基础心率的测定往往反映运动员疲劳消除的程度。正常情况下，运动员的基础心率相对稳定，在没有其他影响心率的因素存在时，基础心率的增加可能反映运动员对运动训练的不适应。

（4）反映机能状态

运动员的机能状态可以通过心率的测定得到正确的反映。例如，基础心率的测定、赛前状态心率的测定等。

（5）反映训练课的密度

运动训练过程中训练时间与休息（恢复）时间的关系决定了训练课的密度。训练课中平均心率高者，说明训练密度高。

（6）评价循环系统功能状态

心率是评价循环系统功能状态的简单易行且很有价值的指标。安静状态和定量负荷运动后心率的快慢明显反映了运动员每搏输出量的大小，从而间接反映了运动性心脏肥大的程度和性质。有些青少年耐力运动员随着运动训练的进行，安静心率和定量负荷运动后心率并不减慢，这表明心室腔容积的增大并不明显，提示了在训练过程中是否力量训练的安排不当导致心脏的向心性肥厚的可能。

（7）运动员选材

心率结合其他生理学指标，可作为运动员选材的依据之一。

（8）间接测定复杂指标的依据

有些生理学指标的测定相当复杂，如最大摄氧量的测定，不仅需要许多昂贵的仪器设备，而且步骤繁杂，在一些基层训练队测定困难较大。有些研究者利用心率与完成的功率之间存在的必然关系，测定完成定量负荷运动后的心率数，间接推算最大摄氧量。比较有用的是利用PWC170间接推算最大摄氧量的方法。由于是间接推算，存在精确程度的问题。

（二）血压

1. 血压概述

血压指血液流动时对血管壁所造成的侧压力，一般指体循环中的动脉血压。在一个心动周期中，心室收缩时动脉血压上升达到的最高值称为收缩压，心室舒张时动脉血压下降达到的最低值称为舒张压，收缩压与舒张压的差值称为脉压。

人体动脉血压测量一般采用听诊法，测量部位为上臂肱动脉。用血压计的压脉带充气，通过在动脉外加压，根据血管音的变化来测量血压。正常人安静时动脉血压较为稳定，变化范围较小，收缩压为90—120mmHg，舒张压为60—90mmHg，脉压为30—50mmHg。一般情况下，运动员的收缩压在正常值水平，舒张压在正常值的下限范围，血压为95—115/55—75mmHg。通常血压的评定指标有晨起血压和运动时血压的变化。类别有晨起血压、运动时血压变化。

①布兰奇心功指数：布兰奇心功指数是通过测量心率和血压，按照以下公式计算而来：

布兰奇心功指数=心率（次/分）×［收缩压（mmHg）+舒张压（mmHg）］/100

该指数较全面地反映心脏和血管的功能。布兰奇心功指数在110—160范围内为心血管功能正常，平均值是140；大于200为紧张性增高反应；小于90为紧张性低下反应。

②耐力系数：耐力系数=心率×10/脉压。耐力系数的正常值为16，心脏功能越好，指数越小。

③体位平均血压指数：卧位血压差=（收缩压−舒张压）/3+舒张压。立位血压差=（收缩压−舒张压）/3+舒张压。

体位平均血压指数=（立位血压差−卧位血压差）×100/立位血压差。体位平均血压指数0.0以上为上等，0.0—−18为中等，−18以下为下等。

2. 血压检查与评价

血压是血液流经血管时对血管壁的侧压力，包括收缩压和舒张压。

（1）指标

①收缩压：主要反映心脏每搏输出量的大小，我国健康成人为90—130mmHg。

②舒张压：主要反映外周阻力的大小，我国健康成人为60—90mmHg。

③脉压：主要反映大动脉管壁的弹性，我国健康成人为30—40mmHg。

（2）评价及其应用

①训练中血压的变化与运动强度有关，大强度训练后收缩压上升和舒张压下降明显，且恢复较快，表明身体机能良好。训练后收缩压明显上升、舒张压也上升或血压反应与强度刺激不一致、恢复时间延长等说明机能状况不佳。

②晨起卧床血压较稳定。若安静血压比平时上升20%左右且持续2天以上，可视为机能下降或过度疲劳的表现。

③运动时收缩压一般随运动强度增加而上升。大强度负荷时，收缩压可高达190mmHg或更高，舒张压不变或轻度上升或下降。出现以下情况为运动员机能不良反应：运动时脉压差增加的程度比平时减少；出现梯形反应；出现无休止音；运动时收缩压的上升与运动强度的增加不相平行或突然下降。收缩压突然下降达20mmHg者必须立即停止运动。

④在长时间大强度专项和力量训练时，运动员的舒张压可上升，经调整训练后能恢复。如果不及时调整，血压可继续上升，运动员会随之出现失眠、头痛、训练欲望下降和专项素质下降等症状。如果连续数周出现以下情况：安静舒张压增加超过自己日常水平10mmHg；安静脉压差减少超过自己日常水平20mmHg；安静心率增加超过自己日常水平6次/min。特别是在调整训练阶段出现时，提示运动员的身体机能状况不佳。

三、呼吸系统机能测试

呼吸系统的主要功能是与外界进行气体交换，对呼吸系统机能进行评定主要从肺通气功能的量和对呼吸运动控制能力的质两个方面来进行。肺通气功能的主要指标是肺活量，呼吸运动控制能力可以通过闭气试验得到反映。

（一）肺活量和肺活量指数

肺活量是一次呼吸时的最大通气量，在一定程度上反映肺的通气功能水平。肺活量的大小取决于呼吸肌的力量，肺和胸廓的弹性等。肺活量与体重的比值为肺活量指数，是反映肺通气能力的常用指标，其值越大，说明呼吸系统的机能越好，是基础体能测试中常用的一项指标。

肺活量正常成年人的平均值，男性为3500—4000mL，女性为2500—3500mL。中国青少年肺活量指数正常值范围为：男生63.2—68.9，女生55.5—59.5。具体评价标准如表3-5所示。

表3-5 中国青少年肺活量的评价标准

性别	优秀	优秀	及格	不及格
男	70以上	57—69	44—56	43以下
女	57以上	46—56	32—45	31以下

肺活量和体重指标都可以通过体育锻炼得到改善，最终表现为肺活量指数的升

高。另外，体重增加而肺活量未得到提高，肺活量指数会下降，这说明呼吸系统的机能也降低了。

（二）时间肺活量

以最大吸气后在一定时间内尽快呼出的气量为时间肺活量，是动态反映呼吸机能的一项有效指标，用专门的实验仪器进行测试。健康成年人第一秒平均值约为83%，第二秒约为96%，第三秒约为99%。

（三）5次肺活量试验

5次肺活量试验主要测定呼吸肌的耐力，方法是受试者取站立位，每15s测量1次肺活量，共测5次。15s时间既包括吹气时间，也包括休息时间，因此，在75s之内测量5次肺活量。5次测量结果基本接近或逐渐增加为机能良好；反之则逐渐下降，尤其是最后2次显著下降为机能不良。

（四）定量负荷后5次肺活量试验

先测量安静时肺活量，然后做定量运动，如可进行30s 20次蹲起或1min台阶实验。运动后立即测量1—5min的每分钟肺活量，共测5次。负荷后的每分钟肺活量逐次增加，或保持安静时的水平，为机能良好或正常；如果负荷后的肺活量逐次下降，经5min仍不能恢复至安静时的水平为机能不佳。

（五）最大通气量

最大通气量是指人体以适宜的呼吸频率和呼吸深度进行呼吸时所能达到的最大限度的每分钟通气量，它反映受试者的通气贮备能力，与机体的健康水平和训练程度密切相关。最大通气量越大，说明呼吸系统潜在功能越强。正常成年人的平均值，男性为100L，女性为80L。

四、代谢机能测试

体能与机体的代谢能力有关，代谢能力的大小归根结底取决于能量的供给与利用能力，其中ATP的合成与利用是关键。根据运动时骨骼肌ATP合成和利用的途径，可将机体的代谢系统分为无氧代谢系统和有氧代谢系统。无氧代谢能力主要指磷酸原供能系统和糖酵解供能系统的供能能力；有氧代谢能力和机体转运氧和利用氧的能力有关，因此，对体能的测试离不开对机体代谢能力的测试。本节介绍常用的代谢机能测试方法。

（一）无氧代谢能力的测试和评价

无氧代谢能力指机体在磷酸原和糖酵解供能条件下的做功能力，通常可以在实验室通过各种测功器械，对运动员整体做功能力进行综合评定。根据磷酸原和糖酵解供能系统供能的特点，测试时要求在不同的时间里达到相应的最大运动强度。通常利用最大输出功率、平均输出功率、疲劳指数等指标来评定无氧代谢能力的大小。

1. 磷酸原系统供能能力的测试

磷酸原系统供能能力的测试方法主要有 Quebec10 秒运动测试、磷酸原能商法（Alactic Quotient，AQ）、30m 跑测试，纵跳法，玛格里亚卡耳曼测试（Kalamen-Margaria）。

（1）纵跳法

无氧供能能力功能与纵跳摸高的高度和体重有关，根据纵跳摸高的高度和体重可间接推算无氧供能能力。首先测量受试者的体重，标记站立摸高的高度，然后用力原地向上跳起，达腾空最高点时做一标记，测量站立摸高与纵跳摸高的垂直距离即为纵跳高度。

（2）玛格里亚卡耳曼测试

受试者先称体重，然后站在离台阶 6m 处。令受试者以 3 级 1 步的最快速度跑上台阶，一直跑至 12 级，记录通过由第 3 级到第 9 级的时间（电动计时的开关在第 3 级和第 9 级，当受试者脚踏上第 3 级时，开动计时器，而跑到第 9 级时计时器停止，通常大约 0.5s）。测试 3 次，取 1 次最短时间。根据公式计算功率：

功率（kg·m/s）＝体重（kg）×第 3 级到第 9 级的垂直距离（m）／

第 3 级到第 9 级的时间（s）

2. 糖酵解系统供能能力的测试

糖酵解系统供能能力的测试包括 30 秒 Wingate 运动测试，60 秒 Wingate 无氧测试、60 秒最大负荷测试、45 秒乳酸能商法（Lactic Quotient，LQ）等。

（1）30 秒 Wingate 运动测试与应用

测试时采用功率自行车，要求受试者尽可能快蹬，在 3~4s 内调整到规定阻力负荷，同时开始计时，进行 30s 全力蹬车运动。阻力系数以 Monark 型为 75g/kg 体重作为参考值，同时可根据训练水平进行调整。评定指标有 30s 平均功率、输出总功率、最高功率（5s 内最大输出功率）、疲劳指数，其中疲劳指数＝（最高功率−最低功率）／最高功率。评定结果中输出功率和输出总功率值越大、疲劳指数越小，表示供能能力越强。

（2）60 秒最大负荷测试与应用

60s 最大负荷测试是用来评定人体最大糖酵解供能能力的一种方法。操作过程如下：首先测定受试者运动前安静时正常的血乳酸值，然后让受试者在田径场全力跑 400m 或者在跑台上全力跑 1min，再测试运动后血乳酸的最高值，分别记录数据。评价如下：

①运动后血乳酸浓度在 14—18mmol/L 左右，可以初步判定糖酵解供能能力好。

②运动后血乳酸浓度在 9—10mmol/L 以下，则说明糖酵解供能能力差。

③可以用来评价一个训练阶段的效果，如果经过一个训练阶段运动成绩提高，血乳酸值同时升高，则表明糖酵解供能能力提高，训练效果良好。

④一个训练阶段后成绩提高，但血乳酸值不变，说明运动员有潜力。

⑤训练后血乳酸不变或升高而成绩下降，则表明这一阶段训练效果不理想，运动员机能水平下降。

（二）有氧代谢能力的测试

有氧代谢供能是机体长时间运动时主要的供能方式，主要与低强度、中等强度或亚极量强度运动，且超过 2—3min 以上的运动项目有关。有氧代谢供能能力的大小可以通过测试乳酸阈等指标来反映。主要方法有乳酸阈测试、6 分钟亚极量负荷测试法、最大摄氧量（VO_{2max}）测试、PWC170 测试等方法。其中最大摄氧量（VO_{2max}）测试又分为活动平板法、功率自行车测定法、Astrand-Ryhnuiy 最大摄氧量推测法、12 分钟跑推算法等。

1. 乳酸阈测试

乳酸阈是指在递增负荷运动时由有氧代谢供能到大量动用无氧代谢供能的临界运动强度，反映了长时间运动中血乳酸保持稳态水平时的最大有氧代谢能力，此时血乳酸释放入血的速度等于血乳酸最大消除速率。通常用血乳酸浓度达 4mmol/L 时所对应的摄氧量、功率或运动速度来表示。

乳酸阈的测定方法很多，一般都是以乳酸-功率曲线为原理，采用逐级递增负荷方法测定。起始负荷和递增负荷的大小取决于运动员的性别、年龄和训练程度。例如，跑台的起始负荷，一般无训练者为 2.5m/s，中等训练水平的男子或具有高度耐力训练的女子为 3.0m/s，高水平耐力训练的男子为 3.5m/s。在安静状态以及每次负荷后即刻准确取血测定血乳酸浓度。以功率为横坐标，血乳酸浓度为纵坐标，把各负荷后的血乳酸值在相应点上标记，并连成一条曲线。取对应于 4mmol/L 血乳酸浓度的功率值为乳酸阈功率（图 3-8）。乳酸阈处对应的跑速越快（或功率越大），则有氧能力越强。当运动员有氧运动能力提高后曲线会右移。

由于在完成运动负荷时，每个人都具有不同的血乳酸动力学变化特点，因此个体乳酸阈的测定可以更客观地评定不同运动员个体有氧代谢能力的差异与优劣。个体乳酸阈的测定采用蹬功率自行车逐级递增负荷的形式，起始负荷为 50W，每 3min 递增 50W，一般递增不超过 6 级。分别采取安静时、各级负荷后即刻及恢复期第 2、5、8、10、15min 的血样测定血乳酸，在坐标纸上画出乳酸动力学变化曲线，最后一级负荷后即刻的血乳酸值定为 A 点，由 A 点做水平线与恢复期曲线相交于 B 点，再由 B 点向负荷曲线做一条切线，切于 C 点。C 点所对应的纵坐标为个体乳酸阈乳酸浓度，对应的横坐标为个体乳酸阈强度。采用个体乳酸阈值的测定方法，可以根据运动员个体选择最佳训练强度和训练计划，也有助于专项选材。

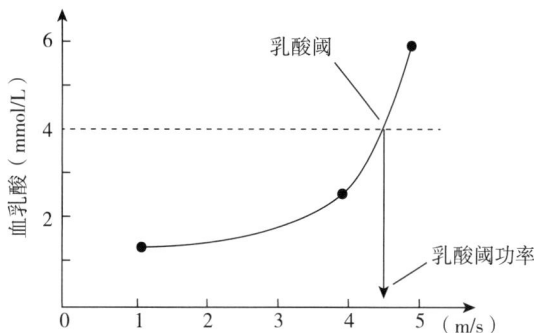

图 3-8　乳酸阈测定示意图

乳酸阈较 VO_{2max} 能更客观、更好地反映运动员的有氧代谢能力。一般 VO_{2max} 高的运动员，乳酸阈值也高，在较长时间的耐力运动中，乳酸阈强度比 VO_{2max} 更能预测运动成绩，因为比赛时跑速非常接近乳酸阈强度。而较短时间的有氧运动强度，实际上超过 VO_{2max} 强度，此时用 VO_{2max} 表示已没有意义。大量研究证明，经系统训练后，运动后乳酸升高的幅度下降，而 VO_{2max} 变化则不大，所以，使用乳酸阈比 VO_{2max} 更具实用性和科学性。

2. 12 分钟跑推算法

12 分钟跑测试是让受试者全力跑 12 分钟，测量跑的距离，根据 12 分钟跑的成绩推算 VO_{2max}。Cooper 于 1968 年报道，VO_{2max} 与 12 分钟跑的距离之间呈高度相关，相关系数为 0.897。日本的研究结果也证实了 Cooper 的结果，且无年龄和性别差异，因此，可以通过 12 分钟跑的成绩间接推算出每千克体重的 VO_{2max}。一般从事耐力项目运动员的 VO_{2max} 比其他项目运动员要高。测试前受试者要做好准备活动，在跑的过程中尽量快跑，但在开始和结束时，应避免全速跑和冲刺跑。

在测定 VO_2 时要求全身各器官系统尤其是心肺功能充分动员，让尽可能多的肌群参与运动，功率输出达到最大。当有氧代谢系统达到最大供能状态时，已经有相当多的糖酵解参与供能，血乳酸可达 9mmol/L 以上，平均血乳酸浓度范围是 9—12mmol/L，未见明显的专项特点。因此，血乳酸可以作为 VO_{2max} 测定的辅助指标。先测安静时血乳酸值，再让受试者在做准备活动后进行 12 分钟跑，记录 12min 的最大跑距和跑后 3、5、10、15min 血乳酸值，用跑距和血乳酸值来综合评定。跑的距离长、跑后血乳酸消除速度快，是有氧代谢能力强，机能状态好的表现；跑的距离短、跑后血乳酸消除速度慢，是有氧代谢能力差，训练水平低的表现。

由于 VO_{2max} 值代表机体整体利用氧的最大能力，测定时要注意以下几点：

①必须使全身各器官系统尤其是心肺功能充分动员。

②让尽可能多的肌肉群参与运动。

③功率输出达到最大。

五、运动体能的测试

运动体能与身体素质有关,身体素质是运动体能的外在表现。身体素质也称身体适应性,是指人体在运动过程中所表现出来的速度、力量、耐力、灵敏、柔韧、平衡、协调等机能能力的总称,是人体各器官系统的机能在肌肉工作中的综合反映。这种机能能力不仅与人体解剖、生理特点有关,而且与锻炼程度、营养状况密切相关。它是掌握运动技术,提高锻炼效果的基础。身体素质是决定运动体能的重要基础,目前的体质测试基本与运动体能测试类似。笔者主要介绍速度、力量、耐力、柔韧和灵敏素质的测量和评价。

(一)速度素质测试

速度是指人体进行快速运动的能力,包括人体对外界信号刺激做出快速反应、快速完成动作以及快速位移的能力。因此,速度素质包括反应速度、动作速度、位移速度。反应速度是指人体对各种信号刺激(声、光、触等)快速应答的能力;动作速度是指人体或人体某一部分快速完成某个动作的能力;位移速度是指人体在特定方向上快速移动的能力。影响速度的因素是多方面的,如肌肉的力量、肌纤维类型、中枢神经系统的机能状态、条件反射的巩固程度、年龄、性别、体形、柔韧性及协调性,等等。因此,对速度素质的测试通常包括反应速度、动作速度、位移速度能力的测试。

1. 反应速度测试

反应速度的测试通过测定反应时来进行,用突然发出的信号来统计运动员对简单信号的反应能力。反应时是指从机体接受刺激到做出应答所需要的时间,也称反应的潜伏期,是指从刺激开始呈现到做出反应之间所经历的时间。反应时的测定方法主要有对光、声反应时,即视觉和听觉反应时的测试。在实验内容上有复杂反应时和简单反应时两大类,其中复杂反应时又包括选择反应时、辨别反应时等测试。简单反应时主要有光反应时测试、手反应时测试、全身跳跃反应时测试等。本节介绍光反应时和全身跳跃反应时测试步骤。

(1)光反应时测试

利用仪器检测受试者机体视觉反应时的快慢,具体测试步骤为:

第一,打开电源,待仪器所有灯熄灭,屏幕数字显示 0.000 后,可按键开始测试。

第二，受试者按"启动"键在 0.5—3s 后（该时间任意变化）反应时键 1~5 号中任一键，发光有音响，这时食指离开"启动"键（即受试者按"启动"键后信号发出到食指离开"启动"键的时间）。这段时间表示简单反应时（第一个反应时间）。

第三，LED 显示简单反应时，同时受试者食指以最快速度按向给出信号的键，一旦食指按下键，灯光信号随时停止，LED 显示综合反应时（第二个反应时间）。

第四，上述"第二"与"第三"步骤连续操作 5 次后，按"功能"键，出现的第一组数据显示的是简单反应时的平均值，再按一次"功能"键，显示综合反应时的平均值，再按一次"功能"键，结束本次测试。

（2）全身跳跃反应时测试

测试全身跳跃动作时的反应时。具体测试步骤为：

①受试者站在跳台上，膝关节微屈。

②以光或音响为信号，在接受指令后尽可能快地垂直跳离跳台。

③用表面电极法记录受试者的小腿肌电图，通过示波器记录从信号到肌电图发现的时间（反应开始时间），从信号到脚离开跳台的时间（全身反应时）。

④连续测量 3 次，取其平均值，以 ms 为单位记录。

一个完整的反应过程由五部分组成：

①感受器将物理或化学刺激转化为神经冲动。

②神经冲动由感受器到大脑皮质。

③大脑皮质对信息进行加工。

④神经冲动由大脑皮质传至效应器。

⑤效应器做出反应。

因此，通过反应时的测试可以评定反应速度的快慢。

2. 动作速度测试

动作速度是指人体或人体的某一部分完成单个动作或成套动作的快慢以及单位时间内重复动作次数多少的能力。这往往寓于某一个技术动作中，如抓举的动作速度、跳跃起跳的动作速度、游泳转身的动作速度等，所以，动作速度的测量是与技术参数测定联系在一起的，如测出手速度、起跳速度、角速度、加速度等。

（1）坐姿快速踏足

测量受试者两脚快速交替重复特定动作的能力。受试者坐在快速动作频率测试车车鞍上，两手扶车把，大腿呈水平状，膝关节成 90°，两脚快速上下交替做踏足动作，记录计时器的数值（10s 内重复动作的次数）。测 3 次，每次测 10s，取最好成绩。踏足次数越多，则受试者的动作速度越快。

（2）两手快速敲击

测量受试者两手快速交替重复特定动作的能力。首先，受试者站在测试台前，两手各持一根金属棒，食指按住金属棒的前端。听到信号后，两手快速交替敲击金属触板，记录计时器的数值（10s内重复动作的次数）。测3次，每次测10s，取最好成绩。敲击次数越多，则受试者的动作速度越快。

3. 位移速度测试

通常采用短距离的极限强度跑来测试。常采用定距计时或定时计距的方法来测量，定距计时要求跑的距离不要过长，可用30—60m的距离。可测定2—3次，取最好成绩。定时计距可用4s或6s冲刺跑等方法来进行。测试时要在受试者不疲劳、神经兴奋性高的状态下进行。也可以测试绝对速度即不从起跑计时，而测定以最高速度跑过某段距离的能力，预跑距离在10—15m。

（1）30m跑

30m跑主要测试受试者快速跑动的能力。受试者采用站立式起跑，听到发令声后快速跑向终点，记录成绩。测2次，取最好成绩。50m、60m跑测试同30m跑测试的要求一样。

（2）4s或6s冲刺跑

受试者站立于起跑线，可采用任意方式起跑。听到发令声后快速跑动，当听到停跑声后立即停止跑动，记录受试者所跑动的距离。测2次，取最好成绩。

（二）力量素质测试

力量素质是指人体神经肌肉系统在工作时克服或对抗阻力的能力。力量素质可分为最大力量、快速力量、爆发力、相对力量、力量耐力等。根据肌肉收缩的形式可分为等张性力量和等长性力量。力量是反映人体运动能力的重要指标。

1. 最大力量的测试

最大力量既可在静态条件下测定，亦可在动态条件下测定。这种方法的优点在于，当器械以各种不同速度运动时都可以表现出最大力量。

（1）握力测试

测量受试者臂部、手部肌肉的力量。具体测试步骤为：

第一，握力计指针调至零点。受试者手持握力计，转动握距调整螺丝，使中指第二关节屈成90°时为最佳握距。

第二，测试时，受试者两脚自然分开（约一脚距离），身体直立，两臂自然下垂，持握力计的手掌心向内，握力计的指针向外。用全力握握力计的内、外柄。每只手握2次，分别取最好成绩。最好成绩与自身体重的比值为握力指数（握力/体重）。注意在用力抓握的过程中，上肢和躯干与地面保持垂直。

（2）背肌力测试

测量受试者背部肌肉的力量。具体方法为：

受试者双足站在背力计的底盘上，调节拉杆高度（拉杆高度与受试者膝盖上缘平齐）。受试者上体前倾，双手正握拉杆，身体用力上抬。注意上抬时膝关节保持伸直，不要猛然用力。测 2 次，取最佳成绩（kg），然后使指针回零。

（3）卧推

卧推主要用于最大等张肌肉力量的评价，通常以能够一次成功举推的最大重量，即 1 次重复重量（One-Repetition Maximum，1RM）的大小表示。测试过程中，卧推的起始重量通常低于 1RM 重量，在成功完成该负荷的测定后，休息 2—3min，继续推举新的重量直至 1RM 重量。一般情况下，每次增加重量的幅度不超过 2.5kg。身体其他部位、下肢最大力量（半蹲）的测试遵循同样方式。

（4）等速测试

等速测试可以测量人体各个关节的最大力量、力量耐力、爆发力，可以通过数据对比对人的肌肉状况进行诊断，要利用专门的仪器进行。等速测试由于速度是可调的，而且测试过程中随时可以停止，因此极为安全，也被广泛用于肌肉康复练习。利用等速测试实施肌肉力量检测与评价通常是在 30°—180°/s 关节运动角速度，在慢等速运动条件下进行时，由于此时加载于肢体的负荷阻力最大，慢等速测试常被用于进行最大动态肌力检测与评价。

等速肌肉力量测试的主要评价指标为峰力矩（Peak Torque，PT），它是力矩曲线最高点所代表的力矩值，单位为牛·米（N·m）。每千克体重的峰力矩称峰力矩体重比（Peak%BW）。此值可供横向比较，有高度特异性和敏感性，是最有价值的动态肌肉力量评价指数之一。以膝关节伸肌为例，受试者取坐位于等速肌肉力量测试系统的测试椅上，腿部、躯干固定。调节等速肌力测试系统的膝关节运动角速度为 60°/s，设定最大运动重复次数为 5 次。运动试验开始时，要求受试者尽最大努力完成膝关节屈伸运动，记录受试者每次最大收缩的结果，取最大值代表膝关节伸肌的最大等速肌力。

利用等速测试评定力量时，要注意根据专项特点制定不同的评定标准，还要重视对对抗肌群力量的评定。在评定伸肌力量时，要重视对屈肌力量的评定，既要重视对局部主要运动环节力量的评定，又要重视对整体用力效果的评定。

2. 快速力量的测试

快速力量的大小，通常可采用动力曲线描记图分析评定，例如，下肢蹬地力量或上肢击打力量的动力曲线描记图。通过计算快速力量指数也可评定快速力量。三维测力台和上述等速测力仪都可以用于快速力量和下肢爆发力的测试。

3. 爆发力的测试与评定

爆发力指肌肉快速收缩发出的力，是完成许多动作和位移运动必不可少的重要素质，常以立定跳远或原地纵跳来评定下肢的爆发力。

（1）立定跳远

立定跳远用来测试下肢肌肉力量及身体协调能力的发展水平。测试方法为：

①被测者两脚自然分开站立，站在起跳线后，脚尖不得踩线。

②两脚原地同时起跳，不得有垫步或连跳动作。

③丈量起跳线后缘至最近落地点后缘的垂直距离。

④跳 3 次，取其中最好的一次成绩。以 cm 为单位，不计小数。

（2）原地纵跳法

原地纵跳主要反映受试者垂直向上跳跃时下肢肌肉的爆发力。首先测量受试者原地摸高（指尖）的高度，然后原地用力向上跳起，达腾空最高点时做一标记，测量站立摸高与起跳摸高的垂直距离即为纵跳高度。测 3 次，取最好成绩。

4. 相对力量的测试

相对力量是指每千克体重所具有的最大力量，所以其评定可在对最大力量测定的基础上进行，用最大力量与体重之比值为相对力量（每千克体重）。

5. 力量耐力的测试

对力量耐力的评定采用多次重复完成动作的方法，根据重复的次数进行评定。通常采用 1 分钟仰卧起坐、俯卧背伸计时、1 分钟俯卧撑等方法进行测试。

（1）仰卧起坐

仰卧起坐测量受试者腰腹部肌肉的力量耐力。受试者全身仰卧于垫上，两腿屈膝呈 90°，两手指交叉贴于脑后，一同伴压住两腿关节处。起坐时，以双肘触及同侧膝关节为成功一次。仰卧时，两肩胛骨必须触垫。测试时，测试人员发出"开始"口令开始坐起，同时开表计时，记录 1min 完成的次数，注意控制脊柱不宜过度弯曲。

（2）1 分钟俯卧撑

测试受试者肩部、臂部和胸部的肌肉耐力。

受试者身体呈俯卧姿势，并用两手撑地，手指向前，两手间距与肩同宽，两腿向后伸直，用脚尖撑地。然后屈臂使身体下降，使肩与肘接近同一个平面，躯干、臀部和下肢要挺直，当胸离地 2.5—5cm 时，撑起恢复到预备姿势为完成一次。在 1min 之内连续完成以上动作，计算总的完成次数。

严格按要求完成动作，不能塌腰和抬臀，否则不计次数。普通男子 1 分钟俯卧撑标准如表 3-6 所示。

表 3-6　普通男子 1 分钟俯卧撑评价标准

年龄（岁）	1分（差）	2分（一般）	3分（较好）	4分（好）	5分（优秀）
18—20	4—11	12—19	20—29	30—39	≥40
21—22	3—9	10—16	17—25	26—33	≥34

（三）耐力素质测试

耐力是体能的组成部分，也是人体运动能力的构成要素。训练学理论把耐力素质看作是人体在尽可能长的时间内进行一定强度运动的能力。许多项目在进行运动竞赛时都要持续一定长的时间，因此耐力也被看作是对抗疲劳的能力。耐力是一种综合能力，是人体各器官系统机能和意志品质的整体表现，同时耐力素质指标可以用来评价人体机能水平和体质强弱。耐力素质可以进行如下分类：

①按人体生理系统，耐力素质可分为肌肉耐力和心血管耐力。其中，肌肉耐力与力量有关，故又称为力量耐力；心血管耐力与氧的供应与利用有关，可分为有氧耐力和无氧耐力。

②按耐力素质与专项的关系，耐力素质可分为一般耐力和专项耐力。一般耐力是基础性耐力，对专项运动成绩的提高只能起间接作用；专项耐力是指与提高专项运动成绩有直接关系的耐力，具体地讲，是指以一定的强度维持专项比赛动作的能力。

评定有氧耐力的方法有很多，经常采用的方法是定距离的计时位移运动，如 1500—10000m 跑、400—3000m 游泳、100—200km 自行车骑行及 5000—10000m 划船等，还有定时计距的 12 分钟跑等。上述基础体能的耐力测试仍然有效，方法相同，不再赘述。

通常最大摄氧量（VO_{2max}）在耐力测试中较为常用，既可以判定耐力水平，也可以用来指导耐力的训练。我国正常成年男子 VO_{2max} 为 3.0—3.5L/min，相对值为 50—55mL/（kg·min）；女子绝对值为 2.0—2.5L/min，相对值为 40—45mL/（kg·min）。

（四）柔韧素质测试

柔韧素质是指人体关节在不同方向上的运动能力以及肌肉、韧带等软组织的伸展能力。柔韧素质通过关节运动的幅度，按一定的运动轴产生转动的活动范围表现出来。柔韧素质分为一般柔韧素质和专门柔韧素质。一般柔韧素质是指机体中最主要的那些关节活动的幅度，如肩、膝、髋等关节，这对任何运动项目都是必要的。专门柔韧素质是指专项运动所需要的特殊柔韧性，如武术运动中的下腰，体操运动中的横叉等。专门柔韧素质是掌握专项运动技术必不可少的条件。

测量与评定柔韧素质带有局部性的特点，其测量方法和手段均涉及身体有关部位完成动作时的活动幅度。一般来说，年龄越小，柔韧性越好，随着年龄的增加，柔韧性越来越差。良好的柔韧素质不仅是运动所需，也可以防止受伤。另外，柔韧性并不是越高越好，要根据专项需要，过度的柔韧性练习会对关节稳定性产生不利的影响。柔韧素质对不同年龄的人都是非常重要的，要保持良好的柔韧性需经常进行牵拉练习，自身用力的大小应依自我感觉来安排。

常用测试方法主要有：坐位体前屈、肩部柔韧性、立位体前屈、新坐位体前屈、俯卧背伸、转肩、转体、肩臂上抬（俯卧抬臂）等。下面主要介绍几种常用方法。

1. 肩部柔韧性测试

肩部柔韧性测试评价的是肩关节的活动范围。测试方法是：站直后，举起右手，前臂向体后下方弯曲，并尽量向下伸展，同时，用左手在体后去触及右手，尽可能地使两手手指重叠。完成右手在上的测试后，以相反的方向进行测试（即左手在上）。一般总是一侧的柔韧性要好于另一侧，但相差过大说明肩关节存在隐患。

2. 立位体前屈

立位体前屈测量髋关节和腰椎的灵活性及有关肌肉、韧带的伸展性。

受试者两脚尖分开5—10cm，并与平台前沿齐平，脚跟并拢，两腿伸直，上体尽量前屈，两臂平指伸直，两手并拢，用两手中指指尖轻轻推动标尺上的游标下滑，直到不能继续下伸为止，记录刻度读数。以cm为单位。测2—3次，取最佳成绩。

3. 俯卧背伸

俯卧背伸测量脊柱的伸展性。受试者取直腿端坐姿势。置挠度尺于两腿间，测量其坐高（鼻尖至地面之距）。然后，受试者俯卧于地，双手背叠于臀上，腿伸直。由一同伴按压其两大腿，受试者尽力向后仰体抬头。测试者在其前方，直尺的零端置于地面，当受试者后仰至最高点时，迅速上移引尺直至引尺上端触及其鼻尖（要求后仰至最高点并保持1—2s的稳定，以便测量）。测量2—3次，记录量尺的读数（cm），取最佳成绩。用坐高减去最佳观测值，取其差为成绩（坐高-后仰高度）。

4. 转体

转体主要测量腰部的柔韧性。在平坦地面铺一画有0°—180°的图，系有锥形重物约1m长的木棍一根。受试者两脚开立约30cm，立于0°—180°直线上，双肘屈曲于体后夹住木棍，使锥尖正对0°，向左、右各缓慢转体2次。以转体角度为测量值，取两次测试的平均成绩为测验成绩。

（五）灵敏素质测试

灵敏素质是指在各种突然变换的条件下，机体迅速，准确、协调地改变身体运动的空间位置和运动方向的能力，如急起急停，左右滑步。灵敏性在很大程度上依赖于神经肌肉的协调性、反应时间和爆发力。灵敏素质可分为一般灵敏素质和专门灵敏素质两类。评定灵敏素质的方法很多，如反复横跨测试、象限跳测验、滑步倒跑测验、十字变向跑及综合性障碍等。

1. 10 秒反复横跨

10 秒反复横跨测量受试者迅速、协调地变换身体方向的能力。

在平坦地面上，间距为 120cm 画三条平行线。预备时，受试者两脚分开落于中线两侧。听到"开始"口令，先向右跨，即右脚落于右边线外，左脚落于右边线内，然后回到预备时位置；再继续向左跨，同上面右脚动作，再回到预备时位置。凡完成上述 1 组练习者，每完成 1 次计 4 分。每次测试为 20s，记录其完成次数和相应得分。可测 2 次，取最佳成绩。

2. 10 秒钟象限跳

10 秒钟象限跳测量受试者在快速跳跃中，支配肌肉运动和克服身体惯性的能力。受试者站在起点线后，听到信号即以双脚跳入第一象限，然后依次跳入第二、第三、第四象限。按此法反复跳 10s，每跳入一个象限计一次。要求跳跃时必须双脚同时起跳，同时着地。路线或跳错象限不计次数，测 2—3 次，每次 10s，记录完成次数，取最佳成绩。

3. 10 秒钟立卧撑

10 秒钟立卧撑测量受试者迅速、准确、协调地变换身体姿势的能力。

受试者并腿直立为开始姿势，屈膝至蹲撑，两脚后撤伸直成俯撑，再收腿成蹲撑姿势，然后站起还原成开始的姿势，计算其正确完成动作的次数。每名受试者由一名测试者测试。要求：下蹲时手撑地之处距足过远，俯卧时身体不直，屈肘，收腿距手过远，站立不直等，均不计数。计算方法同上。

（六）核心力量的测试

在竞技体育中，任何项目的教练员和运动员都在寻求最有效的训练方法与手段。对于核心力量训练效果同样需要一个准确的评价手段，这为每一个阶段训练计划的制订和准确评价一个运动员进行核心力量训练后机体能力的变化能够提供有力的参考。核心力量测试的主要内容包括腰腹肌力量的大小，以及保持屈伸稳定、核心稳定和旋转稳定性的能力。核心力量的测试不仅可以帮助教练员和运动员发现弱势肌群，评价运动员的核心稳定状态，还可以让教练员了解运动员实际的运动状态，便于合理制订训练计划和训练任务。

1. 俯卧撑测试

测试方法：俯卧，双脚并拢，双手分开略比肩宽，躯干和膝关节均着地。男运动员的拇指与头顶在同一平面上，女运动员的拇指与下颌成一条线，练习者向上撑起，整个身体同时抬起。该方法仅仅是对普通人群的基本测试，或对伤病康复的判断。

评价标准：要求整个身体平直，没有塌腰拱背动作，两臂、肩平衡用力。

优秀：在规定姿势下很好地完成动作 1 次。

合格：在降低难度的姿势下完成动作 1 次。

不合格：在降低难度的姿势下无法完成动作。

2. 八级腹桥测试

第一级：俯卧支撑 60s（双手双脚着地，手指朝前、身体平直、手臂伸直）。

第二级：俯卧支撑抬左脚 15s。

第三级：俯卧支撑抬右脚 15s。

第四级：俯卧支撑抬左手 15s。

第五级：俯卧支撑抬右手 15s。

第六级：俯卧支撑抬右脚左手 15s。

第七级：俯卧支撑抬左脚右手 15s。

第八级：回到一级姿势 30s。

上述测试标准的对象为成年男子，优秀选手或者专门训练者可以达到 8 级。小学生、中学生和女子在测试中可降低难度，将俯卧支撑姿势换成膝关节着地的跪姿 8 级腹桥测试。此外，也可以降低动作难度，采用俯卧肘支撑的 8 级腹桥测试。

3. 七级背桥

第一级：T 型背桥。动作要领：两臂侧平举贴于地面，与身体成 T 型。向上顶起髋部，大腿小腿约成 90°，脚跟着地，勾脚尖。时间可参照腹桥测试标准。

第二级：双手合十向前（上）。

第三级：右腿髋屈膝伸勾脚尖。

第四级：左腿髋屈膝伸勾脚尖。

第五级：右腿外摆 45°。

第六级：左腿外摆 45°。

第七级：回到 T 型背桥（同第一级）。

4. 六级侧桥

第一级：侧卧，肘支撑，两脚前后开立，与支撑手臂成三点支撑，非支撑手臂侧平举（向上），髋部保持中立位置，不下沉。时间可参照腹桥标准。练习时可直臂支撑以增加难度。

第二级：两脚相靠。

第三级：非支撑腿外展。

第四级：非支撑腿屈髋 45°。

第五级：非支撑腿伸髋 45°。

第六级：两脚相靠。

换另一侧进行。

（七）平衡能力测试

1. 平衡

平衡指维持静态与动态动作平衡的能力，平衡测试对于运动员非常重要，平衡性差会增加踝膝受伤风险。单侧测试可评估和比较惯用脚与非惯用脚之间的差异。平衡性训练课减低踝关节反复性扭伤、足球及排球球员前交叉韧带（anterior cruciate ligament，ACL）的受伤概率。运动员的平衡能力高于非运动员，而运动员人群中，体操与足球项目得分最高。平衡性训练能高度激活主动肌与对抗肌，增强关节稳定性与坚固性，从而减少受伤风险。因此，平衡性测试可用于监测稳定性的改善状况。

2. 平衡能力测试的方法

平衡性测试有多种方法，基础方法有静态站立计时测试（闭眼或单脚），动态单脚支撑测试则使用可评估的异侧腿或上肢动作，平衡测试常使用不稳定界面（稳定性测量仪、摇摆板、BOSU 在规定泡沫轴、稳定球等），测力板上的站立测试（在规定时间内测量姿势摇摆或压力中心的总位移），以及使用特殊平衡测试设备（NeuroCom 系统、Biodex 稳定性系统、Tetrax 系统）等。以下为几种常用的平衡测试：

（1）单腿深蹲（Single-Leg Squat）

运动员双手置于髋关节，同肩宽站立，平视前方，然后以单腿深蹲，另一条腿屈膝屈髋提起。动作幅度依据运动员个体的体型、力量水平作相应调整，教练监控动作姿势（躯干垂直）、髋关节位置及膝关节动作等。膝关节过度内翻（外翻应力）为错误动作。此测试尤适用于可能患有前交叉韧带损伤的女性运动员（比男性有效），过度的外翻应力增加膝关节受伤风险，因此，测试中监控髋与膝的位置可以确定在运动场上对运动员产生负面影响的原因。

（2）脚前伸（Anterior Reach）

运动员自然站立，双手置于髋关节，然后向前伸出一侧腿到极限，左脚尽量靠近但不可触及地面，另一支撑腿保持平衡，支撑腿屈膝需要一定的肌肉力量及平衡能力。在地面丈量脚伸出的水平距离，测试左右腿各 3—4 次，取最好成绩。身体保持平衡及前伸脚不可触地为有效测试。

（3）单腿平衡（Single-Leg Balance Test）

运动员单脚站立（不穿鞋），另一腿弯曲提起，髋保持水平，头正直，开始后闭眼 10s。顺利完成则表示平衡能力好，不能完成则表示平衡或本体感觉存在问题。

（4）鹤形站立（Standing Stork Test）

运动员单腿站立，双手置于髋关节，对侧腿弯曲至脚趾触及支撑腿膝部，提示声发出后运动员支撑脚踮起以脚前掌站立并开始计时，直到运动员不能维持此姿势。可多次测试取最好成绩，男性 50s 以上为优秀，40—50s 为良好，20s 以下为差；女性 30s 以上为优秀，20—30s 为良好，10s 以下为差。动作熟悉程度对于测试结果影响很大，因此，测试前应给予运动员训练时间以熟悉测试动作。

（5）稳定性测量仪（Stabilometer Balance Test）

稳定性测量仪的平台可以在各位面进行水平线 5°仰角的调节，可测试运动员在一定时间内维持平衡的能力，有些测试时间上限为 30s。倾斜度依据运动员能力而定，适宜的角度设置利于评估运动员在规定时间内的平衡能力，可多次测试取最好成绩，与测力板一样，稳定性测量仪较为昂贵。

（6）测力板（Force Plate Tests）

用于一些姿势摇摆测试（测量距离应力中心的偏离度）。多数测试为单侧且测试时间各异，有些还需要运动员闭眼进行测试。总位移距离、倾斜速度、前后摇摆及中心向侧向摇摆为评估的变量。

（7）星状伸展（Star Excursion Balance Test）

整合单脚支撑与脚前伸的测试动作，运动员站于坐标中心，坐标由间距角度45°的 8 条 120cm 长线构成，8 条线指示前、后、内、外、前内、前外、后内、后外8 个方向，或许前、中、后侧就可满足测试。运动员以单脚站立姿势，另一条腿依 8条线方向伸出至极限并轻触，然后返回到双脚站立姿势，测量中心点到触及最远点间的距离，测试三次取最好或平均成绩，然后换腿测试。每次伸腿动作之间给予15s 间歇，未触及标记线、支撑脚抬起、失去平衡或无法开始和返回位置不到 1s 等状况下测试无效。

第三节　人体运动基本动作模式

一、动作模式概论

竞技体育的本质是动作模式，动作模式的正确与否影响着动作质量和运动成绩的表现，动作模式是骨骼、肌肉、关节及筋膜等组织系统、在中枢神经系统支配下对事先保存于大脑中的对应动作程序实行的过程，其中神经肌肉、动力链及核心躯干是组成人体动作模式及各种技术动作的关键因素。

正确的"动作模式"对竞技能力起着至关重要的作用，所有精确、繁杂的专项技术动作皆由一种或数种最简单、最基本的动作模式构成，不正确的动作模式往往会导致不良动作姿势增加运动伤害风险。

良好动作模式的表现：

①关节处于正确的位置。

②力的传递合理。

二、人体六种基本动作模式

（一）深蹲

提到深蹲，人们脑海中浮现的场景应该是健身房里背着杠铃片的深蹲。但是它只属于众多深蹲中的一种，叫"颈后深蹲"。其实杠铃杆还可以放在颈前，做颈前深蹲。由于放杆的位置不同，会造成重心点的差异。颈前深蹲的上身更加垂直，用到大腿肌肉比较多。颈后深蹲上身倾斜，用到臀部肌肉比较多。

深蹲是检验身体运动链连贯性的最好动作模式，所谓运动链，就是人体从踝关节往上到颈椎，各个关节依次传递力量。如果其中某个关节出现问题，例如无力或者轨迹不正确，就会导致运动链的整体问题。

深蹲不一定只选择带杠铃杆的深蹲，我们要训练的是深蹲的动作模式。在动作要领尚不熟悉之前，可以先做徒手或壶铃深蹲，更好地找到重心点的位置。很多初学者，深蹲动作的姿势细节还没做好，就用太重的杠铃深蹲，反而容易受伤。所以，我们切勿一开始就学习杠铃颈后深蹲，首先做徒手深蹲，找到自己的动作受限与障碍点，再逐步完善正确的深蹲动作（见图3-9）。

图 3-9 深蹲

（二）硬拉

硬拉是将重物从地面拿起再放下的能力。

如何正确训练硬拉？

正确的重心位置要从起始站姿开始，杠铃杆距离小腿非常近，保证杠铃杆位于脚掌的中心点；双脚打开，脚尖打开 10°—25°；比深蹲站位稍窄一些，硬拉之前，想象把体重从脚尖向后移动至中足位置（注意不是脚后跟），然后用力把中足向地面推，完成动作。

当然，硬拉也不是必须依靠杠铃才能进行，使用哑铃、壶铃或徒手也可以做。拉什么形式的重物不重要，最重要是动作模式要正确（见图 3-10）。

图 3-10 硬拉

（三）上肢推

上肢推指将重物推离身体的动作，如卧推、俯卧撑都属于此。在健身房最常见的训练动作就是上肢推，但也是最容易被"过度强调"且出现错误的动作。

垂直推发生在水平面，顾名思义，就是水平方向前后推，当进行上肢推的练习时，一定要考虑整个身体的体位、控制与肌肉张力，保持肩胛骨静态或动态的稳定（见图 3-11）。

图 3-11 上肢推

（四）上肢拉

上肢拉指将重物靠近身体方向的动作，如引体向上。上肢拉可分位水平面上的水平拉（见图 3-12）与矢状面上的垂直拉（见图 3-13）。上肢拉是最常被误解的动作模式，运动员都知道"拉"比"推"更能提升背部力量。但是选择错误的运动平面会降低训练效率。

最常练的上肢拉是在矢状面的垂直拉，此时要注意肱骨处于内旋的位置，实际上，大多数动作肩关节都处于内旋位置，此时肩关节最稳定、容易发力。但是长期肱骨内旋，会造成肩关节的劳损伤害。这是因为肩内旋肌肉过强、外旋肌肉长期得不到锻炼，造成了关节失衡。因此，应该先学习水平方向的上肢拉动作。此时肱骨处于外旋的位置，更容易锻炼到肩胛骨的稳定肌肉。

上肢拉与推的关系是什么呢？

作为上肢两种最常见的动作模式，"推"与"拉"的训练比例最好保持一比一。实际情况往往是过度强调上肢推与垂直拉、忽视上肢水平拉的动作。过多训练"推"的动作，会导致关节失衡，我们在做这个动作时，要保证水平拉的训练量。

否则，容易产生肌力失衡的体态与损伤问题。

图 3-12　水平拉

图 3-13　垂直拉

（五）核心抗扭转

核心指上至肋骨、下至骨盆区域的肌肉，包括前侧的腹肌和后侧的背肌。核心肌群的功能是抵抗外界的扭转动作，而大多数人却错误地选择了"产生动作"的训练动作，如仰卧起坐。

仰卧起坐的动作本质是通过腹肌产生腰椎屈曲的动作，对于新手而言，第一，增加了腰椎间盘的压力；第二，核心肌群在动力链中的定位是传递力量，所以需要抗扭转而无须它产生多余的动作；第三，人体的肌肉构造分为两层，浅层的是运动肌群，深层的是稳定肌群。仰卧起坐训练的是浅层肌肉，然而我们常常忽略了深层核心肌肉。

如何训练核心抗扭转？我们从四个动作开始做起：

动作一：跪姿抬膝（见图 3-14）。

①仰躺屈膝，双手双脚在地面，重点腰部紧贴地面。

②吸气，抬离一侧腿，保持屈膝 90°，到大腿与地面垂直角度。

③停留 2s。

④吐气将腿放下。重复这个动作 10 次，配合呼吸。

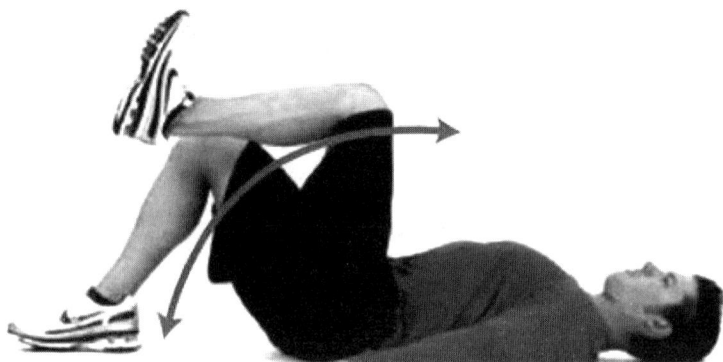

图 3-14 跪姿抬膝

动作二：鸟狗式（见图 3-15）。

①四足跪姿，重点保持核心收紧，不塌腰。

②吸气，蹬直一侧腿，另一条腿保持屈膝 90°。

③在最远处停留 2s。

④吐气收回到两腿同时屈膝。重复这个动作 10 次，配合呼吸。

图 3-15 鸟狗式

动作三：悬垂举腿（见图 3-16）。

这是非常好的核心稳定训练动作，动作要领是收紧核心，腹肌用力把骨盆往上提。训练过程中动作难度要依次递增：屈膝坚持 30s—直膝坚持 30s—屈膝举腿 12

下—直膝举腿 12 下。

图 3-16　悬垂举腿

动作四：侧桥（见图 3-17）。

动作要领是靠近地面侧的核心保持收紧，如果髋关节伸直不到位，可以用弹力带辅助感受正确的位置。从坚持 30s 开始，逐渐增加到 2min。

保持腹部收紧，通过腹肌收紧把骨盆上提，使腰部紧贴地面。然后做举腿的动作。

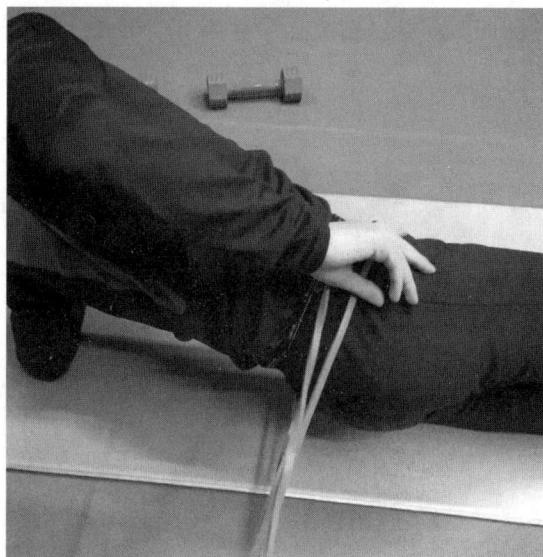

图 3-17　侧桥

第四节　青少年身体功能的评估与训练

一、青少年体能

青少年是体能训练研究的重要对象之一，在所搜集的国外相关文献中，"teenager" "adolescent" "juvenile" 等词出现频率较高，其词汇相关领域涉及法律、文化、教育和体育等。然而在不同研究中对象特征不同，以该群体的时间年龄为特征进行分析，"teenager" 指处于 13—19 岁的群体，"juvenile" 指 10—20 岁的年轻人。"teenager" 指向更加广泛。然而多数研究对象生理年龄为十几岁，从体育学相关研究来看，一部分研究指出其年龄为 13—19 岁，而国内对 "teenager" 等词一般都译为 "青少年"。目前，国内对 "青少年" 的概念呈现出趋于一致而各具特色的局面，都是依据其时间年龄及身体发育状况进行分类。生理学认为，人的生长发育包括六个阶段，即婴儿、幼儿、少年、青年、成年和老年，具体根据年龄划分青年期为 18—25 岁，少年期为 13—18 岁，而将 7—13 岁统称为 "儿童少年时期"，和国外界定的 13—19 岁有一定的重合。总体来看，国内体育学领域对青少年概念的界定纷繁，纵观不同体育基础理论学科对青少年的定义，都带有强烈的科目特征或项目特征。例如，体育赛事中青年队和少年队的年龄限制，不同项目之间最大差距有 5 岁，具体所指对象的差异就较大，但都以体育基础学科对青少年的定义为重要参考对象。

从社会因素来看，青少年人群根据培养目的和教育环境等因素，可以分为青少年学生和青少年运动员。而青少年学生根据所参加体育活动的身份又分为学校代表队和普通学生等。

二、青少年体能训练

体能训练与体能息息相关，体能训练同样源自竞技体育领域，是运动员训练的重要部分。其目的是为提高运动员的身体运动能力，同时结合专项特征，通过合理的动作练习，达到改善身体形态、促进身体机能、提高运动素质的目的，最终使竞技能力得到提高。整个训练过程包括项目特征和个体差异分析、体能状态测试及评价、训练计划制订和执行、体能训练结果评价等几个阶段。我国的体能训练由来已久，从文献中可以发现，早期我国体能训练的概念并不流行，一般将完成相似任务的训练称为"身体素质训练"等，这种命名方法在当今明显带有局限性，因为体能不仅仅包括身体素质训练。

体能训练在近几年的发展过程中，已经从竞技体育领域延伸至社会体育中，目前社会上出现了将竞技体能大众化的热潮。这种现象的本质尚不清晰，但是可以看出，体能训练已经得到了社会大众的广泛认可和接受，这表明两者之间并没有不可逾越的鸿沟。

从训练对象来看，体能训练已经在老年人、少年儿童、学生等群体中得到了大范围的运用，且取得了一定的成绩，非竞技体育领域也存在"体能训练"。

青少年体能训练是体育内容下的一个分支，以提升体能水平为核心，促进身心发展为目的。从适用范围来看，学校体育课程按照国家和地方的统一标准有计划地实施，可能会出现"水土不服"现象，青少年体能训练以生理学和训练学特征为基础，作为体育课程的补充，对青少年体能要素起到积极作用。因此，从多方面来看，青少年体能训练和体育课程关系密切，是体育课程和课外活动的补充。与青少年运动员相比，以生理基础为依据的体能训练对青少年运动员和普通青少年都适用，从研究的科学性上讲，由于诸多因素不同，造成的结果也不尽相同。对以往运动员选材数据进行分析，发现青少年运动员和普通青少年在遗传因素等方面存在差异。此外，青少年运动员的培养目的和手段是特殊的，目前青训体系仍在遵循青少年身体发展规律的前提下，通过训练手段使青少年获得更高水平的竞技能力和运动成绩。体能是青少年运动员的基础，为青少年的技战术水平提供强大支撑。而普通青少年多处于义务教育或中高等教育体系内，培养目的和手段不同于青少年运动员。就体能训练手段来说，运动员在选材、训练、竞赛等方面都优于普通青少年，但是从生理发育特征来看，他们都处于发育的第二高峰，训练手段的刺激在运动员训练中会出现更明显的效果，由此可以为普通青少年提供训练支撑。国内通过对普通青少年体能相关概念的辨析，从训练对象、训练内容、训练方法和手段等方面进行更加深入的探索，发现青少年初中生体能训练与体育课程、身体素质练习、青少年运动员体能训练等概念存在较大差异，虽然都是身体的教育及训练活动，但是青少年初中生的体能训练极具特点。青少年体能相关的身体锻炼是提升青少年体能及体质健康水平且有计划的训练活动。青少年体能训练遵循青少年身心发展规律，使用丰富多样的手段和方法，最终达到改善青少年身形姿态、促进运动机能发展、提高运动素质的目的。

三、青少年体能训练的内容设置

(一) 青少年体能训练内容设置依据

青少年初中生体能训练内容作为研究的核心，需依据青少年体能训练目标进行构建。这同样意味着青少年体能训练内容构建应依据其身体发育水平、形态和运动机能、运动素质等要素特征进行探讨，从一线教师访谈和调查中发现，由于各要素在不同年级所占比重有一定差异，给内容的构建带来较大难度，致使不能明确划分青少年体能训练内容，如耐力素质包括有氧和无氧能力，无氧训练并不适合初入青春期的青少年，但限于其复杂性及研究框架，训练目标的阐述中并没有对此进行分析，这就需要本部分对青少年初中生体能训练内容做进一步讨论，详尽阐述青少年体能训练的内容体系，细分运动素质类型，精准明确概括出训练要点，构建更加适合不同阶段青少年的训练内容。

1. 青少年身体生长发育特征对体能训练内容的阶段性影响

从青少年生长发育特征的分析中可以看出，受青少年身体发育状况等因素限制，青少年体能训练内容表现出一定的差异性，这种差异决定了青少年训练内容绝不是成人动作的简化。青少年是人体从幼少儿向成年的重要过渡期，在人体生长发育过程中，青少年时期是第二个也是人体最后一个迅速发育期，人体的各器官和系统由不成熟趋向成熟。在生长发育过程中，包括生长和发育两个概念，生长是人体细胞数量的增长，细胞体积的增大和细胞间质的增多，在外部表现为组织、器官、身体各部分及全身的大小、长短以及重量的增加，身体化学成分的变化等；发育则是人体细胞和组织功能在分化过程中不断完善，包括心智的发展和运动机能的习得，相比于生长，发育更多为质的变化。从两者的关系来看，生长和发育是人体由量变到质变的过程，也是由不成熟到成熟的过程。

青少年体能训练内容和动作采用递进式编排，具有前后联系的特征。青少年时期是机体成熟前的主要发育期，通过分析其生理、生化指标、运动学指标，表明未受运动等外界干预的机体各项指标增幅在一生中处于持续发展的状态，直至成年后进入平稳发展期。青少年各项指标的持续增长为体能训练提供理论支持，体能训练的周期性应以青少年身体发育的特征为依据，循序渐进地发展各项体能素质。以训练负荷为例，青少年对动作和训练内容的学习能力大大快于成人，增长幅度也高于成人，因此，国家在对青少年不同发育阶段设计训练内容时，不仅应考虑传统训练法的制订原则，也应从群体各个体中发现生长发育的变化，以循序递增或递减的适宜内容进行干预。

生长的持续性为改变体能训练内容提供了依据，因为青少年处于非稳态下的持续发育期，所以不能无限度持续提升负荷或频繁改变负荷，以防运动疲劳及运动伤害等弊端的出现，看到动作和内容的丰富远重要于同类动作的重复练习。

另外，要注意"敏感"体能要素的重点化发展。之前在敏感期讨论部分笔者已经提到过，某一时期所对应的敏感体能素质同样需要内容进行支持，而这些内容及动作也具有一定的突增期。与生长发育的持续性相对的是生长的阶段性，青少年身体机能处于持续发展过程中，但是不同系统存在先后次序，不同阶段会出现某一系统优先发展的情况，也就出现了教育学和训练学中的身体素质"敏感期"，呈现出与某种生理机能紧密联系的运动素质高速增长，即使没有外界干预也会出现显著提升。在青少年体能训练研究中，也将这一时期称为身体素质的"开窗期"，提倡随着某个生理系统的生长发育，有针对性地提升与该系统高度相关的运动素质，达到"事半功倍"的效果。在目前的理论和实践中，"敏感期"理论指导了大量的研究者和一线教师，这种手段对身体素质会有一定的影响。体能水平的提升还会给予不同年龄段的青少年心理上的积极暗示，从目前来看，"敏感期"理论带来的结果都是积极的。从以上两方面看，青少年体能训练内容具有阶段性特征，在结合持续发育原则的基础上，可以考虑在不同阶段适当偏重某项素质，通过不同素质之间的转移，达到综合提高青少年学生体能水平的训练目的。

2. 青少年运动系统功能表现与运动形式

青少年运动系统的生理特征区别于成人，骨骼成分较成年人水分和有机物多，坚固性差，呈现出具有弹性、易弯曲变形，不坚实不易骨折的特征。随着年龄的增长至青春期后期，骨骼特性逐渐偏向成年人，呈现出无机盐增加、坚实性增强的特性。这就要求任何身体训练前注重动作模式，形成正确的生活、学习姿态，在运动内容的选择上减少过强冲击性、震荡式训练，负荷强度避免过大；随着年龄的增长，增加负荷应以动态练习为主，避免强冲击的跳跃式运动。同时，肌肉特性要求抗阻训练负荷应遵守循序渐进的原则，避免出现疲劳和损伤，注重不同部位肌群的协调发展，维持正常的身体姿态。同时，无机物含量随着年龄的增加而提高，青少年骨骼的无机物水平已经稍有提高，在硬度上具有大幅提升，可以抵抗一定的外力冲击；不同阶段骨骼解剖学特征使体能训练对幼少儿及成年人骨骼训练效果不同，有研究指出中、大负荷抗阻训练能够显著提高青少年（13—16岁）骨密度。

体能训练内容受限于青少年骨骼肌肉特征及发育水平，同时训练内容又反作用于骨骼肌肉。体能训练中的抗阻练习，有氧耐力练习中的不同动作模式练习，以及其他复合练习内容所带来的外界冲击力，对青少年骨骼生长发育的影响都是决定性的，例如，力和力矩通过拉扯、压缩、剪切、弯曲、扭转等形式施加于骨，骨会因外部影响造成内部不同的应变效应，这些要素会影响青少年的骨密度，骨小梁的排列，甚至由骨骼所"搭建"起来的外部身体形态。对青少年体能训练来说，这些骨性特征为训练动作提供依据，如在下肢冲击性练习中减少剪切力，减少垂直大负荷练习等，都能减少不良外力对骨骼形态的影响。骨骼和肌肉的生长受外界影响较大，通过学习生活中的身体活动等要素会改变骨骼和肌肉的生理特性。随着生活方式的改变，静坐少动时间的增加，上肢屈伸及外部负荷刺激的减少，使青少年肌肉力量随之下降，引体向上持续几十年下降就是最明显的例子。生活方式带来的运动系统的改变不仅影响青少年的生活和学习，对其长期发展也有不利影响，因此在体能训练中，对身形姿态发展的促进训练以及肌肉功能性力的提高，能够提升青少年力量水平。

任何身体活动都是由动作组成的，发展动作模式的重要性在当今体能训练领域被频繁提出，青少年处于动作学习的发展期，正确的动作模式是人体自身功能实现的保障，它能够促进青少年运动系统解剖结构发展，维持正确身体姿态。动作是骨骼、关节和肌肉协同工作的表现，动作的正确与否直接影响运动表现的结果。从上肢带关节参与的动作模式来看，引体向上作为青少年体质监测的难点项目，上肢屈肌力量较弱是引体向上无法完成的主要原因，但是上肢肩胛骨的位置在实践中却被忽略，经过肩胛骨相关稳定性动作练习后，曲臂悬垂时间显著提高。

青少年体能训练中动作模式的练习应遵从运动系统自身结构的运动轨迹，通过简单技术动作的划分，动作阶段的确定以及运动规律的分析等几个阶段进行深入认识，作为本研究中动作学习的理论支持，所选择和构建的练习内容按照动作模式进行。在动作能够完成的基础上进行多样化的排列组合，丰富训练内容，提高青少年训练兴趣。

3. 青少年心肺运动机能与训练内容选择

青少年的生理机能弱于成人，是由其生理结构特征决定的。青少年呼吸系统和心血管系统的器官均小于成人，决定了其相关机能也低于成人，如呼吸道狭窄、肺泡的直径小数量少等因素造成的气体交换能力差；中大负荷运动中心脏收缩能力造成的泵血能力差。这些都是限制青少年体能训练的客观条件，尤其是心血管和呼吸造成的运动表现下降，在运动干预和发育特征中需找到平衡点。

在心血管发育水平和运动能力之间，青少年的心肺机能与有氧能力、耐力素质紧密相关，心血管和呼吸系统机能的特征决定了青少年有氧能力较差，但是从运动素质的变化水平来看，男性有氧能力呈现出稳步提升的趋势，而女性则在12—16岁出现有氧能力下降等因素，通过数据对比，发现10岁左右的女孩有氧水平高于18岁的水平，从生理上可以假设为青春期带来的雌性激素，造成体脂增加，心肺机能相对下降，最终造成有氧能力下降。适量运动干预能够提高相关生理机能，改善下滑的趋势，但必须在适当的训练负荷作用下才会取得积极效果，青少年即使受过一定的有氧耐力训练，仍受心血管机能的制约，要求负荷量不能过大。从心肺机能的生理特征来看，青少年的有氧能力主要受限于每搏输出量，但是较低强度的持续运动可以在不触发心输出量最大值的同时，能够提高有氧耐力和心肺机能。因此，在训练中应随着年龄的增加持续提高负荷使其产生有氧适应，此外，还应根据身体发育的具体情况制订较为个性化的训练方案。

4. 训练及教学环境对训练内容的影响

体能训练内容除了受制于青少年身体发育特征等因素，与学校生活环境也有一定关联。随着社会环境和城市规模的发展，我国不少城市空气污染严重，大部分地区课外、户外活动场地较为匮乏也是本部分考虑的重要方面，体能训练及户外活动场地受限已成为多数中小学面临的现实问题，类似的场地稀缺问题与青少年身体素质的下降有一定关系。因此，相应的课程资源及教学器材的开发成为一大热点，虽然与青少年体能训练器材相关的研究较少，但是体育产业相关产品的开发发展速度较快，最近一届的全国体育器材展已经开辟了青少年的专门展区。为进一步适应环境，小器械和小空间的训练方法研究应运而生，如跳绳等对于场地稀缺学校学生的体质健康水平有明显提高。训练环境对训练起着重要作用，学校的环境甚至对身体活动起着决定作用，本研究的体能课及"一小时"训练会受到诸如器材、场地等因素的制约，"课间操"等短时间模式的制约因素也多为组织形式、负荷分配等。

（二）青少年体能训练内容设置理念

基于对以上内容进行分析，笔者认为该部分较大程度影响青少年体能训练内容构建方向，结合专家意见，认为青少年体能训练内容应遵循以下理念。

1. 训练内容的易用性与普适性相结合

青少年体能训练手段具有多样性特征，易用性和普适性是实施的关键，相比于其他复杂成套的训练手段和需要昂贵器材的运动，体能训练能在不同环境中发挥自身优势。空气污染使青少年大大缩减了室外活动时间，乡村公共教育及体育器材的短缺，使我国城乡青少年都面临相同的问题——活动场地的缺乏。对此有研究提出，当前的青少年体育活动应具有普遍意义。例如，在引体向上训练中，运动器材制造商研发众设备辅助青少年进行训练，设备设计和实用性都考虑周全，但是场地占用大，利用率低。在体能训练设计中，采用双人或三人的辅助训练，使青少年进行斜身引体等练习，达到无器械练习的状态。此外，体能训练结合青少年的心理特征，抓住其对新鲜事物好奇、积极性高的特点，减少因动作及器械的复杂而导致兴趣下降。例如，通过练习手段和练习方法的变化来提高学生兴趣。另外，在实施过程中，考虑到我国不同地区的具体经济情况，欠发达地区的器械和训练内容都应具备易用性和普适性特征。

2. 训练手段的多样性与单一性相结合

青少年体能训练应具有一定的目的指向性，否则在有限的训练时间内很难使体能水平得到提升。这并不意味着训练手段的直接，例如，在以往的身体素质练习中，通常以提高某项运动项目指标为目的，专以该项目为训练内容进行训练的，如青少年 1000m 耐力跑多数是以 1000m 跑为练习手段，这种训练手段虽然严格遵照了项目的同一性，却无法对重点进行把握，训练手段也无法突出相应的针对性。在训练动作和训练手段的选择上，应尽量多地选择具有不同项目特征的训练内容，通过多种练习提升体能的不同维度，通过突出不同训练重点，不同能量代谢系统的手段更有针对性地围绕训练目的进行提升。例如，在传统的身体素质训练中，融合了较多的田径跑跳投等练习手段，还可增加诸如乒乓球、举重、篮球等。多样性的来源并不意味着杂乱，应以青少年体能特征为依据，结合不同项目的特点，在符合青少年心理特征的基础上进行训练。

3. 训练手段的适宜性与乐趣性相结合

青少年对新鲜事物及能引起乐趣的内容具有强烈的追求感。为追求训练的趣味性，青少年应以适量的负荷为主，趣味性的手段为实施手段，但青少年体能训练在一定程度上区别于训练的概念，它又是对青少年运动欲望的激活，枯燥的模式，单一的内容，如耐力跑，都是以往造成学生爱体育不爱体育课的根源。从实施角度来看，青少年体能训练实施手段应在适宜负荷中运用多样化手段，以增强训练效果为主。

依据青少年身心特征及体能训练构建理念，通过分析建立较为完整的系统，青少年体能训练内容是理论研究核心，也是指导实践活动的重要标准。青少年体能训练内容体系的构建以该阶段人体生长特征为基础，严格按照具体阶段进行划分，通过对青少年身心发育特征及体能状况进行分析，运用文献及理论基础的成果和结论，有针对性地构建内容体系。依据青少年体能训练目的及训练理念，将青少年体能训练内容从身形姿态、运动机能、运动素质等维度进行构建，以时间年龄为简要标准，具体以发育情况为参考依据，构建不同体能要素的长期发展模型，提出相关的发展要求和注意事项。

第四章

体能训练的内容及计划制订

第一节　基本姿态

一、体能训练的基本姿态

（一）站姿

双脚平行站立，距离与肩同宽，双腿伸直，臀部收紧，抬头挺胸，目视前方，下颌微收，两臂自然垂于体侧。

1. 直立姿——窄站位

动作要点：

双脚平行站立，距离小于肩宽，双腿伸直，臀部收紧，抬头挺胸，目视前方，下颌微收，两臂自然垂于体侧。

2. 直立姿——宽站位

动作要点：

双脚平行站立，距离大于肩宽，双腿伸直，臀部收紧，抬头挺胸，目视前方，下颌微收，两臂自然垂于体侧。

3. 直立姿——军步屈髋式

动作要点：

①单脚站立，身体一侧髋部与膝部伸直，臀部收紧，抬头挺胸，目视前方，下颌微收，两臂自然垂于体侧。

②另一侧腿抬离地面，屈髋屈膝约成 90° 夹角，脚尖勾起。

4. 直立姿——军步伸膝式

动作要点：

①单脚站立，身体一侧髋部与膝部伸直，臀部收紧，抬头挺胸，目视前方，下颌微收，两臂自然垂于体侧。

②另一侧腿伸直微微抬离地面，脚尖勾起。

5. 运动（基本）姿

动作要点：

①俯身呈半蹲姿势，双脚平行站立，站距略比肩宽，保持背部平直，腹部收紧，臀部指向后下方。

②屈髋屈膝，大腿与躯干约成 90° 夹角。

③膝盖不要超过脚尖，身体重心在脚的前部，脚后跟略微抬离地面。

④在移动前，双膝可以散开内和。

6. 运动（基本）姿——单脚站立

动作要点：

①俯身呈半蹲姿势，单腿站立，保持背部平直，腹部收紧，臀部指向后下方。

②支撑腿屈髋屈膝，大腿与躯干约成 90° 夹角。

③支撑腿膝盖不要超过脚尖，身体重心在支撑脚的前部，脚后跟略微抬离地面。

④另一侧腿屈髋屈膝抬离地面。

7. 运动（基本）姿——分腿站立

动作要点：

①俯身呈半蹲姿势，双脚前后分开站立，保持背部平直，腹部收紧，臀部指向后下方。

②躯干前倾，双臂屈肘约成 90° 夹角，呈跑步摆臂姿势。

③屈膝屈髋，膝盖不要超过脚尖。

8. 俯身姿

动作要点：

①俯身呈半蹲姿势，双脚平行开立，距离与肩同宽，保持背部平直，腹部收紧，臀部指向正后方，双臂微屈放于体侧。

②屈膝屈髋，躯干尽可能与地面平行，膝盖不要超过脚尖。

9. 高分腿姿

动作要点：

①前后分腿站立，抬头挺胸，目视前方，保持背部平直，腹部收紧，两臂自然垂于体侧。

②前腿屈髋屈膝约成 135°夹角，全脚掌着地。

③后腿屈膝离地有 3—5 拳距离，臀部收紧，脚尖勾起支撑于地面。

10. 分腿蹲姿

动作要点：

①前后分腿站立，抬头挺胸，目视前方，保持背部平直，腹部收紧，两臂自然垂于体侧。

②前腿屈髋屈膝成 90°夹角，全脚掌着地。

③后腿屈膝离地有一拳距离，臀部收紧，大腿垂直于地面，与小腿成 90°夹角，脚尖勾起支撑于地面。

（二）步态

步态是描述动物如何靠肢体走动的词汇。人类大部分时间惯于用两条腿走路，尤其在进行大多数运动时。人类的步态在狩猎时代对于维持生存至关重要，直到距今 1 万年前农耕技术在亚洲发展起来、距今 3000 年前在欧洲发展起来。在农耕时代之前，大多数部落都是游牧民族，他们为了保持高能量的食物供应，会追赶动物群数千米。狩猎时，必然用冲刺跑来捕获猎物，猎物还需要被带回营地烹制和食用，这就需要所有的原始模式运动，包括步态（行走）。

步态有 3 种不同的速度：行走、跑步（包括慢跑）和冲刺跑。很多运动都包括 3 种速度。步态的每种速度都有和整体运动程序对应的节奏，这被认为是野外生存的关键。运动程序相对节奏的差异对于运动员的训练日常安排至关重要。切记，训练必须与所选运动的运动程序非常相似，以把训练结果最大化地转化到运动中并带入竞技场。像本书中的许多爆发力、敏捷性训练、增强式训练和速度训练的特定相对节奏，对于任何一名在专项运动中需要训练跑步的运动员都非常重要。

步态主要有两个阶段，即站立期（stance phase）和迈步期（swing phase）。站立期包括脚跟着地、全脚掌着地；站立期中期，脚跟离地，脚尖离地。站立期又可分为触地期、支撑中期和推蹬期。迈步期包括加速期、迈步中期和减速期。

快速、高效的跑步需要良好的肌肉平衡和足够的力量，以及核心深层和浅层所有肌肉与其他扭转躯干和移动四肢的肌肉，特别是肩关节和髋关节伸肌的协同工作。任何肌肉不平衡都会造成所谓的能量泄露（power leaks）。这将导致力的产生和效率的降低，从而降低最大速度并在相对速度下消耗更多能量。肌肉不平衡也会导致交互抑制和代替主动肌的协同肌受伤。

因为跑步涉及躯干的旋转及肢体的屈曲和伸展，原始模式运动中所有始于站立位的强化练习都应该普及，以提高跑步速度。重要的是，要详细将训练计划周期化，以达到最佳的速度并降低受伤的可能性。

（三）弓步

弓步分为初级、中级和高级三种。

1. 弓步（初级）——分腿下蹲/静态弓步

基本描述：

①吸气，轻轻收腹。降低身体重心。

②弯曲双膝，直到后侧膝关节离地约 2.5cm。

③把大部分体重放在前侧腿上。

④在弓步到底后，前侧脚脚跟压向地面，同时张嘴呼气，度过最困难的上升阶段，身体向上返回到起始姿势。

正确技术提示：

①保持躯干竖直向上，稍微将肩胛骨向中间挤压，保持双眼平视前方。

②在身体上升和下落阶段，始终保持前侧膝关节对准第二脚趾，避免足、踝或膝关节向中线移动。

③保持重心在前侧脚的中后部。

2. 弓步（中级）——弓步

基本描述：

①吸气，轻轻收腹。

②向前跨一大步，有控制地向地面降低身体重心。

③双膝弯曲，直到后侧膝关节离地约 2.5cm。

④保持大部分体重在前侧腿上。

⑤在弓步到底后，前侧脚脚跟压向地面，张嘴呼气，度过最困难的上升阶段，身体向上升起直接回到起始姿势。

正确技术提示：

①保持躯干竖直向上，稍微将肩胛骨向中间挤压，保持双眼平视前方。

②在身体上升和下落阶段，始终保持前侧膝关节对准第二脚趾，避免足、踝或膝关节向中线移动。

③保持重心在前侧脚的中后部。

3. 弓步（高级）——球上弓步

基本描述：

①吸气，轻轻收腹。

②将身体重心降低。

③双膝弯曲，直到后侧膝关节离地约 2.5cm。如果球有些阻碍动作，可把球向后挪远一点。

④保持大部分体重在前侧腿上。

⑤在弓步到底后，前侧脚脚跟压向地面，张嘴呼气，度过最困难的上升阶段，身体向上升起直接回到起始姿势。

正确技术提示：

①保持躯干竖直向上，稍微将肩胛骨向中间挤压，保持双眼平视前方。

②在身体上升和下落阶段，始终保持前侧膝关节对准第二脚趾方向。

③避免足、踝或膝关节向中线移动。

④保持重心在前侧脚的中后部。

（四）下蹲

下蹲分为初级、中级、高级三种。

1. 下蹲（初级）——靠墙蹲

基本描述：

①吸气，轻轻收腹。

②身体重心降低呈下蹲姿势，像坐进椅子里。在保证下背部没有弓起（屈曲）的前提下，尽可能向下蹲。

③蹲到底后，脚跟压向地面，把自己推向上。

④呼气，度过最有挑战的身体上升阶段。

正确技术提示：

①保持躯干竖直，双眼直视前方。

②膝关节对准第二脚趾。

2. 下蹲（中级）——前蹲

基本描述：

①吸气，轻轻收腹。

②身体重心降低呈下蹲姿势，像坐进椅子里。在保证下背部没有弓起（屈曲）的前提下，尽可能向下蹲。

③蹲到底后，脚跟压向地面，把自己推向上。

④呼气，度过最有挑战的身体上升阶段。

正确技术提示：

①保持躯干竖直，双眼直视前方。

②膝关节对准第二脚趾。

3. 下蹲（高级）——单腿下蹲

基本描述：

①吸气，轻轻收腹。

②身体重心降低呈下蹲姿势，像坐进椅子里。在保证下背部没有弓起（屈曲）的前提下，尽可能向下蹲。

③蹲到底后，脚跟压向地面，把自己推向上。

④呼气，度过最有挑战的身体上升阶段。

正确技术提示：

①保持躯干竖直向上，双眼直视前方。

②膝关节对准第二脚趾。

（五）卧姿

1. 俯卧姿

（1）双肘双脚撑（俯桥）

动作要点：

①俯卧四点（双肘和双脚）支撑，保持背部平直，腹部和臀部收紧，身体呈一条直线。

②肘部在肩部的正下方，前臂与地面紧贴，肘关节成90°夹角。

③双腿伸直，双脚分开支撑于地面。

（2）双手单脚撑

动作要点：

①俯卧三点（双手和单脚）支撑，保持背部平直，腹部和臀部收紧，身体呈一条直线。

②手在肩部的正下方，肘关节伸直但不要锁死。

③双腿伸直，一侧脚支撑于地面，另一侧脚抬离地面。

④保持重心在身体中线，身体不要侧倾。

（3）单肘双脚撑

动作要点：

①俯卧三点（单肘和双脚）支撑，保持背部平直，腹部和臀部收紧，身体呈一条直线。

②一侧肘部在肩部的正下方，前臂与地面紧贴，肘关节成90°夹角。

③另一侧手臂伸直并抬离地面，与背部在同一平面。

④双腿伸直，双脚分开支撑于地面。

⑤保持重心在身体中线，身体不要侧倾。

（4）单肘单脚撑—对侧

动作要点：

①俯卧两点（单肘和单脚）支撑，保持背部平直，腹部和臀部收紧，身体呈一条直线。

②一侧肘部在肩部的正下方，前臂与地面紧贴，肘关节成90°夹角。

③另一侧手臂伸直并抬离地面，与背部在同一平面。

④双腿伸直，支撑臂的同侧腿抬离地面，另一侧脚支撑于地面。

⑤保持重心在身体中线，身体不要侧倾。

（5）双手双脚撑（平板支撑）

动作要点：

①俯卧四点（双手和双脚）支撑，保持背部平直，腹部和臀部收紧，身体呈一

条直线。

②手在肩部的正下方，肘关节伸直但不要锁死。

③双腿伸直，双脚分开支撑于地面。

（6）双手单脚撑

动作要点：

①俯卧三点（双手和单脚）支撑，保持背部平直，腹部和臀部收紧，身体呈一条直线。

②手在肩部的正下方，肘关节伸直但不要锁死。

③双腿伸直，一侧脚支撑于地面，另一侧脚抬离地面。

④保持重心在身体中线，身体不要侧倾。

（7）单手双脚撑

动作要点：

①俯卧三点（单手和双脚）支撑，保持背部平直，腹部和臀部收紧，身体呈一条直线。

②一侧手在肩部的正下方，肘关节伸直但不要锁死。

③另一侧手臂伸直并抬离地面，与背部在同一平面。

④双腿伸直，双脚分开支撑于地面。

⑤保持重心在身体中线，身体不要侧倾。

（8）单手单脚撑—对侧

动作要点：

①俯卧两点（单手和单脚）支撑，保持背部平直，腹部和臀部收紧，身体呈一条直线。

②一侧手在肩部的正下方，肘关节伸直但不要锁死。

③另一侧手臂向前伸直，与背部在同一平面。

④双腿伸直，支撑臂的同侧腿抬离地面，另一侧脚支撑于地面。

⑤保持重心在身体中线，身体不要侧倾。

（9）双肘双膝撑

动作要点：

①俯卧四点（双肘和双膝）支撑，保持背部平直，腹部和臀部收紧，身体呈一条直线。

②肘部在肩部的正下方，前臂与地面紧贴，屈肘成90°夹角。

③双腿屈膝成90°夹角支撑于地面。

（10）单肘双膝撑

动作要点：

①俯卧三点（单肘和双膝）支撑，保持背部平直，腹部和臀部收紧，身体呈一条直线。

②一侧肘部在肩部的正下万，前臂与地面紧贴，屈肘成90°夹角。

③另一侧手臂伸直并抬离地面，与背部在同一平面。

④双腿屈膝成90°夹角支撑于地面。

⑤保持重心在身体中线，身体不要侧倾。

（11）双手双膝撑

动作要点：

①俯卧四点（双手和双膝）支撑，保持背部平直，腹部和臀部收紧，身体呈一条直线。

②手在肩部的正下方，肘关节伸直但不要锁死。

③双腿屈膝成90°夹角支撑于地面。

（12）单手双膝撑

动作要点：

①俯卧三点（单手和双膝）支撑，保持背部平直，腹部和臀部收紧，身体呈一条直线。

②一侧手在肩部的正下方，肘关节伸直但不要锁死。

③另一侧手臂伸直并抬离地面，与背部在同一平面。

④双腿屈膝成90°夹角支撑于地面。

⑤保持重心在身体中线，不要身体侧倾。

2. 侧卧姿

（1）单肘单脚撑—并脚（侧桥—并脚）

动作要点：

①侧卧两点（单肘和单脚）支撑，保持背部平直，腹部和臀部收紧，身体呈一条直线。

②一侧肘部在肩部的正下方，前臂与地面紧贴，屈肘成90°夹角。

③另一侧手臂伸直抬起与支撑臂呈一条直线且垂直于地面。

④双腿伸直并拢支撑于地面。

（2）单肘双脚撑—分脚（侧桥—分脚）

动作要点：

①侧卧三点（单肘和双脚）支撑，保持背部平直，腹部和臀部收紧，身体呈一

条直线。

②一侧肘部在肩部的正下方，前臂与地面紧贴，屈肘成90°夹角。

③另一侧手臂伸直抬起与支撑臂呈一条直线且垂直于地面。

④双腿伸直前后分开支撑于地面。

（3）单手单脚撑（并脚）

动作要点：

①侧卧两点（单手和单脚）支撑，保持背部平直，腹部和臀部收紧，身体呈一条直线。

②一侧手在肩部的正下方，肘关节伸直但不要锁死。

③另一侧手臂伸直抬起与支撑臂呈一条直线且垂直于地面。

④双腿伸直并拢支撑于地面。

（4）单手双脚撑（分脚）

动作要点：

①侧卧三点（单手和双脚）支撑，保持背部平直，腹部和臀部收紧，身体呈一条直线。

②一侧手在肩部的正下方，肘关节伸直但不要锁死。

③另一侧手臂伸直抬起与支撑臂呈一条直线且垂直于地面。

④双腿伸直前后分开支撑于地面。

（5）单肘单膝撑

动作要点：

①侧卧两点（单肘和单膝）支撑，保持背部平直，腹部和臀部收紧，身体呈一条直线。

②一侧肘部在肩部的正下方，前臂与地面紧贴，屈肘成90°夹角。

③另一侧手臂伸直抬起与支撑臂呈一条直线且垂直于地面。

④双腿屈膝约成90°夹角并拢支撑于地面。

（6）单手单膝撑

动作要点：

①侧卧两点（单手和单膝）支撑，保持背部平直，腹部和臀部收紧，身体呈一条直线。

②一侧手在肩部的正下方，肘关节伸直但不要锁死。

③另一侧手臂伸直抬起与支撑臂呈一条直线且垂直于地面。

④双腿屈膝约成90°夹角并拢支撑于地面。

3. 仰卧姿

（1）肩双脚撑（仰桥、臀桥）

动作要点：

①仰卧支撑，头部和上背部贴地，腹部收紧，躯干与大腿呈一条直线。

②双腿屈膝成90°夹角，臀部收紧，脚尖勾起，脚后跟支撑于地面。

（2）肩单脚撑（单腿军步式）

动作要点：

①仰卧支撑，头部和上背部贴地，腹部收紧，躯干与大腿呈一条直线。

②一侧腿屈膝成90°夹角，臀部收紧，脚尖勾起，脚后跟支撑于地面。

③另一侧腿屈髋屈膝成90°夹角并抬离地面，脚尖勾起。

④保持重心在身体中线，身体不要侧倾。

（3）肩单脚撑（单腿直膝式）

动作要点：

①仰卧支撑，头部和上背部贴地，腹部收紧，躯干与大腿呈一条直线。

②一侧腿屈膝成90°夹角，臀部收紧，脚尖勾起，脚后跟支撑于地面。

③另一侧腿伸直并抬离地面，与躯干呈一条直线，脚尖勾起。

④保持重心在身体中线，身体不要侧倾。

（4）双肘双脚撑

动作要点：

①仰卧四点（双肘和双脚）支撑，腹部收紧，腹部与大腿呈一条直线。

②肘部在肩部的正下方，前臂与地面紧贴，屈肘成90°夹角。

③双腿伸直，臀部收紧，脚尖勾起，脚后跟支撑于地面。

（5）双肘单脚撑

动作要点：

①仰卧三点（双肘和单脚）支撑，腹部收紧，腹部与大腿呈一条直线。

②肘部在肩部的正下方，前臂与地面紧贴，屈肘成90°夹角。

③双腿伸直，臀部收紧，脚尖勾起，一侧脚后跟支撑于地面。

④另一侧腿伸直并抬离地面，脚尖勾起。

⑤保持重心在身体中线，身体不要侧倾。

（六）屈体

1. 屈体（初级）——罗马尼亚硬拉/直腿硬拉

基本描述：

①吸气，轻轻收腹。

②膝关节微屈，保持脊柱中立位，向前屈髋，直到感到腘绳肌的拉伸。

③屈髋到最低点后，双脚压向地面，伸展髋部，身体向上返回到开始姿势。

④呼气，度过最有挑战的身体上升阶段。

正确技术提示：

①确保腰椎没有屈曲，如果需要的话，可以在腰椎贴上运动胶带（athletic tape)，它会拉动你的皮肤，这样你就知道你是否弯曲脊柱。

②保持躯干挺直，轻轻内收肩胛骨。

③保持膝关节微屈，放低杠铃（或哑铃）时不要伸直膝关节。

2. 屈体（中级）——硬拉

基本描述：

①吸气，轻轻收腹。

②双脚向下压以推动躯干上升。

③张嘴呼气，完成硬拉中最有挑战的阶段。保持躯干的角度不变，直到杠铃经过膝关节。

④向上拉时，尽量让杠铃贴近身体。

⑤一旦杠铃经过膝关节，髋部向前顶直到身体直立向上。始终保持手臂伸直。

⑥在练习的最高点，收腹，吸气，屈髋，向下放低杠铃，保持杠铃贴近身体，直到杠铃到达膝关节，然后屈膝把杠铃放回地上。

⑦呼气，完成最有挑战的上提和放下阶段。

正确技术提示：

①确保腰椎没有屈曲，如果需要的话，可以在腰椎处贴上运动胶带，这样便于知道是否弯曲了脊柱。

②保持脊柱中立位，轻轻内收肩胛骨。

③保持双眼平视。

3. 屈体（高级）——单腿硬拉

基本描述：

①吸气，收腹。

②双脚向下压以推动躯干上升。

③张嘴呼气，完成硬拉中最有挑战的阶段。保持躯干的角度不变，直到杠铃经过膝关节。

④向上拉时，让杠铃尽可能地贴近身体。

⑤一旦杠铃经过膝关节，髋部向前顶直到身体直立向上。始终保持手臂伸直。

⑥在练习的最高点，收腹，吸气，屈髋，向下放低杠铃，保持杠铃贴近身体，

直到杠铃到达膝关节，然后屈膝把杠铃放回地上。

⑦呼气，完成最有挑战的上提和放下的阶段。

正确技术提示：

①确保腰椎没有屈曲，如果需要的话，可以在腰椎处贴上运动胶带，这样便于知道是否弯曲了脊柱。

②保持躯干挺直，轻轻内收肩胛骨。

③保持双眼平视。

（七）跪姿

1. 伸髋双膝跪姿

动作要点：

①伸髋双膝跪地，抬头挺胸，目视前方，保持背部平直，腹部和臀部收紧，两臂自然垂于体侧。

②屈膝约成90°夹角，脚尖勾起支撑于地面。

2. 屈髋双膝跪姿

动作要点：

①屈髋双膝跪地，抬头挺胸，目视前方，保持背部平直，腹部收紧，两臂自然垂于体侧。

②臀部坐于小腿之上，大腿紧贴小腿，脚尖勾起支撑于地面。

3. 半跪姿

动作要点：

①前后分腿单膝跪地，抬头挺胸，目视前方，保持背部平直，腹部收紧，两臂自然垂于体侧。

②前腿屈髋屈膝成90°夹角，全脚掌着地。

③后腿屈膝跪地，臀部收紧，大腿垂直于地面，与小腿约成90°夹角，脚尖勾起支撑于地面。

4. 侧弓步半跪姿

动作要点：

①侧弓步单膝跪地，抬头挺胸，目视前方，保持背部平直，腹部收紧，两臂自然垂于体侧。

②一侧腿伸髋屈膝，臀部收紧，大腿与地面垂直，与小腿约成90°夹角，脚尖勾起支撑于地面。

③另一侧髋外展，腿伸直，脚内侧支撑于地面。

5. 俯身屈髋双手双膝跪姿（跪撑）

动作要点：

①俯身跪地，双手和双膝支撑于地面，保持背部平直，腹部收紧。

②手在肩部的正下方，肘关节伸直但不要锁死。

③屈髋屈膝约成 90°夹角，双脚分开与髋同宽，脚尖勾起支撑于地面。

6. 俯身屈髋双手单膝跪姿

动作要点：

①俯身跪地，双手和单膝支撑于地面，保持背部平直，腹部收紧。

②手在肩部的正下方，肘关节伸直但不要锁死。

③一侧腿单膝跪地支撑，屈髋屈膝约成 90°夹角，脚尖勾起支撑于地面。

④另一侧腿伸直抬离地面，并与地面平行，臀部收紧，脚尖勾起。

7. 俯身屈髋单膝跪姿—对侧

动作要点：

①俯身跪地，单手和单膝支撑于地面，保持背部平直，腹部收紧。

②一侧手在肩部的正下方，肘关节伸直但不要锁死。

③另一侧手臂伸直并抬离地面，与地面平行。

④一侧腿单膝跪地支撑，屈髋屈膝约成 90°夹角，脚尖勾起支撑于地面。

⑤另一侧腿伸直并抬离地面，与地面平行，臀部收紧，脚尖勾起。

（八）握法

1. 正握

动作要点：

双手掌心朝下，指关节朝上。

2. 反握

动作要点：

双手掌心朝上，指关节朝下。

3. 正反握（交换握）

动作要点：

双手掌心朝向相反，一手正握，另一手反握。

4. 闭合握

动作要点：

食指和中指叠于拇指之上，适合爆发力练习。

5. 开放握

动作要点：

拇指叠于食指和中指之上，适合大部分力量练习。

6. 相对握（直握）

动作要点：

双手掌心相对，指关节朝外。

7. 标准握

动作要点：

双手握距与肩同宽。

8. 旋外握

动作要点：

双手掌心朝斜上方，指关节朝斜下方。

9. 宽握

动作要点：

双手握距大于 1.5 倍肩宽。

10. 旋内握

动作要点：

双手掌心朝斜下方，指关节朝斜上方。

11. 窄握

动作要点：

双手握距小于肩宽。

二、高校体育应重视女生基本姿态美的训练

随着市场经济的发展，社会竞争愈加激烈，女大学生在迈进社会的第一步就是参与人才市场的竞争，在竞争中如何快速地把自己推销出去，在社会上站稳脚跟，这是每个心理健康、有远大抱负的女大学生必然考虑的问题。作为一个合格的女大学毕业生，除了应有充实的内涵、渊博的知识、正确的思想、高尚的情操之外，还要有与良好教养相称的外在形象。正如法国大师罗丹所说的："一个人的形象和姿态必然显露出他心中的感情形体表达内在的精神。"如果当代每一个女大学生毕业后能以这样的形象走向社会，参与社会竞争，定会在竞争中占据优势，到那时就不愁就业难了。那么，怎样才能达到这样的境界呢？这就需要加强这方面的训练。

（一）基本姿态美的重要意义

基本姿态是一个人形象的外在表现。它表现了一个人的心理状态和精神面貌。站得直、走得稳健、坐得端庄给人以朝气蓬勃、精力充沛的感觉；相反，低头缩胸、弓背给人以无精打采、懒懒散散的感觉。

基本姿态反映一个人的道德情操和良好行为规范。从侧面来说，也是对他人的

尊重和礼貌。俗话说："站有站相，坐有坐相""站如松，坐如钟"。这些俗语揭示了古往今来人们给基本姿态的一个尺度。站得直、走得稳健、坐得端庄，一举手、一投足稳重自然、潇洒大方、顾盼生辉这就是当代大学生应具有的风度。当然，这跟一个人丰富的阅历分不开的。但作为一名大学生，在社交场合如果不具备这些风范，随随便便，就会给人缺少修养的印象。

（二）基本姿态训练应列为高校女生体育学习的一项重要内容

社交中的基本姿态是人类文明的标志。大学是塑造人类文明的场所，大学生的基本姿态理应是美的，而当今的女大学生基本姿态状况又是怎样的呢？

1. 高校女生基本姿态状况剖析及形成原因

对其站立姿势状况进行调查，从正、侧面观察与正确的站立姿势进行比较，经过分析统计，大致可分为两种类型：第一种是挺腹型，姿势是两手自然下垂，体侧腹部挺出；第二种是驼含型，姿势是头颈前探，驼背含胸。形成以上两种姿态，究其原因是女生在进入青春期后，身体渐渐发胖，皮下脂肪加厚，对于发胖的身体又懒于锻炼，造成腰腹肌力量较差，所以站立时挺腹。再有她们从小就没有养成良好的站姿习惯，如中小学学习任务比较重，这样长期伏在桌子上读书，自然就养成了驼背含胸的姿势。此外，在中小学体育课中，站、立、走的姿态练习都是以队列练习教材出现，但在队列练习中，一般以整齐为尺度，教师对学生个体站、立、走姿态的美也很少强调，学生很难得到正确的指导。此时女生正处在青春发育的高峰期，身体各部位发生急剧变化，久而久之，就形成了各种各样的姿态。进入大学以后，教师对学生的基本姿态要求甚少，容易忽视对姿态美的要求，这样不良姿态就自然而然地发展下去而得不到进一步改善。

2. 高校女生身体发育需要加强基本姿态训练

如果上述不良姿态任其发展下去，不进行训练和加强自身锻炼，以这样的姿态走向社会人才市场，显然为自身形象罩上一层阴影。要想改变这种状况，必须在大学期间进行基本姿态训练。因为大学女生正处于青春发育后期，身体形态发展虽然不断完善，但还没有最后定型，如果抓住这个时机进行基本姿态的训练，对增强女生的体质、塑造良好的体态会起到促进作用，并为她们的终身体形奠定基础。

3. 基本姿态训练深受女大学生的欢迎

基本姿态训练不仅是女生身体发展的需要，而且是她们心理发展、实现自我完善的需要。在她们认识到基本姿态训练的意义和不良姿态的形成原因后，由于自我意识增强，鉴赏美能力提高，为了塑造理想的自我，就会自觉地、积极地参加训练，实现自我完善。基本姿态的训练主要通过基本功的训练。"把杆练习"对人体形体美具有显著的效果，通过头、颈、肩、胸、腰、胯、臀、臂、手等各部位的动作相互配合体现美的姿态。美的形体经过一段时间的训练不但使肌肉发达丰满，而且柔软且富有弹性，使人体匀称和谐的发展塑造了美的形体。综上所述，在加强文化修养的同时应进行基本姿态训练，使她们不仅有充实的内涵，而且有亭亭玉立的外在形象，毕业以后能以英姿飒爽的姿态走向职场，步入社会。因此，高校女生基本姿态美的训练应成为体育学习的一项重要内容。

第二节　热身与柔韧

一、热身

(一) 热身概述

在参加竞赛或训练之前，运动员通常会进行一些身体活动以提高准备程度并优化运动表现，这种身体活动通常称为热身。其目的是让运动员为满足训练或比赛要求做好准备。精心设计的热身活动会引起相应的生理变化，帮助运动员提高比赛或训练中的注意力，优化运动表现。热身可以分为被动和主动两类。被动热身包括通过一些方法提高肌肉温度或体温（如淋浴、桑拿、透热疗法、加热垫等）。主动热身涉及身体活动（如慢跑、健美操、自行车等），与被动热身相比，主动热身可能引起更大的代谢和心血管变化。在几乎所有的运动项目中，主动热身（包括体力活动）是首选和最常用的方法。一些研究结果表明，热身除了使体温升高之外，还有其他效果，包括刺激缓冲能力、维持身体的酸碱平衡并可能在正式训练开始时增加氧摄取，从而增强有氧系统。研究还发现主动热身使运动神经元的兴奋性增加和肌肉僵硬度降低，从而更容易和有效地做出动作。

近年来，被动热身的策略逐渐受到关注，被动热身可作为主动热身的可靠替代方案，保持主动热身期间升高的体温。超过80%的研究显示了热身对运动表现的积极影响，其影响效果取决于比赛强度、持续时间以及热身和正式训练或比赛之间的时间差。热身练习通常包括短时间内最大强度的有氧运动（一般性热身），特别是训练或比赛内容的热身（专项性热身）和拉伸运动等。一般性热身可以低强度进行，专项性热身可以更大强度进行，动态拉伸或静态拉伸可以减少肌肉僵硬，增加运动范围，灵敏练习和超等长练习可以增强力量的产生，此外，还可使用特殊服装来提高或保持体温。可以组合多种热身方式，但是需要进一步研究不同热身方式组合的效率。以往，研究主要集中在不同热身的时长与强度等方面，但仍有许多领域需要探索，且发现模拟条件与实际情况之间存在差异。

因此，目前出现了新的趋势：教练和运动员试图了解如何用新的方法替代或补充传统热身方法，包括结合拉伸运动的热身策略的使用、预激活增强技术（post activation potentiation，PAP）以及可用于优化热身和比赛之间等待时间的各种被动预热措施等。本文简要回顾了新出现的赛前主动和被动热身方法，并对使用主动、被动热身、拉伸和 PAP 可能影响运动表现的机制进行探讨。

（二）静态拉伸和动态拉伸的使用

静态拉伸是身体活动期间的常见做法，Knudson 等人表示[1]，使用拉伸作为热身的一部分可以改善运动表现并降低肌肉损伤的风险。在热身期间，拉伸的目标是减少肌肉僵硬和增加运动范围，从而减少活动相关损伤的发生率。但最近研究表明，静态拉伸可能会抑制运动表现，特别是在短时爆发性运动中。当使用静态拉伸时，肌肉强度和爆发力的降低可能与肌肉黏弹性的变化有关，导致肌腱连接处的硬度降低。

此外，研究表明，肌肉拉伸练习（超过 20s）可能会影响工作肌肉的传出神经，改变肌电信号振幅、降低肌肉活动，导致肌力的部分损失。研究也发现间歇性拉伸（多次重复，固定休息间隔）对爆发力和力量表现的影响，通过干扰向心和离心运动阶段之间力的传递，导致肌肉收缩的负面变化，从而缩短了拉长—缩短循环[2]。Trajano 等人[3]的研究表明，与连续拉伸相比，间歇性拉伸在减少肌肉僵硬方面更有效。而 Marchetti 等人[4]发现尽管两种拉伸的运动范围都有所增加，但跳跃高度有所下降。由于连续和间歇拉伸在相同的总持续时间内进行，性能下降可能是由于两种方案的相同总负荷导致的，影响拉长—缩短周期内弹性力的传递。尽管只有少数研究评估了拉伸间歇时间对运动表现的影响，但似乎可以通过不同的静态拉伸策略来增加速度、爆发力或反应能力。肌肉如何有效地利用能量是影响运动表现的主要因素之一，特别是在跑步或骑自行车等运动中，这可能与形态学、弹性元件和关节力学等因素有关。鉴于静态拉伸可以提高运动范围，降低肌肉硬度，可能会对跑步竞

[1] KNUDSOND，BENNETTK，CORNR，et al. Acute effects of stretching are not evident in the kinematics of the vertical jump [J]. Strength Cond Res，2001，15（1）：98-101.

[2] BEHMDG，CHAOUACHIA. A review of the acute effects of static and dynamic stretching on performance [J]. Eur J Appl Physiol，2011，111（11）：2633-2651.

[3] TRAJANO G S，NOSAKA K，BLAZEVICH A J. Neurophysiological mechanisms underpinning stretch-induced force loss [J]. Sports Med，2017（47）：1531-1541.

[4] MARCHETTI P H，SOARES E G，SILVA F，et al. Acute effects of stretching routines with and without rest intervals between sets in the bounce drop jump performance [J]. Int J Sports Sci，2015（5）：1-5.

技产生积极影响，最近的研究已经证实了静态拉伸对耐力运动表现的影响。Lowery 等人❶发现，下肢进行 6 个伸展动作（每个重复 3 次，每次 30s）的跑步者较没有伸展者以更少的时间完成了 1.6km 的坡道比赛，减少拉伸的持续时间时，出现了相反的结果。Takizawa 等人❷研究了在 15min 的一般性热身后，短时静态拉伸（20s 无重复）与不拉伸对 90% 最大摄氧量（VO_{2max}）力竭性跑步的影响，发现两者之间无显著差异。因此，作者提出耐力跑的表现不受在热身运动中 20s 拉伸的影响。

力量产生的变化可能是由于肌腱长度和硬度的变化，肌肉本身的损伤改变了收缩能力，随着肌腱单位松弛度的增加，运动神经元中持续的内向电流减弱，影响了中枢传出，肌电耦合变化，导致更大的肌电延迟。这些可能是解释拉伸引起的肌肉力量传递变化导致运动表现受损的主要机制。而在静态拉伸后进行动态或专项准备活动可以减少对正式训练或比赛造成的负面影响，改变不良的肌肉效应或相关神经效应。Marinho 等人❸发现静态拉伸热身后进行 60m 短跑比动态拉伸或不热身后的运动表现更好，因此，他建议通过静态拉伸增加活动范围（可能会持续 30—120min）和一次 60m 短跑增加肌肉刺激。Reid 等人验证了静态拉伸后动态拉伸或动态活动的加入减轻了部分拉伸诱发的损伤，并提高了与初始状态相比的运动表现。因此，应建议在伸展运动之后进行专项特定的动态活动，以刺激神经肌肉系统。

一些研究表明，拉伸周期的时间较长会使力量恢复的时间延长，而另一些研究认为，静态拉伸的强度是运动范围增加和运动表现降低的决定因素，有研究使用运动频率比较了不同的拉伸强度，发现高频率运动（100 次/min）改善了半蹲跳跃的高度，低频率运动（50 次/min）改善了深蹲跳跃的高度。这是因为动态拉伸通常使用与以下身体活动相同的运动模式来进行，所以可以进行一些运动学习和适应，并且带来更好的运动表现。因此，应注意在热身期间拉伸方案的持续时间和强度，并且笔者建议对每个目标肌肉群进行 20s 的静态拉伸，强度不应引起个体的疼痛。最近的研究表明，动态拉伸更安全，可用来代替静态拉伸。与静态拉伸相比，动态拉伸可以显著提高冲刺及垂直和水平跳跃能力。原因包括由动态拉伸产生的肌肉和体温升高、由拮抗剂的自发收缩引起的激活、神经系统的刺激或拮抗肌肉抑制的减少。更短的动态拉伸持续时间并不影响运动表现，但实际上，在每次运动进行 30s 的重

❶ LOWERY R P, JOY J M, BROWN L E, et al. Effects of static stretching on 1-mile uphill run performance [J]. Strength Cond Res, 2014, 28 (1)：161-167.

❷ TAKIZAWA K, YAMAGUCHI T, SHIBATA K. The effects of short-duration static stretching of the lower extremities after warm-up exercise on endurance running performance [J]. Movement, Health Exerc, 2015 (4)：27-35.

❸ MARINHO D, GIL M, MARQUES M C, et al. Complementing warm-up with stretching routines：effects in sprint performance [J]. Sports Med Inter Open, 2017, 1 (3)：101-106.

复动态拉伸时，对垂直跳跃高度及垂直跳跃期间肌电信号振幅（神经肌肉反应增加）和等速肌肉等长腿部力量均有正面影响。

在热身期间使用动态拉伸可能是安全的做法。而在增加活动范围方面，动态拉伸则不如静态拉伸有效。在一些运动（如体操、武术等）中，活动范围对于运动表现是必不可少的。在这种情况下，这些实践应该遵循特定的肌肉激活活动。Behm 指出，在热身期间进行静态拉伸，然后进行动态活动可以增加活动范围并降低损伤风险，而不会对性能产生负面影响。Marinho 等人❶研究发现第一次 60m 冲刺跑成绩没有显著差异，但第二次 60m 冲刺跑成绩较第一次更好，因此，运动者可以从第一次冲刺跑引起的增强效应和增加的肌肉活动范围中受益，静态拉伸后活动范围增加效果可能会持续 30min。Young 建议在一般热身和专项热身之间进行低到中等强度的静态拉伸，对后续的运动表现没有影响。除了静态和动态拉伸，本体感受神经肌肉促进技术（proprioceptive neuromuscular facilitation，PNF）通常也被用作增加关节范围的实践。PNF 是融合了静态拉伸和等长收缩的循环模式。但 PNF 可能会引起不适或疼痛，并且在高度伸展的肌肉长度下进行肌肉收缩可导致更大的骨骼肌损伤。Behm 等人❷预估 PNF 拉伸后，运动表现会降低约 4%。

（三）PAP 的使用

近年来，PAP 一直备受关注，并且已被证明对运动表现具有增效作用。PAP 被定义为在最大或接近最大肌肉刺激后力量生成能力的增加。具体而言，由于先前收缩涉及了肌肉细胞的收缩史，PAP 增加了肌肉的力量生成能力（即肌肉收缩和低频强直性张力）。该现象的主要成因尚不清楚，但研究倾向于将其归因于肌球蛋白调节轻链的磷酸化的增加，特别是在 II 型肌肉纤维中。肌动蛋白-肌球蛋白通过肌浆网释放的钙离子和肌球蛋白轻链激酶相互作用，增加肌动蛋白-肌球蛋白的桥接率，加快力量的生成速度。

一些研究还推测是由于脊髓突触连接处兴奋电位的升高，释放的神经递质数量及其效果增加，导致神经冲动对肌肉的传导和募集运动的数量单位增加。因此，似乎这种方法引起神经肌肉的变化并改善 II 型肌肉纤维活动，因此有利于高强度和短时运动中的表现，如跳跃、投掷和短跑。有研究使用不同类型的练习描述了不同的 PAP 效果。研究报告称，在热身中加入跳跃练习增加了最大力量、冲刺速度和垂直跳跃高度。热身时大强度的外部负荷也对运动表现有积极影响。在以最大重复次数

❶ MARINHO D A, GIL M H, MARQUES M C, et al. Complementing warm-up with stretching routines: effects in sprint performance [J]. Sports Med Inter Open, 2017, 1 (3): 101-106.

❷ BEHM D G, BLAZEVICH A J, KAY A D, et al. Acute effects of muscle stretching on physical performance, range of motion, and injury incidence in healthy active individuals: a systematic review [J]. Appl Physiol Nutr Metab, 2015 (2): 1-11.

（1RM）的 85%进行蹲起 4min 后，发现 40m 冲刺时间减少了 3%。然而，Kilduff 等人发现，与传统的水中热身相比，87%1RM1 组 3 次重复的下蹲运动，并未改善游泳运动员的 15m 游泳性能，这表明 PAP 刺激需要特定于所进行的专项运动。在真实环境中使用外部负荷是困难的，尤其是在使用更高负荷时。因此，需要不断研究在没有外部负荷的情况下使用 PAP 刺激的策略。对于传统的短时竞赛的准备活动，跳跃是一个巨大的刺激因素。例如，Byrne 等人得出结论，增加了 3 次增强式跳跃（从预定高度中跳下并在与地面接触后立即进行垂直跳跃），与传统的热身相比，20m 冲刺的成绩提高了 5%。为了从这些实践效果中受益，在跳跃刺激和正式练习之间恢复的理想休息时间应该为 5—10min。此外，使用 PAP 时也存在个体间的差异反应，使用不同的策略可以发现不同的结果，包括练习方式、强度和应激与训练之间的恢复。刺激和疲劳之间的相互作用也被认为是个人表现改善或下降的主要原因。PAP 也应该特定于随后的运动，它取决于个体的水平和特征。例如，强壮的个体具有较大的 II 型肌纤维含量，这与 PAP 的更高表达和可能更快恢复有关。

（四）保温服装的使用

使用保温服装有两方面原因，一方面，在热身和正式运动之间的过渡期间体温明显下降，导致潜在的运动表现下降；另一方面，在进行活动热身和比赛开始之间需要一些时间，以恢复酸碱平衡、恢复磷酸肌酸并使肌肉获得增强。近年来，已经开发了几种主动和被动的热身策略，以从主动热身中恢复，同时扩展其主要效果。例如，在田径或游泳比赛期间，运动员完成热身，需要坐在等待室中长达 45min，在此期间通常不可能进行主动热身，安静地坐一坐是减少肌肉温度下降的一种方法。这些被动策略涉及使用保暖衣物、救生衣或加热垫。体温在主动热身的前 3—5min 内迅速增加，在 10—20min 后达到阈值，并在停止热身后 15—30min 内呈指数下降。Racinais 和 Oksa 表明，肌肉温度增加 1℃ 可以使后续运动的表现提高 2%—5%。然而，热身期间达到的温度在结束运动后会立即下降。Neiva 等人发现体温只需要 20min 就会下降到安静值水平，这会对游泳等运动的表现产生负面影响。此外，Mohr 等人验证了在足球比赛的 15min 中场休息期间，体温下降了 1℃，肌肉温度下降了 2℃，冲刺能力降低了 2.5%。而由 Cook 等人进行的研究显示，当穿着救生衣进行主动热身时，体温增加速度提高了 65%，并且与 20m 冲刺表现的改善有关。Faulkneret 等人证明，使用带有集成加热元件的运动裤可以将骑行中的峰值冲刺能力提高约 10%。因此，在热身和随后的运动之间的过渡阶段使用保温服装对于保持温度具有重要意义，可以优化运动表现。

（五）泡沫轴的使用

目前，研究者正在开发新的热身方式，以补充常规的热身运动。这包括使用泡沫轴进行筋膜放松。泡沫轴最初用于减少肌肉粘连引起的疼痛和僵硬。泡沫轴滚动后的血管舒张反应表明其可以提供运动表现优势，因此可以在热身期间使用。一些研究表明，肌筋膜放松可以通过放松紧绷的肌肉或筋膜中的张力来改善肌肉、肌腱、韧带和筋膜的柔韧性，同时增加软组织的血液流动和循环，从而提高灵活性和活动范围。这被认为可以提高整体运动表现，然而支持这一理论的研究很少。在过去的十年中，这些做法已经成为按摩和康复的补充方法。事实上，减少疲劳感可能会延长和优化急性和长期的运动表现。有研究发现，由常规热身和筋膜放松组成的热身策略可以使垂直跳跃、立定跳远、敏捷性测试、冲刺跑和卧推最大力量的表现提高4%—7%。另一些研究则发现，泡沫轴滚动在不影响肌肉力量的情况下有效地增加股四头肌和腘绳肌的灵活性和活动范围。泡沫轴滚动在实施后可立刻增加运动范围，但并未提高或降低垂直跳跃高度。因此，在活动前进行短暂的泡沫滚动（1次，30—120s）不会增强或降低肌肉力量，但会改变疲劳感。在进行泡沫轴滚动干预之前，应先进行动态热身，重点关注泡沫轴滚动的身体部位。然而，研究也显示出相互矛盾的结果。例如，泡沫轴滚动后拮抗肌激活会受到负面影响，并且会降低运动表现。尽管泡沫轴滚动技术可以在不降低肌肉力量的情况下增加关节运动范围，但是将其加入其他热身方式中似乎不会提高运动表现。

与静态拉伸相比，动态拉伸是一种可行且安全的方法，而将静态拉伸作为热身的一个组成部分，更有利于特定运动的表现。短时间拉伸不会影响后期运动表现，建议不要长时间拉伸。拉伸后的专项热身活动可降低负面影响。包括PAP在内的热身方式在提高爆发性活动的表现方面深受欢迎。使用PAP刺激时，需要关注的是，不同的个体在不同时间获得最大的增强效果，且刺激应该与特定的运动项目有关。随后的恢复持续5—10min，应考虑强度和疲劳之间的平衡。在热身和比赛之间的过渡阶段保持体温和肌肉温度，对于避免后续运动水准的降低至关重要，可使用保温服装避免温度下降。此外，泡沫轴滚动技术在热身中的使用可提高灵活性和活动范围，但对于肌肉力量的提高毫无增益。

二、柔韧训练

（一）柔韧素质的含义及分类

从外部看，柔韧素质通常表现为人体各个不同构造的关节所许可的屈伸动作及其动作的活动范围。它与运动员的力量能力、速度能力和其他运动能力不同，柔韧素质不属于动作的原动性因素，只是属于支撑运动器官的形态功能特性，它决定着运动器官各个环节相互之间的活动程度。不同项目对柔韧素质有不同的要求，它在运动活动中有相当重要的意义。青少年时期是柔韧素质发展的最佳时期，尤其是在低学龄段时，在有针对性的训练作用下，这一素质的发展速度及效果较其他时间要快和好。

柔韧性发展的潜在可能受各个关节和韧带装置的解剖特点所限制。动作的实际幅度首先受到对抗肌紧张度的限制。因此，柔韧性的指标取决于被拉长肌群的放松及对应于动作肌群的紧张，取决于两者之间能否协调结合的能力。但是发展柔韧性不能仅归结于改善肌肉间的协调性上，还需要包括在改善肌肉和韧带的可塑性基础上，所产生的一系列特殊的形态功能变化。多年进行柔韧性训练，就可发现骨联结的表面发生了变化。

柔韧素质分为一般性柔韧和专门性柔韧两种。一般性柔韧通常指运动员在进行一般训练时，为适应和保证一般训练顺利进行所需要的柔韧素质。例如，球类运动员在进行速度练习时，为加大步幅所需要的腿部柔韧性；田径运动员负杠铃进行深蹲练习时，所需要的大腿后群肌肉表现出来的柔韧性等。专门性柔韧即是专项运动技术所特需的柔韧性。例如，体操运动员为完成各种器械练习时所需要的肩、髋、腰、腿等部位大幅度活动，游泳运动员在比赛中所需要的肩、腰等部位大幅度活动等。专门性柔韧是建立在一般性柔韧基础上的。一般来说，由于柔韧素质缺少选择性，同一身体部位所具备的柔韧性在各种不同的运动项目中都可以表现出来，只是幅度大小不同而已。

（二）影响柔韧素质的因素

影响柔韧素质的因素有很多，包括有机体本身解剖特征的因素、神经活动过程特点的因素、心理因素及身体状况等。笔者主要对以下几种因素进行详细介绍。

1. 肌肉、韧带组织的弹性

肌肉、韧带组织的弹性是影响柔韧素质的最主要因素。遗传对它们有一定的影响，但也取决于男女性别、年龄特征及中枢神经系统的兴奋性。在中枢神经系统的影响下，肌肉的弹性会发生显著变化，如比赛中情绪高涨，柔韧性会有很大程度的提高。

2. 关节的骨结构

关节的骨结构是影响柔韧性诸因素中最不易改变的因素，完全由遗传所决定。虽然训练可以使骨结构发生部分变化，但也仅表现在关节内软骨形态的变化方面。而且这种变化只局限在关节骨结构许可的范围内。

3. 关节周围组织的体积大小

关节周围组织体积的大小对关节活动起着限制作用。它一方面受先天遗传的影响，另一方面受后天训练的影响。这些关节周围组织体积的增大通常会影响柔韧素质的发展，如有些肌肉体积增大就影响其周围关节的活动幅度。

4. 神经活动过程特点

神经活动表现为兴奋与抑制的转换。这一转换过程的灵活性与运动活动中肌肉的基本张力有密切的关系，特别表现在中枢神经系统调节对抗肌之间的协调，以及对肌肉紧张和放松的调节。神经活动过程分化抑制的发展程度对运动员随意放松能力起重要作用，因此与柔韧素质有密切的关系。神经系统能很好地改善对抗肌之间的对抗程序，这将使肌肉放松与紧张的调节能力得到提高，使柔韧性得到良好的表现。

5. 心理紧张度

运动员表现出来的心理变化可以通过中枢神经系统、体液调节等影响有机体各部位的工作状况。心理紧张度过强、过长会使神经过程由兴奋转为抑制，严重影响各部位的协调能力，从而影响柔韧性；反之，如心理紧张度适度，则有助于柔韧性的表现。

6. 外部环境的温度和表现柔韧性的时间

18℃以上的外界温度是表现柔韧性的最适宜温度，18℃以下则对柔韧性的表现不利。在一天的不同时间内，运动员的柔韧性也不相同。虽然这与内外界温度变化有关，但更重要的是一天内有机体的机能状态会发生一定的变化。例如，刚睡醒时柔韧性较差，早晨明显下降，中午比早晨好。许多人以为早晨人的柔韧性好，其实这是一种误解。利用早晨进行柔韧性练习主要是因为肌肉内的张力通过一夜睡眠已得到调节，多余的肌紧张已被消除，肌肉处于松弛状态，韧带易于拉开。

7. 主动柔韧性与肌肉的力量有关

有机体某部位的力量大，有助于增大这个部位的活动幅度，显而易见，这个部位的主动柔韧性必然好。但是力量训练将使这一部位周围的肌肉组织、韧带等软组织体积增大，将影响关节的灵活程度。因此，在练习时可采用力量练习和柔韧性练习合理结合的方法，克服因力量训练带来的不良影响，从而使这两种素质的发展都达到很高的水平。

8. 有机体疲劳的程度

在有机体疲劳的情况下，柔韧性会产生很大变化，这时主动柔韧性指标下降，而被动柔韧性指标则会提高。在运动活动实践中，准备活动做得充分与否、训练时间的长短等非本质性因素对柔韧性也有相当明显的影响。

(三) 发展柔韧素质的训练手段和基本要求

1. 训练手段

发展柔韧素质的训练手段与方法很多，我国的武术、杂技、戏曲等在培养演员过程中就有许多行之有效的传统训练手段与方法，如搁腿、耗腿、弯腰、字步等。发展柔韧素质的各种手段与方法分为两大类：主动性练习与被动性练习。

这两种方法又都包含动力性练习和静力性练习。主动性练习，即通过与某关节有关联的肌肉的收缩，增大关节的灵活性。被动性练习，即主要依靠有机体某部位自身的重力或肌力作用促使关节灵活性增强。发展柔韧性练习主要运用加大动作幅度，拉长肌肉、韧带的原理。

主动动力性柔韧练习可根据其完成动作的特点分为单一的和多次的（如两次重复和多次重复的体前屈）练习形式、摆动的和固定的（如固定支撑点的拉肩）练习形式、负重和不负重的练习形式等。

主动的静力性柔韧练习就是利用自身的重力或肌肉力量，在关节或动作处于最大幅度的情况下，保持静止姿势，尽量拉长肌肉或韧带的练习形式，如把杆拉腿、体前屈后静止保持不动等。被动动力性柔韧练习是指依靠教练员、同伴的帮助，逐渐加大有机体某部位的幅度。

被动的静力性练习即由外力来保持固定的姿势，如依靠同伴的力量保持体前屈的最大幅度。被动性柔韧练习对于发展主动柔韧性来说，其效果比主动性柔韧练习差一些，尤其是被动的静力柔韧练习更是这样。但它却可以实现更大的被动柔韧性指标。而被动柔韧性的指标通常超过主动柔韧性指标。这一差别越大，潜在的可伸展性就越大，主动动作幅度扩大的可能性也越大。在训练过程中，两者的内容安排应兼而有之，对于那些柔韧素质要求极高的运动项目，如体操等，被动性柔韧练习是必不缺少的。

2. 基本要求

（1）没有必要使柔韧性的发展水平达到最大限度

在运动中，虽然专项往往对柔韧性有较高的要求，但没有必要使柔韧水平达到最大限度，只要能保证顺利地完成必要的动作即可。当然，要保证顺利地完成必要的动作必须有一定的"柔韧性储备"，即所发展的柔韧性水平应该稍微超过完成动作时的最大限度。但是，超过关节的解剖结构限度的正常灵活性，也就是过分地发展柔韧会导致关节和韧带变形，影响关节结构的牢固性。在某些部位，柔韧性的过分发展甚至会影响运动员的体态。

颈部柔韧性练习：

①静力性练习。可采用使头部尽可能地屈、伸、侧倒至最大限度，并维持一段时间的静止练习。

②动力性练习。使头部在尽可能大的活动范围内做绕环运动，或练习者双手托下颌，做使头向左、向右运动的练习。

（2）柔韧性的发展要兼顾有相互联系的部位

在有些动作中，柔韧性的表现不仅仅是在一个关节或一个身体部位，而是关系到几个相互有联系的部位。例如，体操中的"桥"就是由肩、脊柱、髋等部位的关节所决定的，因此应该对这几个部位进行发展。如果其中某一部位稍差，可以通过其他部位的有效发展得到补偿。这样做也可以使运动员身体各部位得到协调发展。

（3）柔韧性练习要经常并持之以恒

柔韧性发展较快，但是停止训练后，肌肉、肌腱、韧带已获得的伸展能力消退也快，因此柔韧性的训练要经常并持之以恒。如果训练的任务仅是为了保持已达到的柔韧性水平，那么每天的练习可以少安排一些，或者安排在课后，或者安排在训练课的准备活动、基本部分的结束阶段。还可以安排在其他练习之间的间歇，特别是安排力量练习和速度练习之间的间歇。这样既可以调节其他练习对身体产生的影响，又由于身体各部位已活动充分而获得良好的柔韧性训练效果。

（4）随着柔韧性水平的提高，练习应逐步加大幅度，但不能急于求成

由于肌肉、韧带等的伸长不是一朝一夕就能达到的，应逐步提高要求。直接拉长肌肉时可能会出现疼痛现象，对此要进行具体分析，只能以原有水平作为衡量标准，不能盲目，急于求成。在同伴的帮助下进行被动性练习时更应谨慎，以避免肌肉韧带拉伤。

（5）在柔韧性练习前应做好准备活动

肌肉伸展与肌肉的强度有关，通过准备活动提高肌肉的强度、降低肌肉内部的黏滞性有利于柔韧性的发展。

（6）柔韧性练习与发展其他素质的练习和协调性练习相结合

素质的发展相互间有转移现象，运动器官的生长发育也会影响各种素质之间的关系，因此柔韧性练习要与发展其他素质的练习、协调性练习相结合，使之相互促进，朝有利的方向发展。

（7）柔韧性要从小培养

我国武术界、杂技界在这方面有丰富的经验，从小发展柔韧性，由于是在有机体自然生长发展过程中实现的，能得到巩固和保持，不易消退。

（8）其他因素对柔韧性的影响

要注意外界温度对柔韧性的影响，以及一天中安排的时机和疲劳对柔韧性的影响，以取得柔韧性练习的最佳效果。

（四）柔韧素质训练的常见方法介绍

柔韧素质训练的具体方法较多，但归纳起来，不外乎两个方面的内容：一是专项运动所必需的柔韧素质练习；二是一般性柔韧素质练习。专项柔韧素质训练的具

体方法在此不做讨论。由于一般性柔韧素质训练的具体方法适用面广，并且是各专项柔韧素质发展的基础，笔者从人体各关节部位出发，以动力性和静力性柔韧素质发展方法为指导，提出几种一般性柔韧素质训练的具体方法：

1. 肩关节柔韧性练习

①静力性练习。可采用压肩（正、反、侧三个面）、控肩、搬肩练习。

②动力性练习。可采用握棍转肩，或借助橡皮条做拉肩、转肩及风火轮练习（通常称轮臂）。

2. 肘关节柔韧性练习

①静力性练习。可采用屈肘、反关节压肘至最大活动范围的一系列练习，并使之维持一段时间。

②动力性练习。最常用的方法是做肘绕环运动，即固定肩关节的活动，并使上臂保持在一个水平面上，然后以肘关节为轴做绕环练习。

3. 腕关节柔韧性练习

①静力性练习。可采用屈腕、伸腕至最大活动范围并维持一般时间的控腕练习。

②动力性练习。可采用腕绕环运动、抖腕运动等手段。

4. 腰部柔韧性练习

①静力性练习。主要方法有下腰、控腰两种。

②动力性练习。可采用腰绕环、甩腰等练习方法。

5. 髋关节柔韧性练习

①静力性练习。可采用耗腿、控腿、纵劈叉、横劈叉、抱腿前屈等练习。

②动力性练习。可采用搬腿、踢腿（正、侧面以及外摆、里合四个方面）、盘腿压膝等练习。

6. 膝关节柔韧性练习

①静力性练习。主要有压膝、屈膝两种练习。

②动力性练习。可采用膝绕环、快速的蹲立练习等。

7. 踝关节柔韧性练习

常用的方法有坐踝、绷脚面、勾脚尖练习以及提踵练习等。

需要注意的是，发展柔韧素质必须坚持静力性练习同动力性练习相结合的原则，如果纯粹地采用静力性练习手段，其训练效果必定不佳。

第三节　抗阻训练

一、抗阻运动的生物力学原理

现代竞技理论认为，运动员竞技能力由体能、技能、战术能力、心理能力和运动智能组成，各部分密切联系，形成了运动员的综合运动能力。运动员达到一定水平以后，其运动表现的核心要素是能量产生是否充分，动员是否迅速，能量供应系统能否达到最佳状态，因为高强度的运动需要迅速消耗大量的能量。但能量是有限的，如何提高能量使用效率，在运动中显得尤为重要。从理论上讲，造成人体最佳运动能力的障碍有三种基本类型：生理学、心理学和生物力学。生理学因素限制能量的产生，主要是能量的合成、运转、废物的清除。心理学因素影响对能量的控制，紧张、心态失衡，不仅产生多余动作，而且直接影响竞技状态。生物力学因素与如何最有效地使用能量有关，正确的技术在取得时效性的基础上，能够尽可能地减少能量消耗，并有效发挥运动员的个人特点。三个因素相互关联、互有影响。因此，在运动训练中要加强限制运动能力因素的研究，生物力学分析是重要环节。

（一）骨骼肌肉系统的杠杆效应

1. 杠杆原理

人体运动的肌肉主要通过骨骼的杠杆效应产生动力。为了解身体动作中骨骼肌如何工作，需要学习杠杆原理的基本知识。下面几个基本定义需要重点掌握。

（1）杠杆系统

施加在刚体或半刚体上的负荷力量作用线未经过轴点，该力量会使之旋转，施加阻力阻碍其旋转，该系统被称为杠杆系统。杠杆系统在运动中普遍存在，人的运动，如跑、跳、投等，实质上都是由各环节做杠杆运动的整体表现。

（2）支点

杠杆绕着转动的轴点叫作支点。稳定的支点利于用力。但人体运动中很难找到绝对稳定的支点，都是在各环节相互运动中的相对稳定。核心稳定性的提高在一定程度上加强了一些动作支点的稳定程度。

（3）力臂

支点到力量作用线的垂直距离叫作力臂，分为动力臂和阻力臂。有些项目中增、减动力臂、阻力臂可以有效提高动作速度，如投掷、跳跃项目中的旋转和摆动。

（4）力矩

力臂与力的乘积叫作力矩。表示力对物体产生转动作用的大小。通常以逆时针为正，顺时针为负。力矩是分析运动技术效果的重要指标。

（5）肌力

运动肌群在神经系统的控制下长度发生变化，肌肉收缩产生的力量叫作肌力。肌力大小除与纤维类型有关外，还与杠杆效应有关。

（6）阻力

人体运动中，通常肌肉力量是主动力，而阻碍其运动的为阻力，如重力、摩擦力等。在高水平竞技中，减小阻力是提高成绩的因素之一，如游泳、自行车的姿势，领先者与跟随者在所受阻力方面的差异等。

（7）力学优势

力学优势主要指肌肉动力臂与阻力臂的比例。力学优势大于1，表示动力臂长，需要肌力小。力学优势小于1，表示阻力臂长，需用较大肌力拮抗阻力。

2. 杠杆的分类

杠杆分为平衡杠杆、省力杠杆、速度杠杆三大类。三类杠杆的力学效果不同，在人体动作中也扮演着不同的角色。

（1）平衡杠杆

肌力和阻力作用在支点两侧，如脊柱与头颅的骨杠杆。需要较多维持身体平衡的项目，如体操、跳水等项目，要注意使用杠杆平衡原理，减少动作失误的可能性。

（2）省力杠杆

肌力与阻力作用在支点同侧，肌力作用的动力臂比阻力作用的阻力臂要长，用较小的肌力就可克服较大的阻力。例如，站立提踵时，以脚拇指跖趾关节为支点，小腿三头肌以跟骨附着点为主动力点，克服重力做功，根据长力臂优势，该肌肉力量小于重力。

（3）速度杠杆

肌力和阻力作用在支点同侧，肌力作用的动力臂比阻力作用的动力臂要短，肌力必须大于阻力才能产生运动。肘关节屈起前臂时，肱二头肌力臂小于阻力臂，负重时肌肉力量需要明显大于阻力才能产生运动。大多数人体运动是速度杠杆。这是内部肌力往往大于外力的原因。因此，肌肉和肌腱等组织因经受极大的内力而更易受伤。

了解杠杆力学优势原则至关重要。在实际运动中，力学优势比值会随动作的改变而不断变化。以膝关节为例：

当膝关节屈伸时，其关节本身不是一个真正的枢纽，转轴位置随关节活动范围不断变化，影响股四头肌和股后肌群运动时动力臂的长度。因此，肌力的作用力与膝关节角度密切相关。在运动中强调膝关节的位置，稳定性对小腿的多维动作效率都有很大影响，需要训练中给予重视，特别是在短跑的后扒动作中。

在举重练习中，肱二头肌进行屈肘动作，随着关节活动范围变化，转动关节轴到肌力作用线的垂直距离发生改变，肌肉力臂较长时，具有较大力学优势。力矩在完成动作过程中一直处于变化中，骨骼肌常处在力学劣势力矩中，承担更多的重量。下肢也一样，如在高速的助跑中起跳，给予腿部（肌肉、韧带、骨）的冲击力可达700kg以上。因此，在运动中肌肉和肌腱所产生的力量要远远超过外界物体或地面施加的外力。

3. 肌腱附着点

人体解剖结构差异较大，包括肌腱在骨骼上的附着点，不同的人存在一定差异。人体骨杠杆中的力点就是该附着点。因此，若肌腱附着于离关节中心较远的位置，肌力的动力臂较长，则能提起更重的物体。然而，获得力学优势的同时伴随着最大速度的丧失，这就需要肌肉更频繁地收缩才能使关节在一定范围内活动。根据力量—速度的反比关系，对于离关节中心较远位置的肌肉必须快速收缩，才能产生较大的关节转动速度。结合人体解剖结构和力学优势原理可知，对于慢速动作，肌腱附着点较远是优势，对于挥拍等快速动作，反而是劣势。这要求运动员在比赛中要根据需要进行必要的调整，减小或增大动作幅度。这对一些对动作灵活性要求高、场上变化大的小球类项目更是如此。

（二）人体肌力的生物力学因素

影响人体肌力的生物力学因素有很多，包括神经支配、肌肉横断面面积、肌纤维排列方式、肌肉长度、关节角度、肌肉收缩速度、关节角速度和身体质量。

1. 神经支配

肌肉由神经控制自主收缩而产生力量。运动时，被募集的运动单位越多，激发频率越高，则肌肉力量越大。开始几周的抗阻练习，大部分肌肉力量增长归功于神经调节，即发生了神经适应，大脑（中枢）从一定数量的收缩组织中学习了如何支配肌肉产生更大的力量。当力量提高的速度不能保持时，通常需要调整训练方法，使肌肉产生新的适应，如提高强度或要求。不同的负重和动作速度影响肌肉的募集方式，长期的适应可以改变神经支配能力，是训练的核心内容。

2. 肌肉因素

（1）肌肉的横断面

与肌肉所有纤维垂直的断面称为生理横断面，肌肉力 F_m 的大小与生理横断面的面积 S 成正比。肌肉产生的力量与它的横断面面积（粗细）有关，而与它的体积大小无关。例如，体脂百分比相同但身高不同的两位运动员，若有相同的肱二头肌围度，则有相同的肌肉横断面面积。较高（亦较重）的运动员肌肉体积较大，但两人肱二头肌的力量相同。在相同力量的前提下，身材高大的运动员在加速身体时缺乏优势，因为要克服更多阻力。如优秀的体操选手身材都不高。抗阻练习既可提高肌肉力量，又可提高肌肉的横断面面积。

（2）肌纤维的排列方式

肌肉最大收缩可以产生的力为 16—100N/cm²，这与肌纤维排列方式有关。羽状肌的肌纤维排列像羽毛。羽状角起点和终点连线和肌纤维之间有一定夹角。人体很多肌肉是呈羽状的，但很少有羽状角超过 15°。肌肉缩短时，羽状角相应增加。高速运动时，羽状肌收缩能力增强，而在离心运动、等长运动或低速向心运动中，因为肌丝走向羽状排列没有优势。

（3）肌肉长度

肌肉静息时，处于部分收缩状态。肌肉收缩时，细肌丝与粗肌丝通过滑行，重叠部分增加，肌凝蛋白和肌动蛋白间横桥位点增加产生张力，肌肉承载力增强，能承受更大的负重。反之，活化的横桥数目减少，肌肉产生的力量下降。在一些相持对抗的动作中要注意姿势的变化使肌肉处于容易发力的状态。

3. 技术因素

（1）关节角度

所有人体运动通过围绕关节旋转才能产生力。关节为骨杠杆活动提供支点，肌肉力量的大小用力矩来衡量，关节角度的大小将影响肌力的发挥。因此，我们通常研究力矩—关节角度的关系。肌肉、肌腱、骨骼、关节构成不同的杠杆，围绕关节产生的力矩就不同。在运动过程中，支点和肌腱位置是不断变化的，那么肌力作用下的动力臂也不同。在靠近肘关节的运动范围起点时，伸肘肌群需产生更大的力量才能保持它们在中点范围运动所产生的相同力矩。

在不同的关节角度，肌肉的用力效果不同，存在"力量区"和"非力量区"。例如，在负重缓慢下蹲过程中，在某个角度感到肌肉用不上力，会加速向下。这一方面与力矩有关，另一方面与传统的动力性向心训练的局限性有关，不能使肌肉在整个关节角度都得到最大的刺激。使用等速练习方法可以解决这一难题。在整个关节运动范围内，运动速度恒定，肌肉收缩时产生的力量始终与阻力相等。因此，在力量练习时遵循全幅度原则有实践价值。

运动中涉及多个身体关节的肌肉，其肌肉长度受两个关节角度的制约。如同时屈髋屈膝，腿后肌群受髋关节和膝关节都会影响，相对直立屈膝产生更大的力矩。竞技体育中的动作一般都是多关节运动，情况更为复杂，要通过反复的专项练习才能建立准确的多关节协调运动模式，使各关节在不同时间达到理想的关节角度。对于其中的薄弱关节（肌肉）要采取专门的练习，才能使整个运动链有序运动，达到力量传递、叠加的目的。

（2）肌肉收缩速度

英国著名的生理学家希尔（Hill）取青蛙的离体肌肉进行肌肉收缩规律研究，得出著名的希尔方程，即肌肉的本构方程，反映了肌肉收缩力和速度之间的关系，证实了当肌肉收缩速度加快时，肌肉力量将下降。

该方程对力量运动训练的指导有多方面意义。当需要更高的速度时，就要适当减少负荷，提高速度成分。当项目需要更大的力克服阻力时，要适当减慢速度，提高力量性成分（最大力量）。也可以在人体做整体运动时，控制身体部位的快慢，使各环节协调用力。例如，当人体开始垂直起跳时，手臂向上挥摆，可以使肩部对身体产生向下的压力，减慢身体向上运动，使得伸髋和伸膝肌肉收缩变慢，从而使肌肉有时间积聚更大的力量，以便爆发式用力。

（3）关节角速度

角速度是研究运动、进行生物力学分析的重要指标，与关节角速度密切相关。人体运动基本由肢体围绕关节轴转动组成，因此，转动是最基本的运动形式。关节的角位移与经历时间的比值即角速度 w，是描述人体运动的常用力学参数。

根据动量矩定理，人体运动中要获得较大的动量矩，必须利用合理的技术加大力矩和延长力矩作用的时间。在投掷的长投项目中（铁饼、标枪、链球），如何通过适当增加动作幅度和"超越器械"来增加角速度、延长用力时间是改进技术的重要手段。同样地，网球的挥拍动作使球的速度、力度更具威胁性。

不同的肌肉运动类型影响关节角速度 w，从而影响肌肉力矩。肌肉做等速向心收缩时，角速度增加，肌肉力矩却下降。相反，离心收缩时，关节角速度增加，最大肌肉力矩也增大，但到达 $90°/s$ 后开始下降。这说明离心收缩可以获得最大肌力，因此离心收缩是提高最大力量最为有效的方法，也可以弥补向心练习手段的不足。

事实上，关节角速度与各关节位置与动作节奏变化有关。良好的位置感、节奏感可以形成流动的加速度，比单独准确地完成每个动作更重要。进行技术动作训练时要注意感觉和反馈，反复强调将注意力集中在身体各个部位和节奏感上，感受完成动作过程的重要性。技术动作和节奏练习的目的是将技术动作的各个步骤完美合一，形成一个高效、流畅、富有节奏并融为一体的完整动作。

4. 身体形态

（1）肌肉力量和身体质量比

一些项目对相对力量有很高的要求。短跑和跳跃竞赛项目中，运动员的肌力和被加速身体部分的质量比是关键因素，肌力和质量比直接反映了运动员加速身体的能力。通过训练，如果一个运动员身体质量（体重）增加了15%，但力量只增加了10%，则该运动员加速的能力下降。跳高项目每增加1kg体重，高度会下降1—2cm。体型大的短跑运动员起跑更加困难也是这个道理。

在体重分级的竞赛项目中，力量和质量比极其重要。相同的身体质量，最强壮的选手有决定性优势。通常力量和质量比大的运动员，其肌力小于身体质量比低的选手。只要运动员找到他最有竞争力的体重等级，就应当让自己尽可能强壮。

（2）身体体积

当所有其他因素相同时，体型小的运动员要比体型大的运动员更有力量优势。肌力与肌肉横断面面积成正比，肌肉质量与肌肉体积成一定比例。因此，体型越大肌肉体积以立方的速率增长，而肌力以平方的速率增长，故，体型小的选手有较高的肌力—质量比。在竞技体育领域，控制体重的通常做法是减少脂肪，增加肌肉或者改变神经支配能力。

（三）肌肉收缩的阻力

肌肉收缩的阻力主要是重力、惯性、摩擦力、流体阻力和弹性阻力。明确阻力的来源有利于设计和选择不同阻力形式的训练手段和方案。

1. 重力

物体由于地球吸引而受到的力叫重力。它等于物体的质量乘以该地区重力加速度：$G=mg$。g是重力加速度，m是物体质量，不同的地理位置，加速度也不同。物理学中，人们所说的质量和重量是不同的。重量即重力，质量是物体内含物质的多少，其大小不随物体位置的变化而变化。

2. 抗阻练习

由于重力的作用线始终垂直向下，施加负荷的阻抗力臂是水平的，阻抗力矩为重力与负荷质点到关节轴点的水平距离之积。举起重物时，施加负荷的重力不变，但阻抗力臂不断变化，阻抗力矩也随之变化。当负荷靠近关节轴点时，阻抗力臂变小，阻抗力矩变小；反之，阻抗力矩变大。竞技举重动作要求"近、快、低"，其中近就是使杠铃靠近身体纵轴线，缩小阻力臂，从而减小阻力。

屈臂动作，前臂水平时，从肘关节到杠铃的水平距离最大，练习者要使用最大的肌肉力矩来支撑负荷。当前臂向上或向下旋转远离水平线时，动力臂减少，阻抗力矩变小，所需的肌肉力量随之减小。

根据上述原理，蹲举时若身体前倾，使负荷到膝关节的水平距离缩短，减小股四头肌对于膝关节的阻抗力矩，同时负荷到髋关节的水平距离变远，增大臀肌和股后肌群对于髋关节的阻抗力矩，从而减小膝关节的压力，转而集中于伸髋肌群。

在利用杠铃、哑铃、壶铃负重练习时（也称作自由重量练习），尽管重量没变，但身体各环节位置、姿态特别是器械轨迹的变化，使得在动作过程中力臂、力矩随时发生变化，运动员要不断调整施力，才能举起重物。因此，自由重量练习的效果被认为要好于运行轨迹相对固定的器械练习。

3. 惯性力

任何存在的物体都有惯性，克服这个惯性需要外力。在运动中除了重力，杠铃或器材受力后加速，会对练习者产生惯性力。尽管重力作用是垂直向下的，但惯性力可以是任何方向。向上举重时，惯性等于质量与阻力向上向下运动，左右加速时，则产生水平加速度。

减速即负向加速。对向上运动的负荷，举重者可减少向上的力量或借助重力使重物减速。若水平移动，如屈肘手持哑铃，站立肩外旋动作时，人体必须施以相反方向的减速力量。负荷向下运动时，人体需施以比负荷大的向上力量来减速。

在一定负荷下，瞬发性举重在提举的最初阶段肌肉阻力较大（要克服惯性阻力），动作结束前阻力变小。与加速较低的慢速提举相比，该法可让所有参与工作的肌群承受最大的阻力。因此，采用挺举或高翻动作进行训练时，要注意使用腿部和髋关节的力量，提供较大的加速度，使重物垂直加速至高速，克服高阻力，使负荷持续向上，直至最高点。

根据肌力—速度的关系曲线，略高于器械负荷的惯性使肌肉以较低速度收缩，而轻于标准重量的惯性使人体能对器械迅速加速，提高离手速度。研究证明，在投掷项目中使用轻器械或者重器械，减少或增加的重量在标准器械重量的20%以内，练习者都能从中受益。但相对来讲，使用轻负重更利于动作速度的提高，使用过多降低速度的重器械练习对投掷无益，可能只对动力性力量成分的改变有好处。另外，过重的重量尤其不利，因为除动作慢以外，还容易造成动作变形，和专项动作模式有较大差异。

4. 摩擦力

相互接触的两个物体发生相对运动或相对运动趋势时在接触面上产生的相互阻碍运动的作用力，称为摩擦力。摩擦力方向总是与物体相对运动趋势方向相反。

通常起动动作的摩擦系数大于维持动作的摩擦系数，因此，抗阻练习时需要较大的起动力量，动作开始后，不管速度如何，以固定力量维持动作即可。短跑的起跑和其他项目前后左右的快速起动，利用摩擦力原理（增加阻力）进行训练，可以有效提高爆发式起动能力。

5. 流体阻力

器械在空中飞行或人体在水里移动，都会遇到流体阻力问题。物体通过流体

（液体或气体）承受的阻力称为流体阻力。流体阻力在游泳、短跑、高尔夫等项目中都是一个重要因素。

流体阻力的形式分为表面拖拽力和形式拖拽力两种。前者源于流体通过物体表面的摩擦力，后者源于流体通过物体前面或后面的压力。减小流体阻力的方式主要有：

①完善身体姿态，减少阻力面，如短跑、自行车的身体前倾，游泳时身体尽量能与水流平行等。

②完善技术，降低与流体的冲击角，如田径中的标枪、铁饼等项目。

③完善服装、器材等，如在游泳、田径短跑、自行车项目中，服装会给运动员带来阻力。自行车、赛车的流体特性也可以改良，以减小阻力。

利用流体阻力也是进行专项力量训练的有效手段，如在风力较大时进行顺风跑、逆风跑，穿阻力大的衣服进行游泳、骑自行车等。

二、核心力量训练

（一）核心区域

核心力量训练最初来源于康复训练领域，主要针对腰以下病患者进行康复治疗。近年来，随着竞技体育理论的不断发展，核心力量训练逐渐在竞技体育领域得到广泛应用和认可。从目前专家学者们的研究结果来看，核心区域主要指肩部到髋关节的身体部分，也是人体运动链的主要核心环节。由肩、躯干、腰、髋及向四肢辐射的肌肉组成，该部分有大约 30 对肌肉，力量大，能量储存多，附近是身体重心所在，起稳定、传导、发力、减少发力、平衡等作用，在带动小关节的运动中起先导作用，提高了动作效率。

髋关节是人体最粗壮的联合性关节，可以看作是人体力量的"发动机"，而相邻的腰比较薄弱，容易受伤，特别是背部。其实，武术上所讲的"力从腰发"是不准确的，真正的应该是"力从髋发"。躯干部位可以作为支点，发力或带动发力的主要是髋部和肩部，在人体运动中十分重要。从运动链的角度看，核心区域和四肢组成了完整的运动链，且处于中心环节。如果核心区力量不足，整个运动链会非常薄弱，造成力量、能量泄露或内耗。

核心力量训练作为一种有效的辅助手段，对运动核心区域肌肉力量的发展起到良好的作用，同时促进运动技术的发展并降低运动损伤发生的概率。核心力量训练是在传统力量训练基础上发展形成的，主要是针对传统力量训练中核心肌肉发展不足而进行的较为全面、系统的科学训练。

核心力量训练模式主要是围绕腰椎-骨盆-髋关节联合周围肌群所进行的训练。

目前，有关核心力量训练的方法和手段较为繁多，总体概括为以下几类：徒手训练、瑞士球训练、实心球训练、弹力带训练等。通过对这些训练方法的总结可以看出，核心力量训练方法主要通过身体的非稳定性训练，增加核心区域的不稳定来提高核心区域肌肉群的力量，尤其是对深层小肌肉群力量的提高极为有效。

（二）核心力量训练注意事项

1. 多维度练习

传统腰背力量训练中，单维、双维训练较多，由于躯干部位肌肉多，走向复杂，深层次的肌肉往往很难练到，影响效果。功能性核心力量训练，要求实施多方向、多维度、多支撑条件下的多样化训练，前后、左右、旋转等力量都可以得到有效改善。

2. 核心力量和一般力量都以提高专项力量为目的

专项力量依然是运动训练的主要目的。核心力量训练要解决一般性力量与专项需要相差较大的矛盾，促进以脊柱为支撑的核心稳定性，为专项动作的发力打下扎实的基础。

3. 核心力量发展优先于四肢力量

四肢力量主要是表层肌肉，走向简单，训练起来相对容易，但其力量的传递要通过核心部位。如果核心部位不稳，充实度不够，就会增加能量、力量的内耗，影响发力效果。因此，核心力量是其他部位力量的支撑系统，要优先发展。

4. 核心力量要分层安排，才能取得理想效果

核心力量训练手段繁多，要有整体使用的设计规划，由简到繁，由轻到重，由一般到专项，使骨骼、关节、肌腱、肌肉逐渐适应，打好基础，才能获得理想的效果。通常顺序如下：

（1）垫上练习

主要在（硬）海绵垫上做一些基本的腰背肌肉练习，多增加一些旋转的、静力性的、不同支撑部位的练习。"八级腹桥"侧桥等也属于这类动作，可逐渐负重。

（2）单个专门器械练习

利用单个的瑞士球、平衡板、悬吊、振动器等进行上述练习，逐渐增加不稳性，结合实心球进行投、抛、摆练习，可逐渐负重。

（3）两个专门器械相结合练习

例如，把悬吊与瑞士球相结合，实心球与瑞士球相结合等，使上下肢都处于不稳定状态进行练习，循序渐进增加训练难度，可逐渐增加负重。

（4）把器械与专项技术相结合

例如，在平衡板上做阻力性划船动作练习，背倚瑞士球做投掷动作等，以增加

动作的复杂性和对神经肌肉的控制能力。

（三）核心力量训练方法和手段

徒手训练法适用于核心力量训练的初始阶段，主要目的是让运动员体会核心肌群的用力及对身体的控制能力。在具体训练过程中，可根据运动员核心力量的增长情况，采用不同形式的由表及里、由浅入深、由慢及快的训练，可以有效地刺激核心区域不同层次的肌肉群。相关练习方法如下：

1. 屈膝半蹲

部位：胫骨前肌、腓肠肌、比目鱼肌、臀大肌、股二头肌、股直肌、股内侧肌。作用：加强小腿后肌群的力量，提高其柔韧性和平衡能力。

方法：

①身体直立，两脚平行，脚尖朝前，两臂向前水平举起，保持平衡。在保证站稳的情况下，脚尖抬起。

②收紧腹部肌肉，慢慢下蹲，足跟离地面，背部挺直，头颈上顶，避免身体过度前倾。

③呼气的同时慢慢回到起始姿势。动作过程中体会腿部肌肉克服体重做功的感觉。

组数：每组 20s，共练习 3 组。

注意事项：背部挺直，头上顶，整个过程中收紧腹部和脚尖上卷。

2. 屈膝两头起

部位：腹直肌、腹内斜肌、腹外斜肌、腹横肌、阔筋膜张肌、股中间肌、股直肌、股内侧肌、髂肌、梨状肌。

作用：增加腹肌的耐力性，加强屈髋肌力量。

方法：

①平躺在地面，头、颈部、肩部、两腿轻微抬离地面，不要弯腰，两臂抬起平行地面。

②膝屈曲向胸前移动，上体前屈，两手触碰踝关节。此时臀部着地，其他部位离开地面。

③慢慢打开身体，双腿伸直，上身后躺，回到起始姿势。

组数：重复 15 次为 1 组，共练习 3 组。

注意事项：整个过程中要收紧下巴，绷紧大腿。

3. 俄罗斯旋转

部位：腹直肌、腹内斜肌、腹外斜肌、腹横肌、股中间肌、股直肌、髂肌、髂腰肌。

作用：增加腹肌的耐力，加强屈髋肌力量。

方法：

①身体呈坐姿，双膝屈曲，两脚平放于地面。两手向前水平举起，位于膝盖上方。

②上半身向右扭转，两手触碰身体右侧地面。

③回到起始状态，上半身向左扭转。可适当负重。

组数：每组每侧完成 10 次扭转，共 3 组。

注意事项：扭转时双脚与地面保持接触，膝关节紧紧靠在一起，颈部和肩部保持放松。

4. 髋关节旋转

部位：阔筋膜张肌、股直肌、股外侧肌、股二头肌、臀大肌、臀中肌、髂胫束、缝匠肌、股内侧肌、股中间肌、长收肌。

作用：利用自身体重练习腹肌，提高腹部肌肉的控制能力。

方法：

①坐于地面，两手放于身后支撑，两腿伸直并拢，向上抬起。

②在骨盆保持稳定的前提下，慢慢把两腿移动到最右侧，最下方以及最左侧，可适当负重。

组数：每组每侧完成 5 次扭转，共 3 组。

注意事项：两腿来回摆动时，双腿保持伸直；为了更好地支撑起体重，双臂应离身体远一些；整个过程中颈部保持伸直。

5. 仰卧举腿

部位：腹直肌、腹横肌、股中间肌、阔筋膜张肌、臀大肌、臀中肌、股三头肌、股直肌、髂肌、髂腰肌。

作用：加强核心区域肌肉力量，提高骨盆稳定性。

方法：

①躺于地面，两腿交叉上举，膝关节伸直，两臂伸直放于体侧。

②两腿和臀部夹紧，腹肌发力将髋关节抬离地面。

③慢慢将髋关节放回到地面。

组数：每组 10 次，两腿位置互换，共 3 组。

注意事项：整个过程中两腿伸直并绷紧，向上举腿时保持颈部和肩关节放松。

6. V 形两头起

部位：腹直肌、阔筋膜张肌、腹直肌、股外侧肌、股内侧肌、股中间肌、长收肌腓骨肌、肱肌。

作用：增强腹肌的力量，提高脊柱的稳定性。

方法：

①身体呈仰卧位，两腿抬起与地面成45—90°夹角。

②吸气，两手上举，肩关节和头部抬离地面。

③吸气的同时胸椎屈曲，上身继续抬起到胸廓部位抬离地面。

④深吸气，两手向前触摸脚尖，背部弯曲呈V形；吐气时慢慢放下身体，体会椎体一节一节伸展的感觉，回到起始姿势。

组数：每组10次，共计3组。

注意事项：在抬起和放下身体过程中注意体会脊柱各个椎体之间的相对运动；为了使胸椎和颈椎所受到的力量最小，颈部应该保持伸长且放松状态。

第四节 快速伸缩复合训练

一、快速伸缩复合训练的释义

快速伸缩复合训练（Plyometric）在体能训练中是一种提高肌肉爆发力的训练方法。最早人类运动专家将其称为"超等长训练"或"增强式训练"。随着人们对其生理和工作原理的不断研究，现在大家普遍将这种训练方法叫作"快速伸缩复合训练"。在欧美一些国家，许多生理学家将"Plyometric"称为"拉长—缩短周期"（Stretch-Shortening Cycle，SSC），是指人体的肌肉工作时在最短时间内表现出的最大功率，是动作速度和力量输出的结合。在竞技体育中快速伸缩复合训练是常用的发展身体爆发力、辅助专项练习、预防运动损伤的重要训练方法。这种训练方法是在肌肉拉长后紧接着肌肉进行快速的收缩，将肌肉的弹性势能和牵张反射快速释放的动能共同作用来发展肌肉输出功率。

二、快速伸缩复合训练的生理学原理

（一）快速伸缩复合训练的生理学机制

关于快速伸缩复合训练有很多生理学解释，其机理都是肌肉自身的弹性势能和牵张反射的综合作用。肌肉的弹性势能是根据肌肉的收缩原理，肌肉中的肌动蛋白与肌球蛋白组成联桥，其结合增加了肌肉串联的弹性能力。这种串联是在肌肉与肌腱之间组成了"肌肉—肌腱—复合体"的作用，并分为串联和并联两种弹性结构，而这两种结构被拉长的长度不同，串联弹性结构的延展长度最长可增加到自身长度的 10%，而并联弹性结构被拉长的长度较低，仅为自身长度的 4%。因此，肌肉中的"联桥"的串联结构决定并增加了弹性势能的储存和释放。而牵张反射增加力量的原理是：肌组织中有肌梭和腱梭，肌梭是一种本体感受器，可以感受肌肉突然被牵拉或长度瞬间变化的信号。肌肉在外力作用下，突然受到拉长，肌梭会立刻做出反应，肌肉立即执行快速收缩。

（二）快速伸缩复合训练的力学机制

快速伸缩复合训练可分为三个阶段：离心阶段、过渡阶段、向心阶段。在离心阶段，串联结构的弹性成分储存了弹性能量，肌梭受突然被拉长的信号，通过 Ia 型传入神经将冲动信号发送至脊髓前根。例如，人体从站立位突然下蹲到一定高度时为离心阶段。过渡阶段也称"偶联期"，此阶段需要输出神经 α-神经元将信号传递到目标肌肉。这一阶段要短才能充分动员弹性势能和牵张反射的力量。反之，聚集的弹性势能和牵张反射的力量就会消失。在下蹲最低点和起跳前的瞬间时刻为过渡阶段。最后一个阶段是向心阶段，要求肌肉快速地进行向心收缩。这一阶段通过肌肉的牵张反射、串联的弹性势能以及肌肉的向心收缩的综合作用产生最大的输出功率。

三、快速伸缩复合训练的方法

快速伸缩复合训练（超等长训练）是目前发展运动员爆发力最有效的训练方法、手段。快速伸缩复合训练主要分两类：慢速伸长—缩短周期快速伸缩复合训练和快速伸长—缩短周期快速伸缩复合训练。慢速伸长—缩短周期快速伸缩复合训练的特点是有一个预先的离心收缩阶段，且在固定支撑物上执行，例如，反向运动跳跃（即跳起前有一个预先的反向下蹲动作）。快速伸长—缩短周期快速伸缩复合训练的特点是有一个预先的腾空阶段，所以与地面接触的时间非常短。这方面的典型例子是跳深（即在一定高度的箱子或台子上自然下落，着地后立即起跳）；然而快速伸长—缩短周期快速伸缩复合训练也包括重复跳跃动作和循环跳跃动作。

按照身体部位，快速伸缩复合训练可分为上肢练习、下肢练习和躯干练习。例如，单腿跳是下肢快速伸缩复合训练，头上扔球是上肢快速伸缩复合训练，俄罗斯旋转抛接球是躯干快速伸缩复合训练。在这三种练习中，下肢快速伸缩复合训练是最普遍的，它主要由双腿跳（Jumping）、交换跳（Bound）、单腿跳（Hop）三种基本跳跃方式组成。而在跳跃方式上，快速伸缩复合训练也分为三类：无反向式、有反向式和双接触式。无反向运动（NCM）：静态下蹲起跳，即在静态下蹲起跳中，运动员先蹲好（膝关节屈 90°、髋屈 90°），然后起跳，这种纵跳中没有利用储存的弹性势能，也没有利用上牵拉反射作用来提高肌肉收缩力，严格来说不属于快速伸缩复合练习。反向运动（CM）：从站立姿态迅速下蹲起跳，即下蹲后立即起跳的方式，具有一个快速的离心阶段，紧接着一个向心收缩（起跳），快速的离心阶段使运动员在肌腱单位中储存了弹性能，并刺激了牵拉反射，因而加强了弹跳力量。双接触（DC）：站立姿态迅速下蹲垫步起跳或在助跑中起跳，即在垫步或助跑起跳中，离心阶段更加快速有力，这种离心阶段的快速收缩使得纵跳更为有力，跳得更高。

快速伸缩复合训练虽然被认为是最有效的发展爆发力的方法，但是训练时必须科学合理，还应考虑其影响因素。训练效果的关键因素包括肌肉的牵拉长度、肌肉的牵拉速度和肌肉离心—向心收缩的耦联时间。下肢力量训练中采用超等长训练可以提高肌肉离心、向心收缩两种工作的能力，在实际应用时，都应结合项目特点和超等长收缩的生理机制设计超等长训练方法，如单腿跨跳、负重起跳等，采用快速伸缩复合训练的最大好处是发展运动员利用伸长—缩短周期增强向心收缩功率输出的能力。而快速伸缩复合训练被视为专项运动的基础，通过提高产生力的速度来增强爆发力；通过提高储存和释放弹性势能来增强反应力量；通过增强关节和身体连接处的力量减少能量外泄和增加力的传递效果，从而促进专项运动能力的提升。国外有关研究文献指出，快速伸缩复合训练还对运动员的灵敏性、跑步经济性以及核心稳定性有促进作用。而且适宜的快速伸缩复合训练可提高肌肉在一定负荷内拉伸的能力；提高反应速度、快速变向能力和减少运动时的能量消耗，有利于预防伤病。

第五节　速度训练

一、速度素质的含义

速度是指人体（或身体的某部位）进行快速运动的能力。它包括三个方面，即对各种刺激快速反应的能力、快速完成动作的能力和快速通过某一距离的能力。速度是运动员的基本素质之一，在体能训练中占有重要地位。有些运动项目（如田径100m 跑）本身就是运动员比快速运动的能力。有些运动项目本身虽不是比速度，但速度对运动成绩有直接影响。例如，世界著名运动员刘易斯，当他跳远成绩达到8.91m 时，他的 100m 赛跑成绩已达到 9.86s。速度还是很多项目选材的重要指标。

二、速度素质的分类

速度素质是人体进行快速运动的一种能力，基本的表现形式有：反应速度、动作速度和周期性运动中的位移速度。

（一）反应速度

反应速度是指人体对各种信号刺激（如声、光、触等）的快速应答能力。这种能力取决于信号通过神经传导所需时间的长短，即机体的感受器感受到刺激时，由感觉神经元传入中枢神经，由中枢神经发出指令，经运动神经元传出至效应器肌肉，肌肉产生运动。这在运动中又称为反应时，反应时长反应速度慢，反应时短反应速度快。例如，短跑运动员听到枪声后快速反应到起动；乒乓球运动员能在 0.15s 内根据对方的击球动作和击球声音（通过视觉和听觉），非常迅速、准确地判断来球的落点和旋转性能，同时做出相应的技术回击，这就是良好的反应速度的表现。

反应速度以神经过程的反应时（其中包括感觉时间、思维判别时间和动作始动时间）为基础。反应时受遗传的因素影响较大，遗传力高达 0.75 以上。另外，反应时的长短与刺激信号的强度和注意的集中程度与指向有关。

（二）动作速度

动作速度是指人体或人体的一部分完成单个动作或成套动作的快慢以及单位时间内重复动作次数多少的能力。因此，动作速度又分为单个动作速度、成套动作速度及动作速率三种。例如投掷运动员掷出器械的速度，排球运动员的扣球速度，跳高运动员的起跳速度，体操和武术运动员完成成套动作的速度以及拳击运动员的出拳速度等。

动作速度除了取决于信号在各环节神经传递速度外，还与神经系统对人体运动器官指挥能力关系密切。例如兴奋冲动强度大，加之传递速度快，协调性好，即指挥的能力强，动作速度必然快。此外，动作速度的快慢还与人体各器官系统的准备状态、快速力量与速度耐力水平以及动作熟练程度有关。

（三）位移速度

位移速度是指在周期性运动中，单位时间内人体快速位移的能力。通常用通过一定距离的时间或单位时间内所通过的距离来表示，如短跑运动员的跑速、跳高运动员的助跑速度等。

位移速度与人的神经过程的灵活性关系密切，神经兴奋与抑制过程灵活性越高，转换能力越强，人体两腿交换频率越高，位移速度就越快。运动员的跑速与其步幅、步频及二者的比例，肌肉放松能力和运动技能巩固程度有关。位移速度也受到遗传因素影响。在技术动作中，位移速度可分为平均速度、加速度和最高速度。

构成速度素质的反应速度、动作速度、位移速度之间既有联系，又有区别。位移速度本身就是由各单个动作速度和动作速率组合而成的。例如途中跑的后蹬速度、前摆腿动作速度、摆臂速度和重复次数的组合。反应速度又往往是位移速度的开始（如起跑），反应速度在运动中，已经成为反应的第一个动作速度。因此，在发展位移速度中，要考虑三者之间的相互关系。就位移速度而言，反应速度是前提条件，动作速度是基础。

三、速度素质的意义

提高速度素质的主要目的是改善和提高神经系统的灵活性，提高无氧供能能力，以及提高肌肉协调放松的能力。速度素质是人体的基本身体素质之一，在身体训练中占有重要地位。在不同的运动项目中，速度素质均具有重要作用。良好的速度素质对其他运动素质的发展具有积极意义，能为耐力素质的发展提供更大的空间。良好的速度素质有助于练习者更好地掌握合理有效的运动技巧。速度素质的意义主要体现在以下三个方面。

（一）速度素质是决定运动成绩的重要因素

在体育比赛中，有些项目比赛的成绩直接受到速度素质的制约，如田径中的短跑、短距离游泳、划船、自行车、滑冰、滑雪等项目本身就是比运动员快速运动的能力，通过一定距离，用速度的快慢来决定胜负。有一些项目虽然本身不是速度比赛，但速度素质的好坏对运动成绩有直接影响，例如跳远，首先要由快速的助跑产生良好的水平速度，然后要在 0.1s 左右的时间内完成起跳，将身体抛出 8m 多远。跳高运动员要在 0.2s 内完成起跳，将身体腾起 2m 多高。铅球运动员要在 0.2s 左右的时间内发挥全身力量，将铅球推出 20m 以外。这说明动作的初速度决定了这些项目的运动成绩。又如拳击、击剑等项目，要在不停的运动中，伺机快速出击，既要击中对方，又要防躲被对方击中，这就要求快速及敏捷的动作速度。球类运动中的快攻与快防，突然起动，快速改变方向，及时堵、截、抢、断等都要求速度领先一步，方能取得主动。

随着现代运动技术的发展，时间因素所起的作用越来越重要。在研究构成技术诸因素中，时间因素的研究逐渐得到重视。一方面，要研究在完成各种复杂技术中，如何缩短动作的时间，提高完成动作的速度；另一方面，在创新技术研究中，力求完成技术动作的迅速性，动作技术的突然性，出其不意地取得胜利。与此同时，在现代训练中，教练员也通过提高速度来增大训练的难度与强度，提高专项能力，适应当今激烈竞赛的要求。所以，速度素质是各个运动项目竞技能力的重要内容，直接影响运动员技战术水平的发挥，是竞争能力强弱与比赛胜负的决定性因素。

（二）速度素质是衡量竞技能力的客观依据

速度素质直接反映运动过程中的效果，提供改进技术、提高运动成绩的客观数据。竞技体育技术动作大多要求快速完成，良好的速度素质有助于运动员更好地掌握合理有效的运动技巧。

（三）速度素质训练能够改善人体代谢过程

速度素质不仅能提高人体的快速运动能力，而且能提高人体中枢神经过程的灵活性及兴奋与抑制的转换能力，提高人体三磷酸腺苷和磷酸肌酸的储存量，促进供能能力的提高和改善代谢过程。

四、速度素质训练的影响因素

速度素质包括反应速度、动作速度与位移速度。三者之间既有联系，又有区别，特别是在内部机制方面，反应速度和动作速度、位移速度具有较大的差异，前者着重表现在神经活动方面，而后者则着重表现在肌肉活动方面。

（一）影响反应速度的因素

1. 感受器的敏感程度

感受器越敏感，越能缩短对各种信号刺激的感受时间。感受器的敏感程度在相当程度上受到注意力集中程度与指向，以及感受器疲劳程度的制约。例如射击练习者长时间地进行瞄准练习后产生视觉疲劳，反应时就会延长。

2. 中枢神经系统机能

刺激信号的选择性越大，反射活动就越复杂。中枢神经对刺激信号的分析时间主要与中枢神经系统的兴奋性、条件反射建立的巩固程度有关。例如，中枢神经系统兴奋性高时反应时就缩短，疲劳时反应时则延长。又如，随着动作技能的日益成熟，反应时就会明显缩短。

3. 效应器（肌纤维）的兴奋性

肌肉处于紧张状态时反应时比放松状态要缩短 7% 左右。肌肉处于疲劳状态时反应时明显延长。注意力的集中程度、疲劳程度与反应过程的巩固程度对反应速度有相当大的影响。

（二）影响动作、位移速度的因素

动作速度与位移速度的主要特点都是通过肌肉系统最大限度的快速活动形式，在最短的单位时间内完成动作。由于人体肌肉活动的形式与质量受到形态、生理、心理、力学、技术等方面的影响，故影响动作速度、位移速度的因素也表现为多方面。

1. 人体形态

人体形态对速度的影响,主要在于四肢的长度。在其他条件相等的情况下,上下肢的长度与该部位的运动速度成正比。上下肢的长度越长,该部位的运动速度就越快。人体四肢的运动形式是肢体绕关节轴的转动,效应部位(手或脚)离轴心的距离越远,运动速度就越大。拳击和击剑练习者手臂越长,出拳与出剑的速度就越快,径赛练习者下肢的长度也是影响运动成绩的重要因素。所以,运动速度要求较高的体育竞技项目,都把人体形态作为一个重要的选材指标。

2. 肌纤维类型和肌肉用力

肌肉的快速收缩是速度素质的基础。从肌肉的结构来说,人体骨骼肌分为快肌纤维(白肌纤维)、慢肌纤维(红肌纤维)和中间型纤维三种。快肌纤维主要靠糖酵解供能,并具有较高的脂肪、三磷酸腺苷、磷酸肌酸含量,但活动时容易疲劳。人体肌肉快肌纤维百分比越高,快速运动的能力越强。

良好的肌肉弹性以及主动肌和对抗肌之间的协调交替能力也是实现快速运动、准确完成动作技术的重要保证。关节的柔韧性对大幅度完成动作(如步幅)的作用十分明显。因此,在发展速度(特别是位移速度)的过程中,安排适量的柔韧练习,对速度素质的提高有积极意义。

3. 肌肉能量储备与分解合成

肌肉收缩的速度首先取决于肌纤维中动用化学能的速度与强度,以及化学能转变为收缩机械能的速度与强度。速度与肌肉中三磷酸腺苷的含量有关,与神经冲动传入肌肉时三磷酸腺苷的分解速度有关。另外,速度是以肌肉中三磷酸腺苷再合成的速度为前提的。

4. 神经活动过程的灵活性

神经活动过程的灵活性主要指运动神经中枢兴奋与抑制之间快速的转换能力,以及神经与肌肉之间的协调能力。人体部位各种形式的快速运动,都是神经中枢活动高度协调的表现。只有这种高度协调,才能保证在快速运动时,迅速地吸收所有必要的肌肉协作参与活动,并抑制对抗肌的消极影响,发挥最高速度。另外,神经活动过程的灵活性不仅影响肌肉的猛烈收缩,而且对肌肉随意放松的能力也有直接作用。随意放松肌肉是神经中枢合适的抑制状态造成的。练习者在发展位移速度时,如果能充分放松肌肉,就能较长时间维持高速运动。

5. 注意力的集中程度

动作速度、位移速度还和练习者注意力的集中程度有很大关系。实际上,注意力的集中程度是一种心理定向能力。这种能力不仅影响中枢神经系统兴奋与抑制快速转换的速度,而且对肌肉纤维的紧张程度与收缩效果有重大作用。

6. 力量发展水平与技术

在许多运动项目中，力量的发展水平与技术是影响动作速度和位移速度的重要因素。从力学公式中可以知道，力量等于人体质量与加速度的乘积，力量是引起人体加速度的原因，力量越大，加速度越大，加速度越大，人体运动速度就越快。相对力量越大，肌肉就越容易在运动中克服内、外部阻力，产生快速的收缩速度。另外，动作速度和位移速度往往受技术的影响，练习者的快速能力在很大程度上取决于完善的运动技术。

五、速度素质训练的基本方法

速度素质训练包括反应速度训练、动作速度训练和位移速度训练，下面从这三个方面对速度素质训练的基本方法进行分析。

（一）反应速度训练的基本方法

反应速度是速度素质表现形式的一种。由于反应速度受遗传因素的影响，它是一个后天练习改变不明显的指标。实际上，反应速度是有机体神经系统反射通路的传导时间。这种反射通路的传导是人体的纯生理过程，是某一个神经系统受遗传特征决定固有的时间过程。生理学研究证明，纯生理过程在后天是不能改变或只能产生极微小的变化。由此可见，源于遗传因素的反应速度，即便通过运动练习也不能得以改变和提高人的反应速度。运动练习只是把受遗传因素影响所决定的最高反应速度表现出来，并稳定下来。例如，人体本能的反应速度为 0.05—0.09s，世界上优秀短跑运动员的最快反应速度为 0.05—0.07s。对一般人来说，如果遗传决定他的反应速度是 0.09s 的话，那么通过练习将能把它表现出来，并使之具有较高的表现频率。最高反应速度的次数出现得多，则表示反应速度有较好的稳定性。

在运动中，反应速度最终须通过某一部分肌肉工作的形式反映出来。因而，为了能够表现出最高反应速度，加强后天的反应速度和肌肉工作形式的练习有重要的意义。

1. 简单反应速度的训练

简单反应就是用早已熟悉或掌握的动作，去回答预先已知的，但又是突然出现的信号。例如对短跑起跑鸣枪的反应等。

（1）简单动作反应速度练习的基本原理

①简单反应速度存在转移现象，即人们若对一些事物产生的反应较快，那么他们对另一些事物也会有较快的反应。各种各样的位移速度和动作速度练习可以逐步地提高这些简单反应速度，但是简单反应速度并不能影响动作速度和位移速度的发展。因为反应速度与动作速度、位移速度之间的转移是不能逆转的。

②简单反应速度与心理素质练习有关。在运动中，练习者对细微时间间隙的感觉（0.1s以内）越精细，准备辨别这种时间差的能力就越强，就越能把这种准确时间差的感觉转移到反应速度上来。

③简单反应速度的提高多取决于练习者对信号作出应答反应动作的熟练程度。这是由于动作熟练后，一旦出现信号，中枢神经系统无须再花费较多时间去沟通与运动器官之间的反射联系。

（2）简单反应速度的训练方法

体育科学研究表明，由视觉到动作反应的时间：普通人平均为0.25s（0.2—0.35s）运动员为0.15—0.2s。由听觉到动作的反应时间（较短）：普通人平均为0.17—0.27s，运动员为0.10—0.15s。对于未进行过简单反应速度专门训练的练习者来说，对他们进行一般的速度练习，或多种多样的游戏活动及球类或者对抗性的练习等，也可以发展简单动作的反应速度，而且可以收到良好的效果。如果把专项运动所需要的简单动作反应速度提高到一定程度或较高水平，就需要采用专门的练习手段和方法。发展简单动作反应速度有以下几种方法：

①重复练习法，即对突然发出的信号，快速地作出应答反应，以提高练习者的动作反应能力。还可以根据瞬间信号（听觉、视觉），变换动作或改变运动方向；对对方的各种动作作出预定的反应动作等。

②变换练习法，即根据动作的强度和具体时间变化的信号刺激，明显地改变练习的形式和环境来提高简单动作的反应速度。应用变换练习法还可以辅以专门的心理素质练习来发展简单动作反应速度的练习（比赛的条件、模拟接近测试）。这样可以使练习者逐渐地适应多变的环境，消除妨碍实现简单动作反应的多余紧张，避免兴奋的极度扩散。

③分解练习法，即分解回答反应的动作，使之处于较容易完成的条件下，通过提高分解动作的速度来提高反应的速度。例如，蹲距式起跑时，反应时间要比站立式起跑长，这是因为练习者的手臂支撑着较大的重量，要较快地离开地面有一定的难度。因此，可先练习对起跑信号的反应速度（高姿势起跑或扶其他物体），而后不用信号单独练第一个动作的速度。

④运动感觉法，即心理素质练习与运动实践相结合的一种方法。运动感觉法的练习可分为三个阶段：第一阶段，练习者听到信号后，用最快的速度对信号作出应答反应（如做5m的起跑），并获得实际时间，以提高练习者的应答反应能力。第二阶段，让练习者自我判断反应时间，并与实际时间进行比较，以提高练习者的时间感觉能力。第三阶段，要求练习者按照预先规定的时间完成某一反应的练习，以提高练习者的时间判断能力。

运动心理练习也是提高简单动作反应速度的一个方面，如注意力集中的目标，对等待信号的时间判断，采取合理的动作等，都有助于提高反应速度。

2. 复杂反应速度的练习

复杂反应速度是指对瞬间的（运动、动作）变化做出相应动作的回答。例如，在球类运动（如篮球、排球、足球、羽毛球、网球、垒球、乒乓球等），以及一对一的对抗项目（如击剑、拳击、摔跤、跆拳道、空手道、散打和气道、自由搏击等）中，由于竞争和对抗程度激烈，经常会出现应急而变换动作的情况，因此对复杂反应速度有极高的要求。

复杂动作反应在运动中大部分属于"选择"反应。选择反应主要有两种反应形式：一是对移动目标的反应。对移动目标的反应过程主要指对运动客体的变化作出反应。二是选择动作的反应。其主要根据对手动作的变化而作出相应的动作反应。

复杂反应速度的培养是运动技术和战术练习的组成部分，在球类运动和格斗运动项目里显得尤为突出。复杂动作反应的提高，最有效和最主要的方法是在练习中模拟实战演练或整个竞赛活动的情况，以及参加测验和比赛。因为对方所产生的变化只有在激烈竞争中才能充分地显现出来，而自己所选择的反应动作是否有效也只有在实战应用中才能得到检验。发展复杂反应速度的练习方法有以下几种：

（1）移动目标的练习

移动目标的练习，即对移动目标产生应答反应并作出选择反应。在运动中，对移动着的目标作出应答反应需要经过以下四个阶段。

①到目标移动或听到信号。

②判断目标移动的速度和方向。

③选择应答动作的方案。

④实现动作的方案。

上述四个阶段组成了运动条件反射的潜伏期。例如，对球类运动中"传球"的反应过程，是由看到球—判断球速、方向—选择动作—完成动作等来实现动作应答反应的。整个反应过程时间为 0.25—1.0s。其中，第一阶段所需时间最长，其他三个阶段的时间要短得多，约为 0.05s。因而，强调第一阶段练习，即观察移动物体的练习，对提高人体的反应能力是十分重要的。快速移动目标练习方法可采用以下两种。

第一，"预料"能力的培养，即培养在视野中预先"观察到"和"盯住"运动着的物体，以及预先推测和确定该物体可能移动的方向、位置的能力。这种能力需要在技术动作和战术动作的练习过程中不断地强化，才能得到一定程度的提高。

第二，有意识地引入和增加外部刺激因素。例如在球类项目练习时增加球的数量，采用多球的游戏练习；缩小练习的场地；安排一对二或一对三的练习等。还可以采用带有程序设计装置的练习器和其他专门设备（如排球发球机、乒乓球发球机等），来提高练习者在运动中辨别和确定运动物体的能力。缩短选择动作反应时间，提高反应速度，需要练习者能够巧妙地利用对手可能发出动作的"潜伏信息"。这种潜伏信息是从观察对手的面部表情、身体姿势、准备动作等得来的。实践证明，一旦准确地意识到了对手可能采用的进攻方式，就能准确地选择相应的应答动作来缩短反应时间。

（2）选择性反应能力的练习

选择性反应能力的练习，即在同伴或对方瞬间做出动作时，迅速地选择和作出应答性动作的练习。要实现这一点，就必须在提高复杂动作反应速度的同时，提高技术动作，培养动作的协调能力。例如在格斗练习中，采用防守动作时，对对方的进攻动作作出的选择动作的应答反应。这种选择性反应能力的形成，是随着运动技能的熟练性和自动化，以及动作技术的常规反应和快速反应的练习而逐步提高的。

（3）选择性的练习

选择性的练习，即让练习者随着各种信号的变化，做出相应的与逆反的应答动作。例如，在练习时，同伴发出向左转的口令，练习者则向右转；或者同伴发出蹲下动作口令，则站立不动；或者在跑动中听哨音，变化着继续向前跑、向后转跑、转身360°跑等事先规定的相应动作。这种练习动作简捷、易做，但要求练习者注意力高度集中、反应迅速。

总之，要想有目的地开展复杂反应速度的练习，就要让练习者多模拟运动中易产生的这些复杂反应的条件和类似的形式，通过反复适应，缩短反应时间。由于运动中的复杂反应速度的转移范围相当广泛，可以采用多种形式的练习。

（二）反应速度训练的方法举例

1. 两人拍击

训练目的：发展反应动作速度和上体动作灵活性。

训练说明：两人面向开立，听到"开始"口令后，设法拍击对方背部，而又不被对方击中自己。在规定时间内（每次1min左右），拍击对手多者为胜。

训练要求：快速、机敏地完成动作。

2. 老鹰抓小鸡

训练目的：发展反应动作速度和下肢动作灵活性。

训练说明：一人为"老母鸡"张开双臂，保护身后一列若干人扮成的"小鸡"，后者双手扶住前者腰部。"老鹰"试图用手拍到队列最后面的一只"小鸡"。被拍到的"小鸡"充当"新老鹰",原来的"老鹰"充当"新老母鸡",原来的"老母鸡"充当"新老母鸡"身后的"小鸡",循环练习。

训练要求：快速、机敏地完成动作。

3. 反应起跳

训练目的：发展反应动作速度。

训练说明：练习者围圈面向圈内站立,圈内 1~2 人,站在圆心附近手持小树枝或小竹竿（竿长超过圈半径）。游戏开始,持竿者将竹竿绕过站圈人脚下画圆,竿经谁脚下即起跳,不让竿打着脚,被打即失败进圈换持竿者。

训练要求：持竿者可突变画圈方向。快速、机敏地完成动作。

4. 贴人游戏

训练目的：发展反应动作速度和灵敏性。

训练说明：练习者若干人,成两人前后面向圈内站立围成一圆圈,左右间隔 2m。两人在圈外沿圈跑动追逐,被迫者可跑至某两人的前面站立,则后面的第三者即逃跑,追者即改追该第三者,如被追上为败。

训练要求：快速、机敏地完成动作。

5. 起动追拍

训练目的：发展反应动作速度和灵敏性。

训练说明：两人一组前后相距 2—3m 慢跑,听到信号开始加速跑,后者追前者,追上并拍击其背部就停止。也可在追赶时,教练发出第二个信号,让其后转身互换追赶。

训练要求：在 20m 内追上有效。

6. 追逐游戏

训练目的：发展反应动作速度和灵敏性。

训练说明：两队相距 2m 面向站立,事先规定单数队和双数队。听教练口令发出是单数还是双数（教练叫一个数字）,按事先的规定（叫到单数,单数跑或追）,一队跑一队追。在 15—20m 距离内追上为胜,追不上为败。

训练要求：快速、机敏地完成动作。

7. 抢球游戏

训练目的：发展反应动作速度和灵敏性。

训练说明：用实心球围成一个圆圈,球数比练习人数少一个。游戏开始,练习者绕球圈外慢跑,听到信号各人就近抢球,谁未抢到谁被淘汰,并去掉一球继续进行。

训练要求：每进行一轮成功者得 1 分，得分多为胜。

8. 伙伴组合

训练目的：发展反应动作速度和灵敏性。

训练说明：练习者绕圈跑，听教练口令信息，要求几人组合，练习者就几人成组。不符合组合人数者为失败。

训练要求：失败者进行惩罚性俯卧撑等活动。

9. 压臂固定瑞士球

训练目的：发展臂部和肩部肌肉群动作反应速度。

训练说明：躯干正直坐在长凳上，一侧臂水平外展用手压住球。同伴以 60%—75%的力量向侧面各个方向拍球，练习者尽最大努力防止球运动。

训练要求：球和身体保持稳定。如果加大难度，练习者可以在身体的各个方向伸臂固定瑞士球。

（三）动作速度训练的基本方法

1. 动作速度训练的方法分析

动作速度是速度素质的表现形式之一。在运动中，单纯的动作速度是不存在的。我们观察到的运动的某一部分或动作的某一环节表现出来的速度，实际上是由力量、协调、耐力、技术等因素以及速度素质决定的。所以，动作速度的练习与其他运动素质的练习和技术练习有密切的联系。也就是说，动作速度的培养，必须有目的地发展相应的运动素质和运动能力。这是动作速度练习的特殊之处。

由于速度素质不易转移，在动作速度练习中，不同的练习要求，动作速度练习的具体任务和内容也就有所不同。例如，在非周期性速度力量项目练习中，动作速度主要是在具体技术动作中表现出来的（如举重的发力、跳跃的蹬地等）。在这类项目中，动作速度负重与速度力量能力的培养任务是一致的。负重的重量越重，速度的练习与力量的练习之间的联系就越紧密，动作速度与技术动作之间的关系也越密切。另外，在周期性项目和综合性动作组成的项目中，需要多次在高速度的情况下来完成多个单个动作的综合。因而，动作速度与速度耐力的培养任务是联系在一起的。而在一些并不直接依赖极限速度的项目中（如球类项目），则需要动作速度在其他能力发展的同时得到提高，这既是动作速度水平提高的前提条件，也是提高动作速度能力的重要保证。

提高动作速度的练习方法很多，针对实践活动的需要，笔者介绍以下几种有效练习法。

（1）减少阻力的练习法

减少阻力的练习法，即减少外界自然条件阻力和人体本身重阻力的练习。例如，利用风力进行顺风骑车、顺风跑、顺水游泳等，利用自身的动作惯性转移到速度的外部条件进行下坡跑、下坡骑车等，可以提高练习者高速运动的感觉能力。在克服自身体重的练习中，可采用助力来减缓身体的重量，帮助练习者完成技术动作的动作速度。例如体操动作的（外部）助力或保护带的帮助等。但在助力与帮助时，需要把握好助力、帮助的时机和用力的大小，有利于达到动作速度的要求。

（2）加速度的练习法

在体育运动中，加速度不单单指物体运动速度大小的变化，还包括物体运动速度方向的变化等。如100m从起跑到途中跑阶段为跑的加速阶段，助跑跳跃的踏跳速度和举重的发力动作过程等，都显示出练习者的动作速度和运动速度发生了明显的变化。为了促进运动速度和动作速度不断地提高，许多项目已把加速阶段的练习列为主要内容，并作为发展速度的重要练习手段。

（3）负重物的练习法

由于运动中动作速度与力量水平有极为重要的关系，发展动作速度需要与发展力量结合起来。通常在运用举重物做专门性动作速度练习时，重物的重量应比培养单纯力量和速度力量时轻一些。为了使速度力量和速度同时产生影响，可以把各种负重和不负重的专门练习结合起来进行练习。但是，有些比赛中的专项动作无须附加重物，即一种以专项力量和速度同时出现的动作形式。因此，当采用专项动作本身作为练习手段时，一般不负重。这样可使专项力量和动作速度有机地结合起来，使动作速度在体育比赛中完美地显现出来。

（4）巩固技术的练习法

动作速度的提高，在很大程度上取决于已熟练掌握的运动技术。这是因为动作幅度的大小、工作距离的长短，以及运动的方向、工作的时间、动作的路线、角度和用力等都与动作速度的大小密切相关。所以，采用已巩固和熟练的动作完成动作时，练习者可以不考虑这些因素，而把精力集中在完成动作的速度上，轻松、协调地发挥动作的水平。

（5）利用后效作用的练习法

利用后效作用的练习法，即利用动作加速及器械重量的变化所获得的后效作用提高动作速度的练习。也就是说，在完成上一次负重量的动作影响下，可以使动作速度暂时得到提高，如在跑步前先负重跑，跳高前先负重跳，推铅球先加重铅球推等。这是由于第一次动作完成后，中枢神经的"兴奋"仍保持着运动指令，可大大地缩短下一个动作的时间，提高动作的速度。这种后效作用的产生取决于负重量的大小和随后减轻的情况，以及练习重量的数量和采用的标准的、加重的、减轻的重量的练习交换的次序。例如，在短跑练习中合理顺序是上坡跑—水平跑道跑—下坡跑。推铅球的正确顺序是加重—标准—减轻。这种练习安排都是由后效作用决定的。

2. 移动速度训练的基本方法

移动速度从某种意义上说是一种综合运动能力的表现。它与练习者的力量、柔韧、速度耐力和协调性，有极为密切的关系。发展移动速度可采用以下几种方法。

（1）发展力量练习法

发展力量是练习移动速度的基本途径之一。力量练习的目的是提高练习者的速度素质，但最终的目的是把练习者所获得的力量和速度素质用到提高移动速度上来。在力量练习中一般要注意以下几点。

①力量练习应能使练习者的力量素质得到全面、均衡的发展。

②力量练习应要求练习者以较快的速度重复一定负重的练习，以获得速度力量储备，继而促进移动速度的提高。

③力量练习应是培养练习者预防运动损伤和自我保护的能力，强调科学、安全的力量练习。

④发展基本力量的练习应采用适中的强度（约40%—60%的强度）进行快速的重复（负重）练习，使肌肉力量和肌肉横断面增大，或者采用极限、次极限负荷的练习也能发展移动速度。

⑤力量练习应侧重速度力量的发展，一般可采用超等长的力量练习，如立定跳远、单足跳（跳上跳下台阶）、跳深等。

在力量练习中，若要将力量的提高转化到移动速度上，通常是在力量练习负荷减少后出现的。力量向移动速度的转化大约需要2—6周，以跑步练习阶段为例，第一，跑动中要感到有一种贯穿全身的力；第二，跑动中要富有弹性感；第三，跑起来要有一种有力的跨度感；第四，跑后肌肉酸痛感有所减轻。也就是说，这个阶段的练习，只有出现以上几种情况后才能实现力量向移动速度的转化。

（2）重复练习法

重复练习法是移动速度练习方法之一，即以一定的速度，多次重复一定距离的练习，也是移动速度练习的基本方法之一。采用重复练习法时一般要注意以下几点。

①练习强度。练习强度是练习负荷的主导因素，也是提高练习者快速移动能力的有效手段。例如采用90%—100%的强度进行速度练习时，练习者需要高度集中注意力，以最大限度地动员肌肉力量，使其动作幅度大、频率快，并达到最高的速度水平。移动速度练习也不只局限于最大强度和接近最大强度的练习，有时还可以采用85%~95%的强度进行练习，这种练习不仅可以保持ATP的供能，延长练习的时间，预防练习者过早出现疲劳或产生损伤，还有利于改进和巩固技术动作，防止速

度障碍的出现。在练习中，练习的强度并非一成不变，有节奏、合理地变换练习强度，不仅可以提高力量速度，而且有助于轻松自如地完成动作，避免动作速度恒定在同一水平上。反之，固定练习强度，或过多地采用极限与接近极限的练习，或长久地采用较低速度的练习，就会大大地限制练习者速度水平的提高，产生速度障碍，迫使绝对速度停滞不前。

②练习持续时间。移动速度的练习时间与其他练习要素一样，练习的刺激持续时间也应达到最佳化。一般最低持续时间应从起动到加快至最高速度所需的时间。如果持续时间过短，未能达到最高速度，其练习的功用只是改善了加速度过程，而并非获得了最佳速度效果。通常改善和提高绝对速度练习的持续时间一般为5—30s，例如，在20s以内的短时间练习时，人体无氧代谢主要靠ATP和CP直接分解供能，所以不会出现运动能力过分降低的现象。反之，较长的练习持续时间有助于提高无氧耐力，但由于运动能力降低，所以不能保持最大速度。因此，速度练习持续的时间还是要根据运动项目和练习者的具体情况等来确定。如果练习中出现疲劳，运动能力下降，不能继续保持最大速度的状况，则应终止练习或休息调整。

③重复练习的次数和组数。与耐力素质练习相比，移动速度练习所消耗的总能量要低一些，但单位时间内消耗的能量远比其他练习形式的练习高得多，这也是移动练习时练习者较快地出现疲劳的原因。由此可见，移动速度练习的重复次数不能过多。如果练习重复次数过多，间歇时间不合理，就会使训练强度下降。为了保证有效的练习时间，可以适当地增加练习组数，即安排适量的练习组数，确保练习的总时数。

④练习的间歇时间。运动中的间歇时间应以练习者机体相对达到完全恢复的状态为原则。也就是说，能够使练习者在下一次练习开始时，中枢神经系统再度兴奋，机体的功能变化得到中和，以适应每一次练习的物质供能。如果间歇时间短，机体的疲劳得不到休整、恢复，就会使练习的功效发生变化，导致每次练习的强度下降，抑制移动速度水平的发展。通常间歇时间的长短与练习者的练习强度、身体状况和练习持续时间等有关。一般来说，练习持续时间短，休息时间相对也短；练习持续时间长，休息时间相对也长。例如，练习持续时间为5—10s，每次间歇时间为40—90s，组与组之间的休息时间为2—5min。间歇时可以进行放松、伸展、按摩等恢复性的活动，为后续练习创造适宜的条件。

（3）综合性练习法

综合性练习法是移动素质练习方法之一，也是若干练习方法的综合运用。常用的综合性练习法包括循环练习法和组合练习法等。综合性练习法可以改善练习的整体效能，灵活地调整练习负荷与休息，逐步地提高练习者的运动素质、速度能力和技术动作。练习时，一般可采用以下程序。

①肌肉建设性练习，主要采用40%—60%的强度多次重复负重练习，使肌肉力量和肌肉横截面持续增大。

②肌肉内协调性练习，使肌肉用力时能够最大限度地动员肌纤维同时强力收缩。通常可采用75%—100%的大强度练习法以及跳深、负重物蹲跳等练习。

③"金字塔式"练习法，即肌肉建设性和肌肉内协调性兼顾的练习。

④柔韧素质练习，生理学研究证明，柔韧性提高后可以增加力的作用范围与时间，导致运动速度增加，同时使肌肉协调性得到改善，从而减少肌肉阻力和增大肌肉合力。因此，经常采用发展髋关节柔韧性的体前屈，弓箭步肩后仰、转髋走，以及胶皮带抬腿送髋等练习，对移动速度的提高具有积极的作用。

⑤改进技术动作，发展移动速度。移动速度的提高在很大程度上取决于完善的技术动作。例如技术动作的幅度与半径的大小、工作距离的长短、运动时间的多少等都和移动速度快慢有关。只有掌握了合理的技术动作，轻松自如地完成动作，消除多余的肌肉紧张，才能够充分地发挥速度水平。例如，通过短距离跑来发展步频的练习，把注意力集中到快速前摆和积极着地上，通过改进技术动作对运动速度提出更高的要求。

⑥采用设若干练习点（每个点用不同的练习手段）进行循环练习，是当今世界时尚体育练习的主要方法之一，也是发展动作速度和移动速度的有效手段。

（4）发展步频、步长的练习法

通常，步长和步频是影响跑动中移动速度的两个主要因素，只有将高频率和大步幅融入跑动中才能表现出高水平的移动速度。而影响步长和步频的共同因素则是力量的协调性。其中，影响步频的因素有肌纤维的类型和神经系统的灵活性；影响步长的因素有柔韧性、后蹬技术以及腿长等。需要指出的是，柔韧性和后蹬技术通过练习可以得到明显改进，而腿长、肌纤维类型、神经系统灵活性则主要取决于遗传。遗传因素通过后天的练习只能发生极微小的变化。因而，对一般的练习者来说，如果步频不太理想，加大步幅也是提高移动速度的有效途径。

（四）移动速度训练的方法举例

1. 上肢和躯干练习

（1）摆臂

训练目的：提高摆臂动作效率和学习正确上体姿势。

训练说明：双脚并拢站立以短跑动作前后摆臂，肘关节弯曲约90°，双手放松。前摆手摆到约肩部高度，后摆手摆到臀部之后。

训练要求：摆臂动作不要越过身体中线，可以采用坐姿或持重物练习。

（2）跑步动作平衡

训练目的：提高踝关节肌肉群的紧张度和稳定支撑能力。

训练说明：采用最高速度时的单腿支撑姿势，左脚用脚掌支撑，肘关节弯曲约90°。左手在肩部高度，右手在髋部高度，右腿高抬，右脚踝靠近臀部。

训练要求：保持这个姿势 20—60s。可以采用负重背心，或站在不稳定的海绵垫上加大动作难度。

2. 髋部和下肢练习

（1）跑步姿势交换腿高跳

训练目的：发展跑动中的腿部蹬伸爆发力。

训练说明：从慢跑开始，用跑的身体姿势进行高跳。起跳后用另一只脚落地。

训练要求：高抬膝，尽量高跳。对于初学者和体重较大的练习者，适当减少跳起的高度和次数，一般每条腿起跳动作不超过 4 次。

（2）跑步姿势交换腿高跳落点向内

训练目的：发展跑动中的腿部蹬伸爆发力和控制方向的能力。

训练说明：从慢跑开始，沿分道线或直线练习，用跑的身体姿势进行高跳。起跳后用另一只脚落地，继续练习。

训练要求：高抬膝，尽量高跳。脚在跑进方向上的直线内侧落地。

（3）跑步姿势交换腿高跳落点向外

训练目的：发展跑动中的腿部蹬伸爆发力和控制方向的能力。

训练说明：从慢跑开始，沿分道线或直线练习，用跑的身体姿势进行高跳。起跳后用另一只脚落地，继续练习。

训练要求：高抬膝，尽量高跳。脚在跑进方向上的直线外侧落地。

（4）踝关节小步跑

训练目的：发展脚的动作速度和踝关节肌群弹性力量。

训练说明：采用很小的步长快跑，强调脚底肌群的蹬地和踝关节屈伸动作。以脚掌蹬离地面。

训练要求：脚部动作快速而安静，尽量减少脚掌与地面的接触时间。

3. 全身配合练习

（1）原地快速高抬腿

训练目的：提高摆臂动作效率和下肢动作频率。

训练说明：以短跑动作前后摆臂进行原地快速高抬腿，肘关节弯曲大约90°。前摆手摆到约肩部高度，后摆手摆到臀部之后，大腿摆到与地面平行姿势。

训练要求：摆臂动作不要越过身体中线，上体保持正直。

（2）高抬腿跑绳梯

训练目的：提高步频和快速高抬折叠腿的能力。

训练说明：双脚在同一格内落地，尽快跑过每格约 50cm 间距的绳梯或小棍。

训练要求：强调先进入小格的摆动腿高抬。支撑腿与地面短暂地接触。

六、速度素质训练的注意事项

速度素质的发展受多种因素的影响，为了有效地提高人体的快速运动能力，在练习中必须注意如下事项。

（一）合理安排速度训练的顺序与时间

各种身体素质及运动能力之间，具有相互联系、相互促进和相互制约的关系，在发展某一素质的同时，都会或多或少、或直接或间接地引起其他素质的变化。因此，发展速度素质时应处理好同其他素质的关系，合理安排练习的顺序，使素质间互相促进和良性转移。

速度练习中，常使用发展力量的手段来促进速度，尤其是静力性力量练习，由于动作缓慢，会降低神经过程和肌肉活动的灵活性。而速度素质要求神经过程的灵活性高，兴奋与抑制迅速转换，肌肉收缩轻松协调。因此，速度练习应放在力量练习之前进行，力量练习也应以动力性力量为主。在力量练习过程中，应交替安排一些轻松、快速的跑跳练习或一些协调性和柔韧性练习，这对发展速度素质十分必要。

速度素质练习的时间应安排在练习者身心状态最佳、精力最充沛的时候进行。因为人体疲劳后神经过程灵活性降低。兴奋与抑制的快速转换不可能建立，在这时发展速度素质效果不好。

（二）速度素质训练与专项技术相结合

最近体育科学研究人员发现，速度类练习对本身练习之外动作速度发展的迁移效果较低，也就是说，速度练习更多地只是局限于诱发练习动作本身的速度能力。因此，速度练习需要结合专项技术动作要求进行，具有较高的专门性。例如短跑运动员的反应速度训练应着重提高听觉的反应能力，球类运动员应着重提高视觉的反应能力，体操运动员应着重提高皮肤触觉的反应能力。一般人的视、听、触觉中，触觉反应最快，听觉反应次之，视觉反应较慢。动作速度训练应与各专项技术相结合，让运动员在速度训练中能感觉到躯干等各部位的协调配合及在空间、时间方面的速度节奏，发展专项技术所需要的动作速度的能力。

（三）保证大学生体能训练的环境安全

必须保证训练环境的安全，速度训练前进行充分的准备活动，保证速度训练后的充分休息和身体恢复。当运动员进行速度练习时，如果发出的力量以及动作频率、动作幅度超过了最大限度，这将给运动员带来巨大的受伤危险性。速度练习中的负荷对运动员的肌肉、肌腱和韧带提出了很高的要求，因此，运动损伤发生的潜在危险性很高。运动损伤发生的主要原因有，训练手段缺乏变化、负荷过大、在气温较低或运动员疲劳的情况下运动负荷的安排不当，或是速度训练所要求的直接准备（准备活动）不充分而引起的肌肉放松能力下降等。所以对任何速度练习来说，在比赛或训练前认真进行专门的准备活动是最基本的要求。此外，在早晨的训练时间里应该注意不要安排最大强度的速度练习。如果肌肉出现疼痛或痉挛等迹象，训练的原有负荷应该停止。在气温较低的天气里，应当选择恰当的服装（径赛服）。还应该采用按摩和放松练习等训练手段，如果在皮肤上涂擦强力的物质来促进血液循环，必须使用经过有关医疗卫生部门批准的物质。最后，还需要在保障场地设施安全的条件下进行速度训练，注意穿透气良好、宽大的运动服和适宜的鞋袜。

（四）从体能训练者的实际情况出发

训练内容的安排要充分考虑练习者训练水平和身体状态的可接受程度，在速度练习之间要保证练习者身体疲劳完全恢复。注意采用正确的技术动作和练习内容之间循序渐进的衔接顺序，先慢后快，先易后难。

人体适宜的工作状态对发展速度素质是十分必要的，其中包括神经系统的适宜状态、内脏系统的适宜状态和肌肉系统的适宜状态。这种适宜状态可以通过集中注意力和速度练习前用强度较小并保持一段时间的活动得到满足。练习者注意力集中，可使神经系统处于适宜的兴奋状态，并使肌肉保持一定的紧张度。而强度较小并保持一段时间的活动能提高中枢神经系统功能，使内脏系统与肌肉系统间形成适宜的相互关系，对改善肌肉内协调性有良好的作用。

（五）速度能力与其他能力协同发展

力量特别是快速力量和柔韧性，是影响速度素质的重要因素，所以在发展速度素质中，首先要注意发展快速力量。例如采用中小强度多次重复快速负重练习，使肌肉横断面和肌肉力量增大，并提高肌肉活动的灵活性。适当采用大强度练习，使肌肉用力时能够最大限度地动员肌纤维同时进行收缩，提高肌肉的收缩功效。其次，柔韧性提高后可以增加力的作用范围和时间，同时使肌肉内协调性得到改善，从而减少肌肉阻力和增大肌肉合力，最终导致运动速度的提高。

运动员整个身体或某些关节的运动速度，是实现理想运动成绩的决定性因素。而运动项目所要求的最佳运动速度经常是关节协同发力的结果，但是速度和力量并不同步发展。在一些速度能力起决定性作用的运动项目训练中，较早地进行技术动作的速度训练是很重要的，但是这些训练不必完全遵照基本的技术模式。在一些项目中，速度与体能训练有密切联系，因为速度可能与耐力、力量和灵活性紧密相关。

而且，速度训练还可能与复杂的技术训练有关，因为速度训练需要针对项目的专门要求来安排，此外，根据项目中所参与的有关力量、耐力和灵活性，以及项目所要求的最佳/最大速度和关节运动速度变化之间的协同配合程度的不同，这些专门要求也有所不同。

七、各类型速度素质训练的注意事项

（一）反应速度素质训练的注意事项

1. 动作熟练程度

反应速度的提高主要取决于练习者对应答信号的熟练程度。在运动中，对于动作娴熟、运用自如的练习者来说，一旦信号出现，就会即刻做出相应的应答动作。反之，则会做出迟钝的反应动作。这是由于感受器受到信号刺激，中枢神经无须再花费较长时间去沟通与运动器官的反射联系。因而，要提高反应速度的最好方法，就是反复多练。但在反复练习中，需要经常不断地变化练习刺激的时间和强度等因素，否则，便会形成反应速度的动力定型，继而发生"反应速度障碍"。

2. 集中注意力

在运动中，保持注意力集中，可使神经系统处于适宜的兴奋状态，并使肌肉收缩处于待发状态。实验证明，肌肉处于待发状态时，要比肌肉处于松弛状态的反应速度快60%左右。发展反应速度练习，肌肉紧张待发状态的时间大约为1.5s，最长不得超过8s。这里所说的注意力主要反映在完成的动作上，以及缩短反应潜伏期的时间。

3. 掌握多种技能

反应速度的练习，需要结合实际需要进行练习。例如练习短距离起跑时，主要是练习听觉—动觉的反应速度，可采用"声"信号刺激来提高这种反应能力。又如，格斗类项目动作复杂多变，这就要求练习者能在瞬间对各种复杂多变的条件作出迅速应答反应，为了达到这一要求，可多模拟实战演练或比赛的情况。因为格斗时对方所采用的动作变化只有在激烈的对抗中才能充分地显现出来，而反击对手的应答动作是否有效，则需要在对抗中得到检验。

（二）动作速度素质训练的注意事项

1. 采用的动作应是熟练掌握的

采用已熟练掌握的练习动作，可以使练习者在完成动作时，无须把精力放在如何完成动作上，而是把精力集中在完成动作的速度上，以提高动作速度的练习效果。

2. 掌握好练习的间歇时间和休息方式

由于练习动作速度强度比较大，因此要求练习者须有较高的兴奋性。为了保证整个练习过程不因疲劳而降低运动强度，并达到预期的练习效果，就需要严格掌握好练习的间歇时间和休息方式。因为休息间歇的持续时间决定着中枢神经系统兴奋的转换和与氧债的"偿还"有密切关联的植物性功能指标的恢复。休息间歇时间一方面应该使间歇时间长到植物性功能指标能得到较全面恢复的程度；另一方面又应该短到神经兴奋不会因休息而产生本质性降低的程度。

3. 动作速度练习需要与练习项目相似

实践证明，如果采用了与练习项目或动作结构不相同的动作速度练习，所获得的动作速度不会积极地向练习项目或动作结构转移。例如，短距离跑练习可使体操跳马项目的助跑速度加快，但并不能由此获得器械上的旋转动作速度。这是因为旋转动作速度和动作速度的练习与感受器官和运动器官缺乏一致性。动作速度仅仅是提高水平速度的平行运动，而旋转动作速度则是物体围绕一个轴或点所做的圆周运动。只有将两者有机地结合起来进行练习，才能达到预期的效果。例如，球类运动的反应练习可把视觉与四肢运动结合起来，格斗运动应把判断对手的动作与自己的攻防动作结合起来。通过简化条件的反复练习，既可以提高反应速度和动作速度，又可以掌握正确的技术动作，并协调速度的运用。

（三）移动速度素质训练的注意事项

1. 防止和克服速度障碍

当移动速度发展到一定水平时，由于神经、肌肉系统等达到一定高峰后，在练习中积累、形成的步频、步幅、技术、节奏等就会产生相对稳定的状态或动力定型，继而出现移动速度停滞，阻碍其继续提高的现象，从而出现速度障碍。产生速度障碍的客观原因是：从运动技能形成规律来讲，技能动力定型的形成，使得练习者在已掌握技术动作的空间特征上固定下来，在时间特征上稳定下来；从技能形成的机制来讲，神经过程的灵活性对速度练习的作用比其他练习显得更为重要，而神经过程的灵活性练习难度是很大的；从能量供给来讲，肌肉收缩所需要的能量值的立方与肌肉收缩的速度成正比；从运动医学来讲，人体向前移动所克服的阻力与其前进的速度平方成正比。由此可见，产生运动障碍的主要原因是：过早地发展绝对速度，基础练习不够；技术动作不合理；训练手段片面、单调；负荷过度、恢复不当等。在练习中，防止和避免速度障碍应注意以下几点。

①强化运动能力，发展全面身体素质，使练习者掌握好基本技术动作，提高机体的活动能力，不要过早、过细地进行专门化练习。

②发展肌肉力量和弹性，培养练习者轻松自如、准确协调地完成动作的意识。

③练习手段要多样化，尤其要多采用一些发展速度力量的练习手段，以变化的频率、节奏完成动作，建立起中枢神经系统灵活多样的条件反射。

④采用极限速度练习时，安排适中的运动负荷。在极限速度练习后，则要使肌肉得到一定的放松，这样做不仅可以尽快地恢复机体的活动能力，还可以促进纤维工作同步化和肌肉工作的协调性。

⑤采用减少外部阻力的练习。为了防止和避免速度障碍的形成，训练中可以通过变换练习方法或增加一些能够产生运动过程兴奋具有强烈刺激的练习内容。因为多次重复新的刺激能使练习者产生新的更快速度的动力定型。例如减少外部阻力的下坡跑、牵引跑、顺风跑等练习。

2. 预防和克服心理障碍

心理障碍是妨碍练习者发展快速移动能力或潜力的主要因素之一。例如认为对自己的成功与否难以预测，自信心较弱；消极思维导致过度紧张和焦虑，感觉提高成绩是不可能的事。要克服心理障碍应做到以下几点。

①要激发练习者顽强拼搏、奋勇进取的勇敢精神和坚定的信心，并设置适宜的目标。

②可在练习中有意识地安排一些接力跑、集体游戏等练习内容，激发练习者在练习中发挥快速移动的能力。

③在练习中有针对性地采用一些竞赛活动，通过斗智、较力，比速度、比技术、比成绩，激励练习者的高昂斗志和运动动机，使练习者在竞争中充分地发挥速度水平的潜力。

④在练习或测验、考核、比赛中，可采用"让步赛"的活动形式，即强者让出一定的优势给弱者，促使练习者发挥出最快的速度水平。

3. 注重肌肉放松的练习

肌肉的放松对速度的提高有极为重要的作用。这是因为肌肉放松，张弛有度，能够减少肌肉本身的内阻力，增大肌肉合力，促进血液循环旺盛。生理学研究表明，当肌肉张度达到60%—80%时，严重阻碍血液流动，动作协调性严重失控，已具备的快速能力将无从发挥，而肌肉放松时，肌肉中的血流情况则大为改善，比紧张时提高15—16倍。由于血液循环旺盛，能够给予参加活动的肌肉输送大量的氧气，加快 ATP 再合成速度，节省能源物质，使得机体储备有限的 ATP 得到合理利用，有效地增加肌肉收缩的速度。

第六节　平衡训练

一、影响平衡能力的因素

从生物力学的角度来说，人体平衡能力主要受以下几个因素影响：

①身体重心的位置。

②支撑面的面积大小。

③支撑面的稳定性。

身体重心越低，所在的支撑面的面积越大，支撑面越稳定，机体就越容易维持身体平衡。人体的姿势平衡主要依赖于中枢神经系统对视觉、本体感觉和前庭系统的细调控制及对效应器的控制。视觉系统采集的信息先由视网膜收集，再经过视通路传入视觉中枢，主要提供周围环境及身体运动方向的信息。本体感觉主要传递肌肉、肌腱及肌肉等效应器官状态的信息。前庭系统是维持身体平衡、感知机体与外界环境相对位置的主要结构。这三种定位感觉共同作用，以维持机体平衡，其中之一发生异常都可能导致机体平衡调节的失常。

二、平衡训练的应用

平衡训练已经被用于促进平衡和运动相关的技能，以及下肢运动损伤的预防和康复等，涉及的主要领域有疾病和运动损伤病人的康复、老年人平衡能力的提高和运动员身体能力及相关运动技能的发展。

（一）在疾病和运动损伤病人中的应用

研究显示[1]，颈椎病、偏瘫患者、脑外伤、脑卒中、骨质疏松患者、脊髓压迫症、帕金森症、多发性硬化症患者其动态平衡能力都有不同程度的衰退。在治愈这些疾病的康复训练中，平衡训练常常被作为主要的康复手段。

Gunes[2]等的研究表明，使用电脑平衡仪的生物反馈训练可以加强偏瘫病人在行

[1] ONAMBELE G L, DEGENS H. Improvements in muscle-tendon properties are beneficial to balance in multiple sclerosis [J]. Multiple Sclerosis, 2006, 12（5）：666-669.
[2] GUNES Y, KARAKUS B K, HENK J S. The effects of balance training ongaitlate after stroke: a randomized controlled trial [J]. Clinical Rehabilitation, 2006, 20: 960-969.

走时对姿势的控制和体重的支撑。但是 Ruth 的研究结果与大多数研究并不同，他的实验未发现生物反馈训练对中风病人的平衡能力有显著改善❶。不过 Ruth 同时指出，由于他所观察的样本量不大，应作进一步研究。平衡训练在运动损伤的预防和康复中的应用，多集中在踝关节和膝关节损伤的预防和康复上。Trojian 等的实验对运动员进行单腿平衡测试（Single Leg Balance Test，SLB），发现运动员踝关节损伤与单腿平衡测试成绩呈显著负相关❷。Emery❸ 等指出，在对大学生及高中生的研究中，平衡训练有助于预防运动损伤的发生。Jessica 等在总结前人的研究后表示，平衡训练能够预防膝关节前十字韧带损伤，但是，目前并没有一种为临床设计的系统、合理地防止运动损伤的平衡训练方法❹。蒋拥军等❺对 ACL 损伤重建后患者进行平衡促进训练，指出平衡促进训练可显著提高 ACL 损伤重建术后患者膝关节本体感觉能力的恢复。作为预防急性踝关节损伤和慢性踝关节不稳的手段，平衡训练在踝关节康复中的应用非常普遍❻。Verhagen❼ 等对职业排球运动员进行了平衡板训练，并指出可显著降低踝关节损伤和再损伤的发生率。Guine 等的研究也支持了这一观点，他们对踝关节损伤平衡训练的随机对照实验结果指出，平衡训练可显著降低踝关节损伤发生率。平衡训练多数情况下只是作为康复训练中本体感觉重建的一种训练手段。随着康复训练理论和实践的不断发展和完善，人们已经不仅仅研究某一项训练手段对于损伤康复的影响，而是不同训练组合、不同负荷、康复周期安排以及在一般训练的基础上形成与运动专项密切结合的本体感觉训练法。

（二）平衡训练在老年人群中的应用

老年人群由于视觉系统、前庭器官组织的衰退，机体平衡能力随之下降，日常活动和体育锻炼中常发生跌倒性损伤。由于老年人群往往有骨质疏松和软组织的退行性改变，老年人群跌倒后骨与软组织的损伤率高，并且跌倒一次后可能再次跌倒，

❶ RUTH B G, TED S, WILLIAM P, et al. Force platform feedback for standing balance training after stroke [J]. Stroke, 2005, 13 (1): 412-413.

❷ TROJIAN T H, MCKEAG D B. Single leg balance test toidentify risk of ankle sprains [J]. British Journal of Sports Medicine, 2006, 40 (5): 610-613.

❸ EMERY C A, CASSIDY J D, KLASSEN TP, et al. Balance Training to Prevent Sports Injuries [J]. American Academy of Pediatrics, 2006, 15: 22-23.

❹ JESSICA L O, SARA J F, ALEX T W. Is there evidence that proprioception or balance training can prevent anterior cruciate ligament (ACL) injuries in athletes without previous ACL injury? [J]. Physical Therapy, 2006, 86 (10): 1436-1440.

❺ 蒋拥军，李克军，王雪冰. 平衡促进训练对膝关节前交叉韧带损伤重建术后患膝本体感觉的影响 [J]. 临床研究, 2011, 26 (3): 267.

❻ MATTACOLA C G, DWYER M K. Rehabilitation of the Ankle After Acute Sprain or Chronic Instability [J]. Athl Train, 2002, 37 (4): 413-429.

❼ VERHAGEN E, VANDERBEEK A, TWIST J, et al. The effect of a proprioceptive balance board training program for the prevention of ankle sprains: a prospective controlled trial [J]. Sports Med, 2004, 32 (6): 1385-1393.

这也是老年人群伤病和死亡的重要诱因之一。老年人身体机能的衰退和组织器官的老化，不宜参加高强度的体育锻炼，选择合适的锻炼方式提升身体机能，避免跌倒损伤成为老年人体育锻炼的重要方面。随着对老年人健康重视程度的提高，振动平衡训练被应用于改善老年人群的平衡能力。Bruyere 等❶用 Tinetti 量表和"站起—走"计时测试研究对象的平衡能力。振动训练后，试验组成员 Tinetti 量表得分提高了（3.5±2.1）分，"站起—走"计时测试减少了（11.0±8.6）s，较对照组有显著改善。

Cheung 等❷报道指出受试者振动训练后，腿部动作变化的速度、脚偏移的最大幅度和掌控方向的准确度均得到了显著提高，受试者在整个训练过程中均能很好地承受训练负荷，无不良表现。

Rees 等❸用单腿站立的方法评价受试者平衡能力，结果显示振动训练后受试者的垂直力和侧面力分别得到了相应的提高。固定平衡训练程序和仪器也随之开发，用以改善老年人平衡训练。具有代表性的是改变支撑面（change in support，CIS）的平衡恢复反应训练。Maki 等❹多次进行了 CIS 平衡训练，但并未研究平衡训练对代偿性迈步的改善效果；Mansfield 等❺对 30 名老年人进行了 CIS 平衡训练，受试者在整个训练过程中都感到很安全，没有人受伤或产生不良身体反应。该训练有两大优点，首先，测试平台可以突然地不可预测地向前、后、左、右四个方向移动；其次，测试平台在很短的时间内可以产生多次不同方向的移动，保证了训练内容模拟的情境与现实生活中老年人跌倒的情境相近。不管是何种平衡训练方式，大多需要借助专门的设备，这限制了大多平衡训练在老年人中的普及。所以，老年人的平衡训练往往以体育运动项目的形式展开。这其中，较多的研究集中在太极拳上。乾清华❻以 Foot scan 0.5m 测试平板进行效果测定，结果表明，实验组受试者的足底中心压力在额状轴的波动幅度显著减小，这表明太极拳锻炼能够增加老年人行走过程中身体的稳定性。金昌龙❼研究表示，太极拳运动对保持和提高中、老年人直立姿势

❶ BRUYERE O, WUIDART M A, DIPALMA E, et al. Ontrolled whole-body vibration to decrease fall risk and improve health-related quality of life of nursing home residents [J]. Arch Phys Med Rehabil, 2005, 86 (2): 303-307.
❷ CHEUNG W H, MOK H W, LING Q, et al. High-frequency whole-body vibration improves balancing ability in elderly women [J]. Arch Phys Med Rehabil, 2007, 88 (7): 852-856.
❸ CHEUNG W H, MOK H W, LING Q, et al. High-frequency whole-body vibration improves balancing ability in elderly women [J]. Arch Phys Med Rehabil, 2007, 88 (7): 852-856.
❹ MAKI B E, MCILROY W E. Change-in-support balance reactions in older persons: an emerging research area of clinical importance [J]. Neurol Clinics, 2005, 23 (3): 751-783.
❺ MANSFIELD A, PETERS A L, MAKI B E, et al. A perturbation-based balance training program for older adults: Study protocol for a randomised controlled trial [J]. BMC Geriatr, 2007, 7 (12): 1-14.
❻ 乾清华. 太极拳对老年人平衡能力影响的实验研究 [J]. 体育学刊, 2009, 16 (8): 102-104.
❼ 金昌龙，班玉生. 太极拳练习对中老年人静态平衡能力的影响 [J]. 上海体育学院学报, 2005, 29 (1): 44-48.

下的稳定性有一定作用。Low 等[1]指出,太极拳运动对降低老年人跌倒风险、减少跌倒次数具有潜在作用。由于老年人群体生理状况的特殊性以及科学技术和设备的普及率低,不同类型的平衡训练方式在改善老年人平衡能力上的差异还有待进一步探究。

(三) 平衡训练在运动训练中的应用

在运动训练中,平衡是人体完成各种复杂动作的基本保障之一,尤其是在一些要求控制身体姿势和协调肢体动作的项目中,良好的平衡能力是运动员完成技术动作、发挥训练水平的根本要求。鉴于平衡能力对运动训练的重要性,平衡训练被广泛应用于运动员体能训练中。有研究表明,平衡训练对改善运动员或非运动员静态下姿势晃动和动态平衡有积极的影响。在对受试者分别进行为期不同时间的平衡训练后,受试者的单脚静态平衡能力得到显著改善。关于平衡训练对动态平衡能力的影响,也有很多学者对其进行实验研究。一些研究表明,平衡训练可以显著提高单脚动态平衡能力。Gioftsidou 等[2]对受试者进行足球专项训练前和训练后的平衡训练干预,发现受试者在 Biodex 平衡测试系统下单腿动态姿势晃动均有显著改善。Rasool 等[3]研究表明,4 周平衡训练后受试者星型偏移平衡测试成绩得到显著提高,提示平衡训练可显著改善运动员平衡能力。进一步的研究将平衡训练与力量训练和爆发力训练相结合,然后做对比分析,试图说明有平衡训练参与的运动训练对运动员运动表现的影响。Gruber 等[4]的研究指出,平衡训练可显著提高趾屈最大随意收缩时小腿三头肌的肌电活动,但是力的发展速率并没有得到显著改善。Schubert 等[5]的研究也支持了这一观点,他将平衡训练与力量训练对比,发现趾屈力的发展速率并未改善,同时表明趾屈时小腿三头肌的肌电活动无显著变化。反观国内关于平衡训练的研究,多数应用于疾病预防和恢复,如脑卒中患者、偏瘫患者等,或者是运动损伤的康复和预防,如踝关节损伤的康复治疗等。而关于平衡训练应用于运动训练中的研究很少,表明平衡训练作为一种单独的训练手段被研究的情况很少。

---

[1] LOW S, ANG L W, GOH K S, et al. A systematic review of the effectiveness of Tai Chionfall reduction among the elderly [J]. Arch Gerontol Geriatr, 2009, 48 (3): 325-331.

[2] GIOFTSIDOU A, MALLIOU P, PAFIS G, et al. The effects of soccer training and timing of balance training on balance ability [J]. Eur J Appl Physiol, 2006, 96 (6): 659-664.

[3] RASOOL J, GEORGE K. The impact of single-leg dynamic balance training on dynamic stability [J]. Phys Ther Sport, 2007, 8 (4): 177-184.

[4] GRUBER M, GRUBER S B, TAUBE W, et al. Differential effects of ballistic versus sensorimotor training on rate of force development and neural activation in humans [J]. Strength Cond Res, 2007, 21 (1): 274-282.

[5] SCHUBERT M, BECK S, TAUBE W, et al. Balance training and ballistic strength training are associated with task-specific corticospinal adaptations [J]. Eur J Neurosci, 2008, 27 (8): 2007-2018.

　　综上所述，可以看出平衡训练单独作为一种训练手段对运动表现的影响并不能被证实，平衡训练所带来的训练效果是怎样支撑运动员的运动表现的也并不确定。

三、平衡训练与运动表现的关系

　　平衡训练在运动训练中，多以控制身体重心、维持身体平衡为目的被探讨。通过提高身体的平衡能力，以达到提高运动表现的目的。这种应用多体现在技能主导的项目中，比如射击、射箭等项目中，运动员是否具有优异的平衡能力是能否取得良好成绩的关键。再如体操空中转体动作中，运动员平衡能力的差异将直接导致运动成绩的高低。而在很多体能主导类，尤其是对抗性的项目中，平衡能力并没有被作为主要素质被重视。例如在篮球项目中，我们更多地关注运动员的力量、灵敏、耐力等身体素质。但是在篮球项目中，尤其是高速运动后的急停以及身体对抗中完成投篮动作时，对机体平衡能力有很高的要求。平衡训练是仅仅通过提高机体平衡能力来提高运动表现的，还是平衡训练会带来除平衡能力提高之外的改善，这对于运动训练来说是一个新颖的问题。平衡训练能够提高平衡能力，被认为是一种神经控制上的改善，本体感觉的改善似乎是一个因素，而这种改善对运动变现的贡献在哪里，本研究试图说明这个问题。

（一）平衡训练对人体动态平衡的影响

　　人体的姿势平衡依赖于中枢系统对视觉、本体感觉和前庭觉信息的协调和对运动效应器的控制。Llewellyn 和同事❶研究证明在人体运动过程中，支持表面的变化影响脊髓反射处理。既在平衡训练过程中，支撑表面的变化使得 Ia 传入神经被激发传导至脊髓以刺激 α 运动神经元，进而激活肌肉以控制姿势平衡。突触前抑制被认为是在更具挑战性的姿势控制中负责反射抑制最可能的机制❷，这意味着在本研究平衡控制中，尤其动态平衡控制过程中受试者要在保证规定姿势的同时完成相应的动作，无疑对受试者提出更高的要求，即这种突触前抑制允许减少脊髓反射但不影响脊椎上的 α 运动神经元的信息输入。因此可以证实，动态平衡的运动控制在较小程度上由脊椎上的条件反射控制，而不是中枢神经系统。

　　在平衡训练过程中，中枢神经系统得到锻炼、发展，以充分调整脊椎反射反应，故，反射导致的关节振荡是可以避免的。在这方面，有研究提供了证据❸；4 周的平

❶ LLEWELLYN M, YANG J F, PROCHAZKA A. Human H-reflexes are smaller in difficult beam walking than in normal treadmill walking ［J］. Exp Brain Res, 1990, 83：22-28.

❷ KATZ R, MEUNIER S, PIERROT-DESEILLIGNY E. Changes in presynaptic inhibition of Ia fibres in man while standing ［J］. Brain, 1988, 111：417-437.

❸ TAUBE W, GRUBER M, BECK S, et al. Cortical and spinal adaptations induced by balance training: correlation between stance stability and corticospinal activation ［J］. Acta Physiol, 2007：347-358.

衡训练后，受试者在测试中快速补偿支持表面的位移。在早期补偿阶段（约50ms）H反射保持不变，而训练后测量补偿阶段后期（约120ms）H反射显著抑制。此外，脊髓反射甚至可能得到相应促进，以抵消扰动❶。那么，可以推测本研究中平衡训练不会改变脊髓反射行为本身，而是改善找到适合某些姿势条件的"反射"的能力。也就是说，在8周平衡训练之后，受试者提高了适应特定任务的反射调节机制。Nashner❷将进行了短期平衡训练的小脑疾病患者与健康对照组作比较。受试者均是第一次在向后移动的平台上测试。健康受试者在3—5次尝试之后会适应他们的长期延迟反应并大幅减少重心晃动，而小脑疾病患者明显慢或无法这样做。因此，可以说，小脑在调节动作中特定的肌肉活动时起重要作用。此外，小脑结构在平衡技巧学习中的重要性使我们可以合理地假设平衡训练诱发类似"运动控制的转变"，即皮质下和小脑结构得到适应性发展以满足平衡训练过程中对身体姿态的控制。

综上，平衡训练是通过增加脊髓上的突触前抑制来减少脊髓反射的兴奋性。大脑运动皮质的活动减少，平衡技能习得以及姿势控制的后续改进更加依赖于皮质下区域结构的改变。人体动态平衡的重点就是控制身体的重心，维持身体平衡的最佳位置，通过身体重心的稳定以达到身体姿势的平衡和身体动作的完成。本研究中，受试者在完成规定动作过程中，由于多为不稳定状态下进行动作控制，这对受试者姿势的调整有较高的要求。因而，下肢本体感觉对受试者是否能够很好地维持姿势稳定有重要作用。下肢本体感觉机能的提高增强了本体感受神经输入和神经对肌肉的控制，加快了身体姿势的调整，对肢体的支配更加精确。此外，本体感觉的提高能够在不同的运动中最大限度地提高运动员的核心稳定性，而核心稳定性的增强是较好姿势控制的基础。本研究中，实验组受试者踝关节位置觉的改善能够保证动态姿势控制过程中踝关节处于正确的位置下，这对维持机体动态平衡是至关重要的。平衡训练后的实验组受试者所测得的星型偏移伸展测试的8个方向上的数据均有显著提高，这表明平衡训练可以很好地改善人体动态平衡。且这种动态平衡的改善是由于踝关节位置觉的改善引起的。

（二）平衡训练对灵敏素质的影响

灵敏素质主要是表现人体在高速运动过程中改变速度和运动方向的能力。它不仅要求人体要有良好的预判决策能力，还需要良好的急停、急转能力以完成快速的变向和变速动作。基于此，很多专家学者对灵敏素质与可能影响灵敏表现的其他素质进行了相关性分析。

---

❶ GRANACHER U, GOLLHOFER A, STRASS D. Training induced adaptations in characteristics of postural reflexes in elderly men ［J］. Gait Posture, 2006, 24：459-466.

❷ NASHNER L M. Adapting reflexes controlling the human posture ［J］. Exp BrainRes, 1976, 26：59-72.

有研究指出，男子足球职业运动员的 10 码冲刺速度和最大速度与 Z 字灵敏跑动之间存在低相关性，并指出灵敏素质与稍长距离冲刺的相关系数要高于短距离冲刺的相关系数，但是这种差异不具有统计学意义；同时 Sheppard 等指出比较复杂的运动技能，如篮球带球移动或足球盘带绕杆等，与短距离冲刺速度之间存在低相关性。不少研究认为下肢力量与灵敏素质之间存在较低相关性且不具有统计学意义。Young 等采用半蹲姿态的等动力量与灵敏素质进行统计学分析，得出两者之间存在低相关性，并且不具有统计学意义。而 Negrete 等研究指出单腿半蹲等动力量练习与灵敏性之间存在中度相关，但是这种相关可能只在短距离快速改变方向时才能表现出来。

更进一步的研究指出下肢爆发力能够预测灵敏素质的成绩，但是并不能很好地预测灵敏成绩；Barnes 等均对女排运动员进行了研究分析，这表明纵跳成绩好的运动员具有更好的灵敏素质，灵敏与纵跳高度相关。而这种强调神经肌肉控制的因素似乎更依赖于神经肌肉控制训练。本研究结果显示，在 8 周平衡训练之后踝关节的位置觉和肌肉力觉得到显著改善，这种神经肌肉控制加强的结果可能会对灵敏素质产生积极影响。可以得知的是，在本研究 T-test 过程中，受试者在急停、急转以改变速度和方向的时候，好的踝关节位置觉会带来更好的外翻肌肉力量的输出，这不仅是踝关节损伤风险降低的保障，也是运动过程中稳定关节位置、增加力量输出以取得更好运动表现的前提。相应地，在受试者急停、急转过程中，需要肌肉和关节的本体感受器连续整合感觉并传入信息。良好的肌肉力觉可以有效地提供在制动过程中关节所需要的力量，在预防损伤的基础上实现力量输出的更优化，为运动变现的提高提供保障。虽然本研究在 8 周平衡训练后 T-test 测试成绩并没有显著的改善，这可能是因为灵敏是一项受综合能力影响的身体素质，而单纯本体感觉的提高并不会对其产生积极影响，但是可以得出踝关节位置觉的提高对灵敏素质有积极的影响效果，即平衡训练会对灵敏素质有积极的影响，且是通过踝关节位置觉的改善提高的。

（三）平衡训练可改善踝关节本体感觉

平衡训练不仅可以有效提高姿态控制，还可以降低踝关节和膝关节损伤的发生率。运动训练中，平衡训练对关节具体本体感觉的影响及机制并不清楚。

Gilsing 等人研究认为，当人们意识到本体感觉对成绩有重要影响时，就会对这种感觉投入更多的注意力，进行神经心理加工，经过更多的训练，大脑对本体感觉信号的注意和神经心理加工过程就达到了一种自动化水平。因此，本体感觉刺激被感知的可能性就会明显增加。本研究在实验之前，受试者已经被告知实验的目的，充分意识到了本体感觉对运动成绩的重要影响，大脑会对本体感觉信号投入更多的注意力，最后达到自动化水平，对本体感觉信息进行自动加工。

平衡训练过程中，关节内结构的本体感受器以及游离的神经末梢产生一定的神经冲动，通过本体感觉传导通路传导至中枢神经系统，经过分析整合，从而产生躯体和四肢运动状态及其位置的感觉。本研究中，受试者在不稳定界面上完成规定动作的时候，突然的姿势晃动会使踝关节内的肌梭和腱器官受到牵拉，肌梭中的 Ia 和 Ⅱ类神经纤维向脊髓传入信息，前者主要向 CNS 输送动态运动引起的肌纤维长度变化信息，后者为次级感觉末梢，主要对静态的牵拉刺激敏感性较强；腱器官的 Ib 类神经纤维，感受肌肉收缩和被动牵拉时对腱器官的作用力。这种状况，在解剖学里被证明：多做精细化的动作能够增加肌肉中肌梭的数量。本研究中，受试者在出现姿势晃动后要努力将踝关节调整至规定位置，保持正确身体姿势，这个过程属于小范围内的精细化调整。因此，平衡训练结束后能够增加本体感受器的数量进而提高本体感觉。

另外，一些研究表明在平衡训练之后膝关节的本体感觉会得到显著改善，也有一些研究持不同观点。在马校军等的研究中，表明 8 周的平衡气囊和瑞士球平衡训练均不足以使膝关节位置觉有显著的改善。综合对比分析发现本研究与其他研究有以下的不同：首先，膝关节本体感觉的评价方法不一样，大部分研究表明关节本体感觉有所改善是通过不平衡界面下的姿势晃动来表示，比如单脚平衡；其次，受试者的基本状况不一样，很多研究的受试者是膝、踝关节损伤患者，而本研究的受试者是健康体育大学学生；最后，训练的动作、时间长短不一样，很多研究的平衡训练动作包括如"瑞士球臀桥"的闭链运动，训练时间多大于 8 周。对此，人体在维持动态平衡时主要依赖于踝关节的稳定控制，而以髋、膝关节为主来维持平衡则人体容易摔倒。本研究中，受试者在平衡训练过程中要维持身体平衡会更多地动用踝关节的稳定控制，相较于髋、膝关节的锻炼更加充分，这可能是膝关节位置觉没有显著改变的原因。最后，由于关节本体感觉的特异性，不同的测试方法会导致不同的结果，在本研究中，平衡训练干预动作均为闭链运动，而测试动作为开链运动，这种运动方式上的差别可能是膝关节主动位置觉无显著差异的原因。

（四）平衡训练对跳深的影响

影响跳深动作表现的主要因素有：

①动作控制的前馈机制引起人体下落着地之前下肢肌肉的预激活，在肌肉收缩之前产生适当水平的肌肉力量。

②不同下落高度决定了触地时的速度，这影响了肌肉在落地后被拉伸的速度，进而影响了牵张反射的速度，即传入神经的兴奋。

③落地时适合的肌肉—肌腱联合被拉伸的长度以及合适的肌肉、肌腱长度的比

例，决定了肌束产生力量的能力和肌腱储存和利用弹性势能的能力。前馈神经肌肉控制在动态活动中起到至关重要的作用，踝关节周围肌群的肌肉兴奋性会随着神经中枢发出的指令的不同而发生变化，进而决定了下一步的关节活动。在跳深动作过程中，中枢神经系统的前馈控制在人体落地之前就开始作用，决定了落地的方式并且调节落地之前肌肉的活动，也决定了落地时关节的位置。这种前馈控制在落地后由反馈控制取代。本研究中，受试者均未发生下肢损伤，所以并不存在下肢关节前馈机制的缺失或代偿，因此可以认为两组受试者跳深表现之间的差异并不会受到前馈控制的影响。

在受试者按要求完成跳深动作时，下肢的髋、膝、踝关节角度变化由小到大分别是：髋关节角度变化最小，而后是膝关节，踝关节的角度变化最大。在着地阶段完成缓冲和蹬伸过程时，踝关节起着至关重要的作用，它不仅控制动作过程中自身的屈伸幅度，还可能影响膝关节的屈伸幅度。由于在跳深着地阶段，受试者下肢肌肉工作的目的不是缓冲而是更加快速地蹬伸，并且尽可能地跳高，这就对受试者抵抗冲击力的缓冲能力和快速蹬伸的能力提出了很高的要求。

此前，有研究表明，更长的肌肉长度含有更多的收缩单元，这增加了潜在的收缩速度以及高速运动下产生力量的能力。因此，需要更长的时间达到最大肌肉收缩。由于肌肉和肌腱机械性能的差异，最初肌肉力量的增加是通过肌腱传导和转化的。进一步补充该观点的研究表明，与紧绷的肌腱相比，肌肉—肌腱联合结构具有更长的机电延迟，即在离心阶段力的输出与跟腱强度相关。有研究对跳深着地缓冲阶段（离心期）的髋、膝、踝关节的角速度峰值进行测量，指出从髋、膝、踝角速度在离心阶段到达峰值的时间上看，受试者的时间值从大到小为踝、膝、髋。这种下肢各关节加速屈曲的趋势与人体受到地面反作用力之后，反作用力由下至上的传递顺序一致。本研究中，跳深着地阶段的牵张反射需要本体感觉的参与（高尔基腱），以便将信息传入中枢神经系统进而高度精确地纠正动作偏差，不断地调节正在进行的动作。之前提到的，踝关节跖屈和背屈状态下会有更慢的腓侧肌肉反应时间，跳深离心阶段踝关节做外翻、背屈运动，在此过程中良好的外翻位置觉和背屈位置觉会带来更快的肌肉激活，而这种肌肉激活的提高能够提高肌梭的敏感性，提高牵张反射反馈的幅度，进而加强肌肉—肌腱联合体的刚度及力量输出能力。而较弱的踝关节位置觉会导致下肢肌肉在着地时再次感知动作偏差然后进行调整，同时抑制传入神经的兴奋，这使得在着地离心缓冲阶段下肢肌肉激活程度与地面反作用力不协调，需要在着地之后重新调整肌肉—肌腱联合体的刚度，导致离心阶段肌肉力量下降，所以需要更长的时间来完成缓冲。研究结果显示，8 周平衡训练之后受试者跳深离心阶段的缓冲时间较实验前有显著改善，验证了这一观点，即平衡训练后踝关节位置觉的改善可显著减小跳深离心阶段的缓冲时间。已经被证实的，在适宜的跳深高度上，受试者下肢肌肉会得到充分的拉伸，弹性势能储存最多，蹬伸效果也会达到最佳。而弹性势能的产生和储存主要发生在肌肉的离心阶段，并且弹性势能储存的多少，在很大程度上又取决于肌肉离心收缩的幅度和速度。因此，可以说明跳深离心缓冲阶段弹性势能的利用并不仅仅由缓冲时间决定，即肌肉在离心阶段获得并储存的弹性势能，并不能被随后的向心阶段完全利用，其利用的效率主要取决于向心收缩与离心收缩间的衔接。

第七节　体能游戏

一、相关概念的阐释

就角度而言，不同的专家对体能概念的含义有不一样的解释，这就需要我们根据实际的体育科学实践来进行阐释。由于针对的人群不同，体能一般分为健康体能和竞技体能，前者主要针对普通大众，后者主要针对专业运动员。对于全体学生而言，体能更多地指向健康。学校体育领域对于学生健康的评价一般用体质测试进行衡量，因此体能与体质在学生身上有更为密切的联系。体质是人体的质量，是在遗传性和后天获得的基础上表现出来的人体形态结构、生理功能和心理因素综合且相对稳定的特征。由此可见，体能是体质的重要组成部分，也是衡量体质健康的重要指标，二者属于种属关系。一般运动训练学认为运动员体能是指运动员机体的基本运动能力，是由身体形态、机能、素质三部分构成的，是竞技能力的重要组成部分。学生体能也应该包含身体形态、机能、素质这三个要素，其中身体形态是外在的表现，机能是物质基础，身体素质是肌肉活动能力的表现。我国的学生体质健康测试包含体重指数、肺活量、50 米跑、坐位体前屈、立定跳远、引体向上、仰卧起坐、1000/800 米跑等指标，除去体重指数和肺活量外，其余的更多与身体素质直接相关。

游戏最初源于人的生产活动和社会生活，与文化大有渊源。人们通过游戏能够将心中某些内在情绪和意识释放出来，进而排遣心中的不良心绪，使人的内心得以排空，利于心理健康再次回到我们的社会生活中，同时团体性的游戏又是一种斗智斗勇的有具体规则约束的活动，使人能够在游戏中学会遵守规则，学会如何通过自己的聪明才智取胜，学会如何依靠团队的力量取胜，因此其对智力、情感、控制等都会产生积极影响。游戏是人本能的释放，通过游戏的形式可以激发学生的学习兴趣，提高练习的积极性，这对于中小学生尤其是低年级的学生更为适用，因为中小学生有效注意时间短，对无趣的事物没有探寻的动机。体育课堂教学中以游戏的形式进行授课符合中小学生的身心特点，对学生的体育学习具有促进作用。

体能游戏是指以体能发展为目的，以游戏为组织形式，以身体练习为基本功手段在体育老师指导下学生所进行的，以促进学生身心发展、培养学生体育学习兴趣为目标的身体活动，更为直接的是发展学生身体素质，在促进学生身体素质发展的基础上促进其心理、技能、智能等的发展。教育家克鲁普斯卡娅曾经说过："对孩子来说，游戏是学习，游戏是劳动，游戏是重要的教育形式。"对于学生的体能游戏，不仅指向跑、跳、投等简单的田径类游戏，也可以借助三大球、武术等民族民间传统体育项目、新兴体育项目，将其作为一种表现形式，丰富体能游戏的内涵，拓宽体能发展的路径，促进学生的身心健康发展，促进终身参与体育意识的形成。

二、学生体能游戏的分类

不同专家学者因视角不同，所持标准不同，对体能游戏的分类自然也不相同。为了更加符合中小学生的实际，为了让体育教师对教学内容的选择更加明晰，将体能游戏依据其对身体素质发展目的不同划分为力量、速度、耐力、柔韧、灵敏、协调六大类，将学生常见的教材内容划分为田径类、体操类、球类、民族传统体育类四大项，每一种教材内容都有几种甚至几十种的游戏形式，根据其发展体能目的的不同可以归入不同类别的体能游戏中。不同教材内容的游戏众多，教师可以充分地发挥自己的创造力，根据课堂教学目标设计更多的体能游戏。田径项目涉及走、跑、跳、投，中小学生处于身体发育的基础阶段，这类项目可以较多地采用，同时田径项目也是众多项目的基础，例如发展速度的体能游戏都可以包含跑的元素，此时的分类主要依据教学目标的达成度。体操类游戏包含攀爬跳跃技巧等，这些项目尤其是基本的攀爬跳跃可以根据发展体能素质的需要设计出许多有趣的小游戏，例如爬的游戏可以是固定距离比时间、可以是固定高度比时间、可以是爬越障碍、可以是爬越平地……可以通过时间、距离、次数、负重量、难度等设计不同形式的爬类游戏。足篮排这三大球由于普及较高，且发展较为充分，游戏变化较多，可以借助球来进行各种身体素质的练习，一方面熟悉了球性，另一方面增加了趣味性，提高身体练习的实效性。民族民间传统体育是我国重要的文化积淀，具有鲜明的中国特色，可以根据身体素质的特性，设计或者采用不同的传统体育项目，对于一些难度大、复杂度高、较危险的项目需要进行改进和创新，以便更好地符合中小学生的实际，例如，摔跤可以用画圈角力的形式替代来发展学生的上肢力量、灵敏素质、协调能力。随着学生阶段的不同可以将身体素质进行更细的分类，例如，力量素质可以分为最大力量、快速力量、力量耐力，速度素质可以分为反应速度、动作速度、位移速度……身体素质的细分意味着也要对体能游戏进行更为细致的划分，这样才具有专项性。

三、体能游戏的作用

1. 提高学生身体素质，改善体质健康水平

体能游戏最直接的目的就是发展学生的身体素质，通过游戏的形式，将不同作用的体能训练手段融入课堂教学中，让学生在欢乐、有趣的氛围中锻炼身体。体能游戏同时具有竞争的特性，要求学生在公平公正的环境中去玩，去赢得属于个人或者团队的胜利，由于学生具有争强好胜的心理，这就要求提高游戏的竞争对抗的强度，让学生更加努力地发挥自身的能力参与其中，长此以往，身体素质便自然会有明显的提升。同一个游戏较为频繁地使用会使学生产生厌烦的心理，但是将不同形式但对身体素质影响较为一致的体育游戏轮换进行却可以避免这种重复的状况。学生身体素质的提高必然伴随着身体成分的变化，体重指数更趋健康合理，且肺活量也会相应地提高，进而会提升学生的体质健康水平。

2. 促进学生心理健康，提高社会适应能力

好玩是体能游戏的重要特征，在玩中育体育心，参与其中满足了学生好动、交往、求胜、展现自身等方面的需要。在轻松愉悦的氛围中参与体能练习，学生心态放松，有利于消极不良心绪的排遣，促进积极正能量心态的形成。凡是游戏皆有规则，只有所有人认同并尊重规则游戏才能进行下去，才能不受时间、场地、人群的限制而广泛开展，这就要求学生参与体能游戏时遵守规则，在规则限定的范围内依靠自己或者团队的配合取得胜利。在参与体能游戏中学生学会了遵守规则、尊重同伴和对手、正确对待成与败，逐步摆脱以自我为中心，更好地掌控自身行为和情绪，使其社会性日趋成熟，促进学生协调能力、团队意识的提高，有利于其更快地完成社会化，尤其是能够帮助独生子女克服以自我为中心的错误思想。

3. 丰富课堂教学内容，促进课堂实效性

体能游戏作为一种发展学生体能的有效组织形式，丰富了体能练习方式，让体育教师在提高学生身体素质时可以选择更多内容，在选择体能游戏时针对性更强，有利于在课堂教学中形成自己的体能训练模式。体育教师将自己创新的体能游戏根据其作用归入这个系统，不仅逐渐丰富整个内容体系，也便于不同教师对体能游戏的系统进行融合，形成体能游戏库，方便其他教师进行借鉴和利用。不同学生的身体素质发育不均等的状况，可以充分利用体能游戏库选择不同的学生对其实施区别对待，帮助不同身体素质发育的学生都能够获得充分的发展。

第八节　神经肌肉再生训练

神经肌肉再生指运用泡沫轴、按摩棒、扳机点工具包、双球（又叫"花生"）等工具对筋膜、肌腱和韧带等神经肌肉进行梳理，有效缓解肌肉紧张的不适感和疼痛感的一种放松方法。

一、神经肌肉再生的原理

神经肌肉再生的原理如下：

当练习者利用自身体重或力量使泡沫轴、按摩棒在肌肉上产生一定压力时，肌肉张力便会增加，从而激活存在肌腱位置的张力变化感受器——高尔基腱器官，进而抑制肌肉纤维内的肌肉长度变化感受器——肌梭，从而降低该组肌肉的肌张力，最终放松肌肉，恢复肌肉功能性长度及提高肌肉功能，加快血液循环，降低筋膜组织粘连及疤痕组织堆积。

二、神经肌肉再生训练的方法

（一）利用泡沫轴

1. 泡沫轴—肱二头肌训练

动作功能：

激活、放松肱三头肌。

动作要点：

①呈右侧卧姿，右臂屈肘，将泡沫轴置于右上臂下方，左臂屈肘支撑于地面。

②左腿伸直，右腿屈髋屈膝置于身体前方。

③左腿屈伸带动身体移动，使泡沫轴在腋窝与肘关节间来回滚动。

④在肌肉酸痛点上停留一定时间，完成动作至规定时间，对侧亦然。

2. 泡沫轴—背阔肌训练

动作功能：

激活、放松背阔肌。

动作要点：

①呈右侧卧姿，将泡沫轴放在右臂腋窝下，右臂伸直于头顶上方，右手掌心朝

上，左臂屈肘支撑于地面。

②双腿屈膝，双脚支撑于地面，髋关节抬离地面。

③双腿蹬地带动身体移动，使泡沫轴从下腰背的一侧至腋窝间来回滚动。

④在肌肉酸痛点上停留一定时间，完成动作至规定时间，对侧亦然。

3. 泡沫轴—臀部肌群训练

动作功能：

激活、放松臀部肌群。

动作要点：

①呈坐姿，将泡沫轴置于臀部下方，双臂撑于身体后方，背部平直，腹肌收紧。

②双手推地带动身体移动，使泡沫轴从坐骨结节至下腰背间来回滚动。

③在肌肉酸痛点上停留一定时间，完成动作至规定时间。

（二）利用泡沫轴

1. 肱二头肌训练

动作功能：

激活、放松肱三头肌。

动作要点：

①呈右侧卧姿，右臂屈肘，将泡沫轴置于右上臂下方，左臂屈肘支撑于地面。

②左腿伸直，右腿屈髋屈膝置于身体前方。

③左腿屈伸带动身体移动，使泡沫轴在腋窝与肘关节间来回滚动。

④在肌肉酸痛点上停留一定时间，完成动作至规定时间，对侧亦然。

2. 背阔肌训练

动作功能：

激活、放松背阔肌。

动作要点：

①呈右侧卧姿，将泡沫轴放在右臂腋窝下，右臂伸直于头顶上方，右手掌心朝

上，左臂屈肘支撑于地面。

②双腿屈膝，双脚支撑于地面，髋关节抬离地面。

③双腿蹬地带动身体移动，使泡沫轴从下腰背的一侧至腋窝间来回滚动。

④在肌肉酸痛点上停留一定时间，完成动作至规定时间，对侧亦然。

3. 臀部肌群训练

动作功能：

激活、放松臀部肌群。

动作要点：

①呈坐姿，将泡沫轴置于臀部下方，双臂撑于身体后方，背部平直，腹肌收紧。

②双手推地带动身体移动，使泡沫轴从坐骨结节至下腰背间来回滚动。

③在肌肉酸痛点上停留一定时间，完成动作至规定时间，对侧亦然。

4. 小腿肌群训练

动作功能：

激活、放松小腿肌群。

动作要点：

①呈坐姿，将泡沫轴置于右小腿靠近踝关节的下方，左腿搭在右腿上方，双臂撑于身体的后方，背部平直，腹肌收紧。

②双手推地带动身体移动，泡沫轴从小腿踝关节至腘窝间来回滚动。

③在肌肉酸痛点上停留一定时间，完成动作至规定时间，对侧亦然。

（三）利用按摩棒

1. 前臂前侧训练

动作功能：

激活、放松前臂前侧。

动作要点：

①呈坐姿，左手掌心朝上，右手持按摩棒放在左前臂前侧的位置。

②右手持按摩棒从左前臂前侧的肘关节至腕关节间来回加压滚动。

③在肌肉酸痛点上停留一定时间，完成动作至规定时间，对侧亦然。

2. 股四头肌/屈髋肌群训练

动作功能：

激活、放松目标肌肉股四头肌/屈髋肌群。

动作要点：

①呈半跪姿，左腿在前，右腿在后，双手持按摩棒放在左大腿前侧靠近髋关节的位置。

②双手持按摩棒从左大腿前侧的髋关节至膝关节间来回加压滚动。

③在肌肉酸痛点上停留一定时间，完成动作至规定时间，对侧亦然。

3. 胫骨前肌训练

动作功能：

激活、放松目标肌肉胫骨前肌。

动作要点：

①呈坐姿，右腿伸直，左腿屈膝，双手持按摩棒放在左小腿左前侧靠近膝关节

的位置。

②双手持按摩棒从左小腿左前侧的膝关节至踝关节间来回加压滚动。

③在肌肉酸痛点上停留一定时间，完成动作至规定时间，对侧亦然。

（四）利用按摩球

1. 扳机点—三角肌训练

动作功能：

激活、放松三角肌。

动作要点：

①呈坐姿，左手支撑在体侧，右手持按摩球按压左侧肩部三角肌的位置。

②调整位置直至找到酸痛点，右手加压滚动按摩球。

③在肌肉酸痛点上停留一定时间，完成动作至规定时间，对侧亦然。

2. 扳机点—臀部肌群训练

动作功能：

激活、放松臀部肌群。

动作要点：

①呈坐姿，将按摩球置于臀部下方，双手支撑于身体的后方。

②调整位置直至找到酸痛点，通过双腿蹬地带动按摩球加压滚动。

③在肌肉酸痛点上停留一定时间，完成动作至规定时间，对侧亦然。

3. 扳机点—足弓滚动训练

动作功能：

激活、放松足底筋膜。

动作要点：

①脱鞋，呈站姿，将按摩球置于足底下方，将身体的重心移至该侧。

②调整位置直至找到酸痛点，通过单腿移动带动按摩球加压滚动。

③在肌肉酸痛点上停留一定时间，完成动作至规定时间，对侧亦然。

第九节　体能训练计划的制订

一、体能训练计划概念

"体能"一词来源于英国的 physical fitness，在美国被称为体适能，在日本被称作体力。在我国，体能的概念为：体能是人体各机体器官在运动中协同配合所表现出来的基本运动能力，是衡量人体运动能力的一个重要指标，是运动员竞技能力的重要组成部分。体能主要包括力量、耐力、速度、灵敏、柔韧等运动素质，以及人体的基本活动能力，而运动员体能水平的高低，是通过运动员的身体形态、身体机能和运动素质所表现出来的。

随着人们对体能认识的不断深化、竞技体育的不断完善和飞速发展，体能训练日益引起各国教练和运动员的重视。体能训练从运动项目的训练中单独分化出来的时间不长，直到 20 世纪 80 年代才开始快速地发展，随着科学技术水平的提高和体能研究领域的扩展，专业的体能训练教练员才在训练队伍中大量出现，为运动员科学合理地提高运动素质，改善身体机能，适应训练和比赛中对技战术水平的掌握和发挥提供条件和保证。

体能训练在各种运动项目的训练中都占有重要的地位。体能训练是运动训练的重要组成部分，是与专项需要相结合并通过合理负荷的动作练习，是改善运动员身体形态、提高运动员机体机能、全面发展运动素质、促进运动成绩提高的训练过程。它是技术训练和战术训练的基础，并对掌握专项技战术、承担大负荷的训练和高强度的比赛、增进运动员身体健康、预防伤病及延长运动寿命等具有极为重要的意义。

体能训练计划是教练员依据对运动员体能现状诊断和确定的体能训练目标，并根据体能发展的内在规律和训练理论的要求，预先制订的保证运动员体能由现实状态向目标状态有效转移的理论上的设计和安排。它的规范制订与实施，是教练员在运动训练过程中完成训练任务、实现训练目标的有效保证，是运动员在运动训练过程中稳定提高运动成绩、保持良好的身体心理状态的重要保障，贯穿于教练员和运动员整个训练活动。

二、体能训练计划的意义及其构成因素

(一) 体能训练计划的意义

对于各类运动项目的运动员而言，优异的运动成绩都是通过日复一日的苦练换来的，他们不仅具备全面的技战术水平和过硬的心理素质，而且具备良好的体能。在各种比赛场上，运动员只有体能、技战术、心理素质都过硬才能取得好成绩。制订完善的运动员体能训练计划并加以系统化的实施是科学化训练的重要组成部分，对培养高水平运动员具有重要意义。

(二) 体能训练计划的构成要素

体能训练计划包括：训练内容、训练时间、训练强度、训练频率、训练目标、营养与恢复、训练效果考评及微调整。

1. 训练内容

训练内容是运动员体能训练计划的重要组成部分。它主要是针对运动员在比赛中所需要的力量、速度、耐力、灵敏、柔韧和协调等身体素质的训练方法和手段的选择。

任何一个运动项目对三大能量代谢系统和神经、骨骼、肌肉等系统都有不同的要求，而且在完成运动项目时需要三大能量代谢系统协同进行能量供应。因此在制订运动员体能训练计划的训练内容时，首先要了解运动员在其参加的运动项目比赛中的活动方式，并据此选择合适的训练内容。体能训练计划应使训练的方法尽可能与运动项目相似，提高运动员专项需要的能量代谢能力，改善运动员的神经、骨骼、肌肉等系统功能。

2. 训练时间

训练时间是运动员体能训练计划对训练中时间的具体安排，是科学安排体能训练的重要保证。

训练时间的安排可以分为两类：

第一类是对总训练计划的时间安排，对月训练计划的时间安排，对周训练计划的时间安排，对日训练计划的时间安排，对课训练计划的时间安排等。

第二类是对训练项目具体手段所规定的时间安排和各项目的间歇时间安排。

3. 训练强度

训练强度是训练中对运动员机体的外部刺激的强度，是体能训练计划中最关键的部分，它包括运动的密度、速度、重量及难度等因素。体能训练的主要过程就是通过对运动员施加训练负荷，使运动员产生生物适应性来完成的，而负荷主要由负荷强度和量（负荷量由时间、频率等因素组成）构成，两者相互依存、相互影响，

任何负荷的量都是以一定的强度为条件而存在的。

4. 训练频率

训练频率是运动员在一次体能训练课中对一种训练内容的完成次数，对体能训练中训练负荷量的把握起重要作用。体能训练对训练频率有非常严格的要求，在具体的身体素质的训练过程中，频率是区分的一种重要手段。

5. 训练目标

训练目标是根据运动员的体能现状诊断和对运动员在训练中产生的生物适应性的提前预估所做出的目标判断和要求。训练目标是对体能训练所产生的预期结果的规划，它对激励运动员的参训积极性、提高教练员的指导方向性和规范训练计划微调的波动性等有重要作用。

6. 营养与恢复

营养与恢复是在体能训练之外对体能训练影响最大的非训练因素。运动员参加体能训练时，只有足量的营养摄入和充分的疲劳恢复才能实现理想的预期训练目标。

体能训练离不开负荷，同时也离不开恢复。因为没有负荷的训练是无效的训练，而没有恢复的训练是危险的训练。体能训练对人体能量物质的消耗是巨大的，如果没有足够的恢复，会导致运动员机体能量的迅速消耗，

长时间得不到补充或长时间补充不足，会对体能起到相反的作用，导致运动员身体机能下降，运动能力降低甚至威胁健康。为了使体能训练取得理想效果，提高运动员的竞技能力，必须重视恢复。体能训练和训练后的营养恢复是有协同效应的，在体能训练计划中应明确地写出营养与恢复的具体要求和安排。

体能训练对人体机能的能量消耗是不可避免的，而体能恢复的关键在于恢复机体的能量储备，包括糖、脂肪、蛋白质、水、无机盐等的全面补充。因此，补充营养是体能恢复的物质基础。

7. 训练效果考评及微调整

训练效果考评是根据训练目标和运动员参训的现实情况对体能训练计划做出的切实评价和对运动员训练做出的综合评价，它是对体能训练计划进行微调整的关键依据。

微调整是不断完善体能训练计划的主要手段，它对提高体能训练计划的可行性、全面性，完成体能训练目标有重要作用。

（三）体能训练计划的特点

体能训练计划构成要素的多样性和体能训练在竞技体育中的重要性不断发展和提高，使体能训练计划呈现出以下特点。

1. 全面性

在竞技体育高度发展的今天，运动员体能的高低已不再仅由单一或几个身体素质的优劣来决定，而是由众多身体素质相互配合、协同作用而决定。在我国，全面提高运动员竞技能力的同时拓展了体能训练的范围，因此在制订体能训练计划时对各项身体素质都有具体的科学化要求。

2. 针对性

在把握住体能训练计划全面性的同时，也要兼顾个别项目的主要身体素质或个人身体素质优势，提高在项目中起主要作用的身体素质或高度发展运动员的突出身体素质。这种有针对性的体能训练能使其总体竞技能力在保持较高水平的同时，在其竞技能力中有爆发点。

3. 系统性

体能训练的各构成要素之间存在相互关系，为了保证运动员体能全面稳定增长，必须保证训练的系统性，无论是宏观的体能训练计划还是微观的体能训练计划，都应该体现出体能训练的系统性特征。人体就是一个稳定的生物系统，有其自然生长发育规律，在体能训练中就是使运动员机体对训练产生生物适应性，使人体朝着有利于运动的方向发展，这就使一个系统在特定规律下发生转变，因此体能训练必然呈现出系统性特征。

4. 动态调整性

体能训练目标的实现不仅受到主观方面的影响，同时也受到许多客观方面的影响。这些影响包括：

①主观方面的影响：运动员身体条件，运动员参训态度的变化，教练员执教强度与理念。

②客观方面的影响：竞争对手的体能情况，竞赛规则的变化，竞赛场地、器材的特点，竞赛的时间安排，等等。

主客观条件的变化都会对体能训练目标产生影响。因此，制订体能训练计划应该及时，准确地把握各方面相关因素的变化，根据具体变化的情况对整个体能训练计划进行动态的微调整，以保证体能训练目标的实现。这就体现了动态调整性的关键作用。

5. 阶段性

在制订体能训练计划时，要根据体能训练的具体时间、任务、对象来划分体能训练的阶段。这些阶段的划分可以概括为：

①在时间上的划分：冬季特训阶段、夏季特训阶段等。

②在任务上的划分：体能基础训练阶段、体能赛前调整训练阶段、体能赛后恢复训练阶段等。

③在对象上的划分：体能训练适应阶段、体能训练提高阶段、体能训练保持阶段等。

三、体能训练计划的分类与基本内容

（一）体能训练计划的分类

体能训练计划按针对的对象、任务及参训人数的不同可划分为以下几类：

①根据体能训练参加对象的具体现实情况划分为：青少年体能训练计划、成人体能训练计划、高水平运动员体能训练计划、老年人体能训练计划。

②根据体能训练的训练任务和训练目标划分为：健身体能训练计划、竞技体能训练计划、康复体能训练计划。

③根据体能训练参训人数划分为：单人体能训练计划、双人体能训练计划、小组体能训练计划。

（二）体能训练计划的基本部分内容

在制订体能训练计划过程中，每一份体能训练计划都应包括四个部分，即准备性部分、指导性部分、实施性部分和控制性部分。

1. 准备性部分

任何计划制订过程中的先期准备工作都是必不可少的，因此，体能训练计划中的准备性部分制订得好坏直接关系到该体能训练计划能否顺利实施或达到体能训练的预期参训目的。

体能训练计划的准备性部分主要包括：参训运动员的现实体能状态调查诊断，体能指导教练员人选的确定，体能训练场所器材的安排，体能训练后勤生活与医疗的安排，等等。

2. 指导性部分

体能训练计划的目的是在体能教练员的指导下，按照既定的体能训练计划使运动员体能由现实状态向目标状态有效转移，从而提高整体竞技能力。因此，体能计划中离不开教练员的指导。

3. 实施性部分

体能训练的实施性部分是体能训练计划最重要组成部分，是具体对体能训练的内容、方法、手段、时间、频率、负荷强度等做出安排，是直接对运动员体能做出改变的部分，它的制订与实施直接关系着运动员体能的变化，因此实施性部分是体能训练计划中最重要的组成部分。

体能训练计划的实施性部分主要包括：确定体能训练实施的具体训练内容，选择最有利的体能训练方法和手段及训练时间和频率，确定各体能训练手段和练习的具体负荷强度，保证运动员体能训练后的营养和恢复及训练效果监测，开展运动员激励性的思想教育。

4. 控制性部分

体能训练离不开"控制论"的概念。在体能训练中，教练运用从运动员训练的各个过程中采集到的大量信息，对体能训练的过程、训练的对象及运动员体能的发展等不同系统实施不同程度的控制。教练员通过观察、询问和检测等手段了解体能训练的效果和存在的问题，并找出产生这些问题的原因，对原体能训练计划进行补充和调整，然后按调整后的新体能训练计划继续指导体能训练，这就是体能训练的控制性部分。

体能训练计划的控制性部分主要包括：根据观察、询问及检测对体能训练计划的实施过程进行评价，对体能训练计划的训练目标、内容、强度等进行补充和调整，与技战术训练、心理智能训练有机结合。

（三）体能训练计划的内容

体能训练计划主要包括以下内容：

①参训运动员的现实体能状态调查诊断。

②体能训练的体能指导教练员人选的确定。

③体能训练场所器材的安排，体能训练后勤生活与医疗的安排等。

④指导运动员科学合理地制订体能训练目标。

⑤根据运动员的具体特点划分体能训练阶段。

⑥对体能训练内容范围的划定。

⑦指导体能训练负荷动态变化的趋势。

⑧确定体能训练实施的具体训练内容。

⑨选择最有利的体能训练方法和手段及训练时间和频率。

⑩确定各体能训练手段和练习的具体负荷强度。

⑪保证运动员体能训练后的营养和恢复及训练效果监测。

⑫开展运动员激励性的思想教育。

⑬根据观察、询问及检测对体能训练计划的实施过程进行评价。

⑭对体能训练计划的训练目标、内容、强度等进行补充和调整。

⑮与技战术训练、心理智能训练有机结合。

四、体能训练计划的制订程序及原则

（一）体能训练计划的制订程序

1. 运动员入训体能状态调查诊断

运动员入训时的体能状态的确定诊断主要通过填写调查问卷和实际测量两种形

式进行，调查问卷询问的内容包括身高、体重、围度、是否参加过体能训练等；实际测量是通过各种测量评定手段对运动员的身体素质进行全面测量，如测量力量素质的肌肉等测试练习、测量速度的短距离跑测试练习、测量耐力素质的 12 分钟跑测试练习等。

2. 体能训练的体能指导教练员人选的确定

体能训练的体能指导教练员应该根据训练的目的、内容、方法等科学地选择，同时针对运动员的不同需要进行双向选择，以调动运动员参训的积极性和可控制性。体能训练教练员要具备坚实的基本素质，才能更好地完成体能训练这一基础性极强的训练任务。

3. 指导运动员科学合理地制订体能训练目标

体能训练目标是对体能训练所产生的预期结果的规划，它对激励运动员的参训积极性、提高教练员的指导方向性和规范训练计划微调的波动性有重要作用。因此，科学合理地制订体能训练目标的重要性尤显突出。制订时要充分考虑运动员的入训状态、潜能深度等，按周、按月层层制订，及时调整，确保运动员只要通过自身努力就可以完成预期目标，以确保运动员参训的积极性。

4. 指导体能训练负荷动态变化的趋势

体能训练负荷只有呈现出动态上升的趋势才能保证体能训练的效果和预定训练目标的完成。体能训练过程中体能值逐渐降低，但随着恢复休息又逐渐升高，并超过原有的最高体能值，然后在波动中恢复到原有体能值，因此，我们应该在体能第一次恢复到最高体能值时进行第二次体能训练，以确保最高体能值呈现出动态上升的趋势。

由于体能训练的动态变化的不恒定性，练习强度安排要根据体能的变化而定。在大强度训练初期，机体需要经过一段时间才能适应。对比练习前后心率来判定训练强度和机体适应能力是最简单有效的方法。不仅如此，填写训练日记，在训练中记录心率、跑动距离和强度对判定训练强度非常有益。这样，运动员也可以自己观察到训练后的进展程度，并评估哪种训练计划适合自己。在训练中，超负荷频率是由练习强度和练习的持续时间决定的，教练员要合理安排才能达到最佳训练效果。

5. 确定体能训练实施的具体训练内容

在体能训练中，身体素质训练是最主要的部分。身体素质训练根据运动员专项运动的需要对力量、耐力、速度等的要求也不尽相同，因此在训练内容的选择上应该做到全面性与针对性相统一，切实保证运动员的竞技体能得到有效提高。同时在训练内容的选择上应尽量和专项运动相结合，充分提高体能训练的性价比。

6. 选择最有利的体能训练方法和手段及训练负荷

有效的训练方法和手段与足量的训练负荷是体能训练计划的重要组成部分，有效的方法和手段是针对训练内容的具体实施，而适量的负荷会使运动员机体产生良性的刺激，促使机体的生理机能和运动素质明显改善，并不断产生运动素质累加的痕迹效应。我国学者田麦久认为，在运动训练过程中机体在负荷下存在适应性与劣变性。大量的运动实践证明，负荷的适度增加，能够带来运动竞技水平的显著提高。机体的劣变现象是指当负荷超过一定的范围，超出运动员的最大承受能力时，运动员的机体便会产生劣变现象。这种不适症候表现为：慢性体重下降，非受伤引起的关节及肌肉疼痛，慢性肠功能紊乱，扁桃体及腹股沟淋巴结肿大，鼻塞和发冷，出现皮疹和肤色改变，周身性肌肉紧张，疲惫不堪，失眠不安，等等。综上所述，体能与训练中的运动负荷有密切的关系。只有适度的运动负荷才能维持和提高运动员的体能水平，过高或过低的训练负荷都会对运动员的体能产生不良影响。

7. 对体能训练计划的实施过程进行评价及补充和调整

体能训练计划的实施不是一成不变的，通过评价和调整可以帮助教练员准确地把握训练的实施过程和训练目标的实现。通过测量评定训练效果的好坏，对训练中得到的信息进行客观准确的分析，以便对体能训练计划的内容、方法、负荷等做出调整，使训练计划的制订与实施更加科学合理。

8. 体能训练后的营养与恢复

体能训练对于人体内能量物质的消耗是巨大的，若不及时、充分地恢复会影响下次体能训练效果甚至造成过度疲劳，从而使运动员体能下降，难以达到预期训练目标。同时，对于间歇时间的恢复休息也有时间上的严格要求，不同训练内容方法要求对机体是否完全恢复有不同的要求，间歇时间体能物质的补充也应根据具体要求，具体量度地摄入水、糖、无机盐等营养物质。

体能训练的恢复必须合理有序，正常情况下，负荷后的恢复是自然的和必然的现象；在训练状况下，恢复过程则需要人为安排。恢复机制并非训练结束后才开始启动，训练负荷过程中，恢复是与损耗紧密交织进行的，只不过在不同阶段其优势状态各有不同。恢复与损耗都是一种状态，又都有一个过程。恢复过程呈现四个阶段，即部分恢复—完全恢复—超量恢复—累积恢复。所谓超量恢复，是在训练结束后的某一时段内能量补偿逾越原有水平的现象；所谓累积恢复，是指超量恢复效应维持一个时段之后并不完全退回到原初状态，而是长期保留在一定超出水平上的现象。这是我们对体能训练恢复现象的规律性认识，也是我们体能训练和恢复的重要手段。

（二）体能训练计划的制订原则

原则是人们对客观规律认识的反映，体能训练计划在制订过程中必须遵循一定的客观规律和要求，这对制订体能训练计划具有普遍的指导意义。制订体能训练计划必须遵循以下原则：

1. 科学合理有效的原则

在运动员的体能训练计划制订过程中首先要注重科学性原则，即制订计划时要以运动生理学、保健学和训练学的相关理论和研究成果为依据，遵循运动员所参与的竞赛项目的规则要求，制订体能训练计划；合理性原则，即以运动员的实际身体状况为前提，遵循人体生物适应性变化规律，制订体能训练计划；有效性原则，即以训练目标和竞赛需要为前提，切实选择训练的内容、频率等制订体能训练计划。

体能训练计划制订的科学合理有效原则也要使体能训练、技术训练、战术训练、心理训练等有机地结合，相辅相成，选择和技战术训练、心智训练紧密结合的体能训练内容，使体能训练贯穿于整个训练计划，保证体能训练计划科学合理有效地展开。

2. 全面安全系统的原则

为了提高运动员的竞技能力，必须全面提高运动员的体能，运动员体能训练计划的制订尽可能全面详尽，同时针对运动员的体能弱项要加大训练力度，对强项要尽可能地保持其高水平状态。有计划训练的目的就是要避免过度训练和大意训练造成的运动员过度疲劳、心理抵触、身体伤病等训练负面影响，从而提高体能训练的安全性。由于人体的体能有生物适应的长期性和不稳定性，因此在制订体能训练计划时，要充分考虑训练的系统周期性原则。体能训练计划中的各构成要素之间的密切联系，要求在制订时必须全面安全系统地考虑训练计划的内容及具体实施程序。

3. 因人而异的原则

运动员与运动员之间都有一些相似的特点，但又有各自的个性特点。在体能训练中这一点非常关键，因此在各类体能训练计划制订过程中要充分考虑不同运动员的个体差异性，针对不同运动员在体能素质上的不同表现和要求，区别对待，体现出因人而异的原则，使体能训练计划在执行时具有一定的灵活性和针对性，采用最适合运动员自身运动特点的体能训练方法，最大限度地利用个人特点，提高体能训练的效果。

在制订双人和小组的体能训练计划时，因人而异原则尤显突出。在集体训练中，每个运动员都有各自的优势与不足，各有不同的心理思想和情绪，因此，在制订具体的体能训练计划时必然会针对每个运动员有不同的训练内容和强度。在同一个体能教练组内，有的可能需要着力发展手臂的爆发力量，有的则需要发展下肢的弹跳力量。这就要求我们在制订体能训练计划时要遵循因人而异的原则。

4. 与运动员的整个训练计划相结合的原则

运动员竞技能力中的体能、技能、战术、心理、智能等构成因素是相互依存、相互影响的，因此在制订训练计划时要充分考虑各个训练计划之间的有机结合。体能训练计划的内容选择上应注重有利于运动员运动技能提高的训练方法和手段，频率和强度上的变化可以在一定程度上提高运动员的吃苦耐劳的优秀品质。将体能训练计划、技战术训练计划与运动员整个训练计划有机结合，使竞技能力得到显著提高。

五、体能训练计划的实施

(一) 体能训练计划的实施程序

在体能训练计划实施程序中，应该设计一个明确的实施内容顺序、时间进度，采取切实可行的体能训练方法贯彻运动员的体能训练全过程。在开始制订体能训练计划时，需要了解参训运动员上一年度、季度、月份乃至前一周的体能状况和运动成绩，同时通过访谈、问卷调查及测量评定运动员的实际体能状况，为训练计划目标任务的制订做好准备。在体能训练计划内容的制订上，要将具体训练与其他训练计划相结合，方法负荷要根据体能的科学性的适应变化规律和运动员的实际情况来确定，并通过及时评定的训练效果进行调整。总体上还应注意每一次体能训练课的安排，每一周体能训练课的衔接，每一月体能训练课的综合考评及微调整等。

(二) 体能训练计划实施中应注意的问题

1. 重视体能训练组织形式

体能训练的组织形式主要依据体能训练的基本规律、训练计划大纲要求、参训对象的实际情况及训练的具体条件而定。科学的体能训练形式对提高体能训练的效率、调动体能训练对象的积极性、增强体能训练的效果等都有十分重要的作用。

2. 重视体能训练计划的可控性部分

大量的运动计划实例和科学研究都表明，即使制订再详细、再周全、再严密的训练计划，在组织实施过程中也难免因为各种原因而进行局部的或者全局的调整。所以，我们在体能训练实施过程中要注意各种情况的出现，并及时地对由此获得的信息做出准确、客观、有效的检测评定，将这种信息与预定的训练计划目标要求进行对比分析，并据此对体能训练计划进行必要和有效的调整，以保证运动员体能顺利地由现实状态向目标状态有效转移，从而完成体能训练计划的预定目标，这是体能训练计划的重要组成部分之一。同时，体能训练计划的控制性部分对预防体能训练造成的运动伤病和抵触心理具有重要意义。

3. 在重视体能训练阶段性的同时也要注重其系统连续性

一个完整体能训练的最小单位是由一节体能训练课和课后恢复组成的，它是一个体能训练小周期，不管什么体能训练计划都是由若干个这样的体能训练小周期组合而成，人们往往只注重体能训练过程的阶段性而忽略其系统连续性。每个体能训练小周期内，都是在体能训练课开始时体能下降，到体能训练课结束时达到最低点，随后在恢复的时间内逐渐提高，然后在出现的超量恢复结束后开始下降恢复到原有水平，所以下次体能训练小周期的开始时间应该在上次体能训练产生的超量恢复的最高点上。这样每次体能变化的最高点连接起来，就会看到，其间明显含有规律性变化：连线出现逐渐增高的趋势，这就使每个体能训练小周期有机地结合起来。因此，重视体能训练的系统周期连续性对完成训练任务有重要意义。

4. 体能训练要积极与技术、战术、心理和智能有机地结合

体能训练的最终目标是提高运动员的竞技能力，而竞技能力的提高要依靠体能、技术、战术、心理和智能的协调发挥，缺一不可，因此体能训练与其他训练的有机结合、体能训练在训练过程中的分配比重以及一般体能训练和专项体能训练的比例安排则尤显重要。在与其他训练的有机结合中应注重在体能训练过程中融入技战术训练，即在选择体能训练内容时要和专项技术动作的形式相关联，选择的训练方法要与技术动作的生物力学特征相似。体能训练在总训练中的比重安排和专项体能训练在体能训练中的比重安排，是根据具体的训练目标、条件、对象的实际情况来确定的，它从侧面体现出体能训练与其他训练的结合程度。

5. 重视体能训练过程中的思想工作的开展

体能训练的过程是对人体产生外部刺激的过程，刺激强度的大小直接影响着体能的变化，同时体能训练的手段往往是单调枯燥和重复的，因此参加体能训练的运动员会感到非常疲劳，这就要求体能教练员在体能训练中要加强运动员的思想工作，提高他们对体能训练重要性的认识，培养他们吃苦耐劳的意志品质，这也是和心理训练有机结合的重要体现。同时，体能教练员在体能训练方法的选择上可以适当使用比赛训练法，这可以提高运动员的训练热情，减少其对训练的枯燥感和抵触心理，但是要适度，避免运动员训练过度和伤病的产生。

6. 重视体能训练后运动员膳食营养的平衡摄入

体能训练是一种能量消耗严重的训练，为了保证运动员的良好训练状态，教练员要重视运动员膳食营养的平衡摄入，要建立合理的营养摄入制度，平时注意养成良好的饮食习惯，并根据营养专家的意见合理搭配膳食营养。

①每日营养分配：如果运动员一天的能量中有 2/3 来自碳水化合物，那就意味着约有 2400 千卡的热量来源于此，即约需要 600g 碳水化合物。一个体重为 75kg 的

运动员，碳水化合物的需要量为 600g。根据食物营养对照公式可知，100g 米饭含碳水化合物约为 25g，如果碳水化合物全部来自米饭，则运动员一天要吃 2400g。要让运动员在传统三餐里吃掉它是很困难的，如果折算成其他含碳水化合物的水果、蔬菜等，食物量可能会更大。在繁重的训练期间，训练前或训练后运动员是不允许立刻摄入大量食物的，因此"食物应当是浓缩的，体积重量小"，以少吃多餐的方式进食是很有必要的。

②根据训练的节奏进行膳食安排：由于不同时期训练任务经常变化，因此运动员的膳食也应不断进行调整。营养是运动训练过程的一个重要环节，应引起教练员的足够重视。

③训练比赛前后的膳食平衡：食谱中的蛋白质、碳水化合物和脂肪的平衡可以优化体内胰高血糖素、胰岛素、生长素等激素的平衡，进而影响运动状态，应根据训练情况及时调理。第一阶段，可在训练比赛前 30—40min 摄入少于 100 卡的热量，必须保证摄入充足的蛋白质和碳水化合物，这样才能满足训练所需要的激素水平。第二阶段，应在训练后以加餐的形式立即补充，补充量大约为 100 卡热量，使胰岛素和胰高血糖素比值平衡，从而保持生长素的最大释放。最后一个阶段，在训练后 2h 需要一顿正餐来重新补充肌肉中的胰高血糖素水平。

④训练比赛中注意水的补充：研究表明，运动中丢失的水分若得不到及时的补充，将导致血容量的下降，从而增加心脏负担，使心率过度增高。运动中失水达体重的 2%~3%（一堂足球训练课出汗量多在此数量之上），即可使运动能力下降。因此，在体能训练的前中后，适量地补充水分是不可缺少的。

第十节　青少年体能训练计划的制订

为了制订青少年体能训练计划，教练在训练技巧和训练理念方面一定要有充分的知识储备。此外，体能教练必须意识到运动员的实际年龄、生理年龄（成长速率）、训练年龄（既往经验）、认知年龄（完成心智任务的能力）。在训练青少年时，尽管教练员训练的主要目的是将青少年培养成为特定项目的运动员，但是训练项目仍应该以打造终身体育为基础目的。

Howard 说，"所有教练都需要认识到，如果错过了发展运动技能和肌肉力量的最佳时机，这会对以后的运动生涯以及体质产生负面影响。"❶ 这些时机不仅限于特定的运动技术的训练，还包括青少年运动员参加多种运动和锻炼活动的机会，以最大限度地发展其身体、心理和社交能力。当一个青少年运动员接触到各种运动或锻炼活动时，他将从这些全面的运动技能中受益匪浅。这种训练拮抗肌肉群和柔韧性的发展模式有助于提高整体的运动能力，在运动员成年后会转变为更加全面的运动能力。

在制订青年体能训练计划时，教练员还应当考虑伤病预防的训练。研究表明，既往伤病是潜在伤病的风险因素。例如，有前交叉韧带受伤史的运动员发生第二次ACL 损伤的风险是从未受过此类伤病的运动员的 15 倍。因此，在进行力量训练的同时实施神经肌肉训练计划，将减少未来严重受伤的可能性，并最大化地提升年轻运动员未来的竞技水平。此外，青年运动员需要在训练期间加长恢复时间，因为"越多越好"的训练态度会适得其反，可能导致过度训练而引起的伤痛、疾病或疲劳过度。训练期间最佳的恢复方法包括训练后的拉伸放松、饮用充足的水分、合理的营养摄入、适当的放松策略以及每天充足的睡眠。

无论青少年运动员的身体素质如何，他们都不是缩小版的成年人。训练青少年运动员的体能教练需要提供以青少年为中心的指导，引导青少年达到特定的发展水平，同时成为一个优秀的倾听者和杰出的沟通者，了解运动员的个人需求、能力和特点。本文将探讨这样的训练方法和理念，最终使年轻运动员最大限度地减少未来受伤的概率，提高运动表现，并促进长期运动的发展（LTAD）。

一、时间管理

参加体育运动的年轻运动员在管理时间上经常会遇到困难。同时应付学校的学习、实践和课外活动时再想参与合适的运动训练会变得困难。资金有限以及不当的指导在任何学校里都可能发生。因为学校缺乏资金雇用有资质的体能教练，体育教师同时担任体能教练的情况是非常普遍的。年轻运动员往往训练不足，而且不知道体能训练的重要性。由于体能训练不是首要任务，年轻的运动员往往会找到其他训练项目，许多人认为这没有必要，也没有时间在他们的计划中进行体能训练。因为他们没有合格的教练，不能进一步多样化地发展他们的运动技能，进而对青少年运动员进行恰当的训练形成了挑战。这一问题突出了合格的体能教练在帮助儿童发展运动能力、增强肌肉力量和降低受伤风险时的重要性。了解体能训练对提高运动能力的重要性是至关重要的。

---

❶　HOWARD R. Long-term athletic development（LTAD）asacradle-to-gravemodel［J］. NSCA Coach，2017，4（3）：6-8.

因此，为了进一步改善这些问题，以保证体能训练的一致性，美国国家体能协会建议采用三步流程。首先，体能训练专业人员首先必须告知并教育家长和年轻运动员定期参加体能训练的重要性。其次，要求专业人员灵活地安排时间，例如提供多个训练时间段。在清晨、深夜甚至周末雇用更多的员工来提供帮助会对体能训练课有更多的帮助。最后，根据时间来调整计划也是至关重要的。例如，如果天气突然发生变化，如雷雨或降雪，专业人员必须做好准备，要么在不同的日期重新安排培训课程，要么根据天气的严重程度重新设计训练内容。

二、专注于基础的运动技能

是否进行过早的专项化训练在体育界是一个巨大的争议，许多学校的运动训练项目侧重于运动员的专项技能，而不是通过引入各种体育和活动来夯实身体运动的基础，多样的体育活动将使年轻的运动员获得各种基本的运动技能，这些技能进而转化为运动员长期发展模式。基本的动作技能，如跑步、跳跃、接球、投掷等基本动作，这些动作将对青少年运动员的平衡、敏捷和协调形成考验，并会在专注于专项技能训练之前打下坚实的基础。缺乏发展这些基本动作技能可能导致年轻运动员无法参加体育活动以及无法让他们享受他们本可能喜欢的运动。此外，研究表明年轻时练习动作技能不仅可以预防过早的专项化，还可以避免过度训练、疲劳和受伤。专注于基本动作技能的训练是运动员（特别是对于仍在成长中的青少年运动员）发展过程中十分重要的阶段，因为它决定运动员从事某个专项运动、预防受伤以及成为精英运动员的可能性。

三、从初中进入高中的过渡期

当一名运动员从初中步入高中时，身心变化也会随之产生。鉴于此，教练员需要考虑不同的方法（例如，熟悉体能训练原理、基础动作技能的发展、训练动机），以便为运动员参加高中比赛做好准备。

处在过渡期的中学运动员应该以磨炼技能而不是取胜为主要目标。教练员应该努力为每个人提供平等的比赛时间，让他们参与不同的比赛。在这一阶段引进技能学习对他们运动技能的发展十分重要，一旦他们进入高中阶段，就不必再重新学习。

运动员一旦到了高中，则更加注重取胜。贯彻执行中学时学习的所有基本运动技能，以便未来充分利用。这些基础技能将融入他们正在进行的运动中。教练员也应该强调休赛期体能训练的重要性。青少年运动员在一起的时间越多，球队的化学反应就越强烈。运动员每周训练3—4次，有规律地进行训练，保持体型，继续强化他们的技能。

四、引入周期化训练理念

NSCA 建议，青少年运动员在 8—10 岁时开始体能训练，这也是他们开始参加有组织的体育运动的年龄。在进入高中之前就进行体能训练计划的年轻运动员通常比那些未曾接触过体能训练的运动员有更大的优势。高中体能教练应该与中学教练员交流联系。这有助于为青少年运动员建立一个周期性训练体系。教练员可以参观他们的训练，发掘他们的潜力，让他们为进入高中做好准备。高中体能教练与中学教练建立的这种联系会让运动员进入高中后对自己的能力认可并充满自信。运动员和教练面对面的交流非常重要，因为它为年轻运动员提供了一个舒适的环境。

五、基本运动技能训练

教练员需要让青少年运动员进入高中前习得基本的运动技能，因为进入高中他们将接受更高级的体能训练。不仅如此，例如跑步、跳跃、投掷和接球等技能应该在高中前就已经达到高强度训练水平。这些技能需要一定的敏捷性、平衡性和速度，在一定程度上为更多的专项运动奠定基础，这些专项运动正是他们在高中时需要练习的。在 Faigenbaum 和 Meadors 的 12 项基本原则中，第四项原则"提高身体素质"表明了身体素质在提高运动能力方面的重要性。着重提升运动技能的能力将加强青少年运动员运动的基本能力和对外界物体的控制能力，这是更高级专项运动的基础。

70%的运动员在 13 岁时会退出竞赛，因为他们失去了对这项运动的兴趣。为了避免这种情况，教练员应该制订积极的青少年发展计划。遵循 Howard 提出的四个 C. O. R. E.（背景、机会、认可、环境）原则，可以作为发展计划的一步。背景涉及与青少年运动员正在发展的运动相关的运动模式。教练员应该培养年轻的运动员，使他们的运动模式真正具有功能性，而不是只为某一项运动设计训练动作。所有青少年运动员都应该拥有发挥自己潜力的机会。他们需要在有组织性的或非组织性的运动模式中取得平衡。教练们需要制订一个合适的、有益于青少年运动员身体素质的训练计划。如果所有青少年运动员都能参加适当的体能训练计划，运动表现的提升以及受伤风险的减少都是水到渠成的。

六、考虑个体成熟和发展的速度

尽管培养一名青少年运动员是有利的，但对于教练来说，能够意识到某个青少年运动员发展速度比其他运动员发展得慢也是十分重要的。这些缓慢成长的运动员最终会成为精英运动员。青少年运动员所处的环境也对其运动生涯起重要作用。教练员应该负责创造一个积极的训练环境。比如，当运动员做得好时，和他击掌或拍背以示鼓励，运动员会更加努力训练并取得进步。

重要的是，教练员要考虑到发展青少年运动员运动模式和环境的多样性，为运动员身体适应提供更多的空间，并使运动项目更具创新性和趣味性。合格设计的体能训练计划有助于基本运动技能的提升，青少年运动员可以在安全地发展运动能力的同时见证他们在专项运动中的进步。

七、持续激励运动员

NSCA 指出，一个精心设计的体能训练可帮助增加青少年运动员的心理社会层面的幸福感。动机是一个人努力的方向和程度，可以提高运动员对运动的兴趣和动力。没有比赢得奖杯和冠军更能有效地激励运动员了。教练员和运动员之间需要互相理解，他们训练是为了使自己变得更好。如果他们保持这种心态，继续朝着自己的目标努力，定会赢得奖杯和冠军。

八、支持与教育环境

学业对青少年运动员是至关重要的。教练员与学校有关管理部门联系可以确认任何对学生运动员有风险的因素。与"有危险"运动员的父母进行沟通，定期聚会也会起到纽带作用。这样做可以让青少年运动员、学校管理人员和家长了解到学生学习方面的进步对教练来说是非常重要的。青少年运动员应该在学业、社会生活和体育运动之间取得平衡。所以，当他们在这三者之间努力挣扎时，教练员如果告诉他们永远会获得支持就是最大的鼓励。

团队运动中赛前和赛后的队餐经常被忽视。这些食物不仅使青少年运动员饱腹，还可以表达出教练员对年轻运动员的关爱。团队共享盛宴可以让青少年运动员对团队产生归属感，并与他们的队友和教练建立更牢固的关系。对于教练员和运动员来说，舒适感和关怀是很重要的，共享盛宴时光同样必不可少。

青少年运动员有不同的身体、情感和心理能力。并非每个青少年运动员都会在相同的训练水平上；因此，教练员在制订适合年龄、动作和运动的体能训练计划时，必须考虑到他们的身体和运动技能的成长阶段。教练员应该致力于教授广泛的技能，为他们夯实基础，这将极大地影响青少年运动员在整个运动生涯的身体素质水平和健康，如果只教授一种或两种技能则只会产生短暂的效果。除了刚刚提到的考虑青少年运动员不同的成长阶段，教练员还有许多值得采用的方法。始终记录青少年运动员的进步对于体能教练员来说是非常重要的，这有助于教练员完善青少年运动员的周期化计划。

此外，由于青少年运动员处于刚开始参与不同的体育活动和学习新的运动技术的阶段，他们容易在训练早期失去信心。因此，青少年运动员会因为自己的表现而气馁，这会影响他们的心理社会适应能力，从而影响他们身心技能的发展。因此，教练员可以在青少年运动员完成一项任务后轻轻地拍拍背部来鼓励他们，从而提高他们的自信心。

在制定青少年体能训练项目时，教练员需要考虑很多实际情况。为了保证训练的一致性，体能教练员应向家长和运动员解释训练的价值，灵活安排时间，并适时调整计划。体能教练员必须意识到，过度担心训练反而会导致运动员力量下降，从而对运动表现产生负面影响。教练员应始终清楚他们将对运动员进行何种类型的训练，以及训练到何种程度，这有助于减少过度训练的伤害。

有了以上这些策略，体能训练专业人士可以帮助青少年运动员在最必要的时候达到高水平。教练员在进行任何严格的训练之前，首先应考虑运动员的安全。年轻运动员应该得到教练员的鼓励，以提高他们的自尊心。一位关爱运动员的体能教练员可以通过出现在体育赛事现场和了解运动员的目标来提高青少年运动员的自信心。激励和鼓励青少年运动员是实现青少年运动员长期目标的关键。青少年运动员处于关键时期，教练员需要制订一个能提高基础运动技能和运动员心理社会适应能力的体能计划，并且这一计划需要有实证研究的支持。

第十一节　其他人群体能训练计划的制订

一、中老年群体体能训练计划的制订

中老年人在进行体能训练时，可以根据自身的体质，制订出相应的体能训练方案。中老年人在进行体能训练时要遵循一定的程序。总的来说，在制订运动计划时要注意如下几点：

1. 个别对待

由于中老年人的身体素质存在很大差异，在制订体能训练计划时，其内容应考虑不同的性别、健康情况、是否合并有慢性病、疾病的性质和程度等。

2. 循序渐进

根据运动训练对人体生理反应的特征，可以将其分成三个阶段，即开始、适应和保持三个阶段，在运动训练中逐步形成对身体有益的适应反应，而不是盲目地追求体能训练的结果，造成心脑血管、骨骼关节的疾病。

3. 进行全面的体检

老年人体能训练之前要做一次体检，目的是对自身的健康情况有一个全面的了解，从而发现潜在的疾病和风险，从而提高自己的注意力。所以，要避免两种趋势：第一，不要以为一次检查就能保证数年的健康，在进行体能训练或提高身体强度前，必须有 3 个月以上的身体健康状况检查记录；第二，不能马虎，要严肃地进行检查。

有些中年人对自己的体能估计过高，过于自信或好斗，经常会对自己的身体造成损害。所以，在体能训练之前一定要遵照医生的建议，注意自我控制，才能保证身体的健康。当然，也不能仅仅为了安全着想，把体能训练的强度降到最低或者没有任何体能训练。

4. 正确地进行体能训练

中老年人运动最主要的目标是增强运动的兴趣，形成运动的习惯，并以此为基础进行长期运动。所以，在选择运动项目时，要综合考虑自己的生理特点、健康状况、体能训练目的和个人爱好。

老年人的健康保健运动主要有三种：中等强度的耐力性运动、伸展运动和加强肌肉力量训练。

步行、慢跑、太极拳、登楼梯、游泳、室内步行车、电动自行车等是适合中老年人的体能训练项目。有些中老年人血压高，尽量少做运动，或者做无氧运动、举重和只局限于上肢的肌肉体能训练。此外，羽毛球、乒乓球、网球、篮球等项目适合身体素质比较好的中老年人。

5. 及时补充营养

运动量增加，关节磨损很可能会加剧，从而出现各种关节问题，若不加以调理改善，长此以往会导致更严重的后果，而骨关节的很多问题都是由于自身缺乏关键营养造成的，所以日常生活中，中老年人需要多补充一些营养物。

6. 做好准备工作

预备活动就是"热身"，是指在做一些准备活动的时候，心跳会慢慢地加快，从而避免在体能训练时，因为心跳的突然上升而加重心脏负担。通过体能训练，可以逐步减少体能训练的强度，从而避免突然停顿而导致的晕厥。

二、运动员体能训练计划的制订

专项体能训练、专项技术训练和竞赛心理训练是运动员竞技训练的三个组成要素。在训练实践中，通过它们的有机结合，可以使运动员的专项综合能力不断得到提高。根据运动员的整体情况和规划目标，专项体能的提高尤其需要对多年、全年、阶段的训练进行合理、详细的计划，并通过训练周和训练课等具体训练单元的实施落实到训练实践，使运动员的专项体能水平得到提高。

（一）多年训练计划

多年训练计划是运动员多年训练过程的总体规划。由于多年训练时间跨度从两年到十几年，因此计划只是宏观的、战略的，计划内容也只能是框架式的。教练员在制订多年训练计划时，不仅要准确地估计运动员的个人特点、年龄、身体发育、道德品质，考虑运动员的运动成绩和竞技能力水平，确定运动员的特长及发展目标，还要指出运动员训练水平方面的弱点和努力方向，并根据运动员训练达到的水平，确定每年提高运动成绩的幅度、竞技能力及身体训练水平的指标；根据主要目的，确定每年训练的主要任务和手段。其任务和手段必须以全面的身体训练原则为出发点，广泛采用促进机体良好生长发育和保证全面身体发展的练习手段。计划中将主要任务和手段按年度分配，并定出年训练量、训练时数、身体训练与技术训练比例等，逐年加大训练的量和强度，逐年提高对运动员的身体机能水平的要求。

实践表明，运动员只有通过多年训练逐步具备了良好的身体能力，掌握了运动专项的完善技术，才能在比赛中创造优异成绩。多年训练计划的主要内容分为准备性部分（运动员基础情况分析、训练目标的确定）和指导性部分（阶段划分、各阶段任务、训练内容安排、训练指标确定）。

1. 运动员的基础情况分析

运动员的基础水平是运动训练的出发点，是对运动员基础情况的分析，是为具体训练计划的制订提供必需的信息和依据。由于运动员在年龄、形态、机能、素质及心理品质等各方面存在差异，在制订训练计划时，必须依据运动员训练年限、发展程度、健康状况、竞技能力、运动成绩等实际情况，使运动训练的安排既能被运动员接受，又足以使运动竞技能力发生明显变化。另外，还可通过运动员基础情况分析，确定运动员的特长并提出进一步发展专项的方向。

2. 多年训练计划的目标

训练目标是为了掌握训练全过程发展而专门设计的理想模式，是制订多年训练计划任务和评定训练效果的主要依据。训练目标是一个多层次、多指标、多阶段的系统。一个完整的训练目标一般包括专项训练的总目标、各阶段的专项成绩目标和与专项相关的竞技能力目标。

多年训练总目标的确定应根据项目特点、竞赛任务和分析运动员现实状态、竞技潜力、未来所能提供的训练条件等因素；也可以采用一些数理统计方法建立训练目标的预测公式进行预测。

3. 阶段划分和各阶段的任务

多年训练各阶段的划分：阶段的划分应依据竞技状态的形成与发展、长期训练适应性的形成与发展规律，以及运动员生理、心理发育的自然规律等。例如，《全国田径教学训练大纲》将多年训练全过程分为 5 个阶段：儿童全面训练阶段（8—12 岁），基础训练阶段（13—14 岁），初级训练阶段（15—17 岁），专项提高阶段（18—19 岁），高级专项训练阶段等（20 岁以上）。

各阶段的任务：儿童全面训练阶段的主要任务是培养儿童对运动的兴趣，增强体质，促进发育，发展柔韧、协调、动作速率、速度、弹跳等运动素质，学习掌握多种活动技能，教育儿童自觉地遵守纪律，努力成为一个德、智、体全面发展的体育幼苗；基础训练阶段的主要任务是全面发展身体素质，促进发育，学习和掌握专项和多项基本技术，发展动作速度，并加强躯干肌肉的一般力量训练；初级训练阶段的主要任务是进一步全面发展各专项身体素质，发展并提高专项素质，在继续从事多项训练的基础上，进行初期的专项训练，掌握合理的专项技术，提高专项训练水平；专项训练阶段的主要任务是继续加强全面身体训练，进一步提高专项素质，巩固和完善专项技术，提高专项技能和训练水平，通过比赛提高适应能力及心理素质，学习专项理论知识；高级专项训练阶段的主要任务是强化各项身体素质、专项素质和专项能力，进一步完善完整技术，充分挖掘潜力，较多地参加国内外各级比赛以保持高水平的运动成绩。其他专项阶段的划分和各阶段的任务可根据项目特点和要求进行各阶段划分和各阶段任务的制定。

各阶段训练内容的比例：各阶段的一般身体训练、专项身体训练和技术训练的比例，主要取决于运动员的训练水平。因为随着运动员训练水平的提高，一般身体素质与专项成绩的相关性会降低，而专项身体训练和技术训练的比例会提高。

4. 各阶段训练指标

多年训练的各个阶段都应提出相应的训练指标，即各阶段的运动成绩指标和竞技能力指标，并作为评价训练状态的依据。各阶段训练指标是以整个训练过程最终的运动成绩指标和竞技能力指标为依据，并结合不同阶段的训练任务而制订的。

在多年训练计划安排中，要科学地掌握竞技状态的发展变化规律，系统地安排各阶段训练指标，使竞技状态高峰在高级训练阶段出现。因此，各阶段训练指标应采用开始幅度较小的渐进式提高，到专项训练阶段时，训练指标提高加快，出现成绩的突变式上升，在高级训练阶段达到最高水平。

（二）年度训练计划

1. 年度训练计划的分类和周期划分

年度训练计划是教练员和运动员组织实施运动训练过程最重要的文件之一。由于季节、气候和比赛安排等因素具有年度周期性规律，一般把年度训练作为组织多年训练的基本单位。在制订年度训练计划时，要根据运动员基本情况及其训练水平以及考虑训练场地、器材等客观条件来确定本年度训练任务和训练目标。

年度训练计划有以下 3 种类型：

①以全年为一个大训练周期的单周期训练计划，包括准备期、竞赛期和过渡期。

②全年分为两个大训练周期的双周期训练计划，包括两个准备期、两个比赛期和一个过渡期。

③在全年中设有多次比赛的年训练计划，在两次比赛的间歇期，应开展保持训练水平的训练或安排积极性休息。

准备期的主要任务是提高运动员的机能、素质、技术、心理等方面的水平，使运动员的竞技状态初步形成。准备期分为一般准备阶段和专门准备阶段。一般准备阶段主要发展一般身体素质和掌握技术，负荷逐渐增大，优先增加训练量；专门准备阶段主要提高专项素质和技术，训练量减少，训练强度逐渐加大。

比赛期的任务是发展专项训练水平，完善专项技术，提高比赛能力，形成和保持良好的竞技状态，创造良好成绩。比赛期负荷趋势是训练量小，训练强度增至最大。

过渡期的主要任务是消除比赛所积累的疲劳，促进机体恢复。采用负荷量较小的一般身体训练或积极性休息。

2. 年度训练计划的制订依据

①为了保证训练计划制订的科学性和有效性，制订计划时必须依据以下几点：

第一，训练目标。为了实现运动员由起始状态向目标状态的转移这一运动训练的根本任务，要选择最适宜的训练方案，来实现本年度的训练目标。

第二，起始状态。运动员训练的起始状态是运动训练过程的出发点，要根据运动员上一年度的基本情况及其训练指标的现有水平来制订本年度的训练计划。

②运动训练的客观规律。在年度训练计划中，必须遵循运动训练的客观规律，即机体训练适应性，疲劳与超量恢复原理；训练计划的连续性与阶段性；训练过程的多变性与可控性等，以及专项运动技术、身体素质的特点和发展规律。

③实施运动训练的客观条件。训练场地的好坏、器材的质量与数量以及营养条件、恢复条件等都是组织实施训练活动的重要物质基础，在制订计划时，必须充分考虑这些因素。

（三）阶段训练计划

阶段训练计划是由同一目的的小周期联合组成的阶段性训练计划，持续时间为2—8周。在运动训练中，阶段训练计划包括引导阶段、一般准备阶段、专门准备阶段、赛前准备阶段和比赛阶段的训练。

1. 引导阶段

本阶段主要用于过渡期以后的年度训练之初。其特点是训练量和强度逐渐上升。持续时间为 2—3 周。

2. 一般准备阶段

本阶段的目的是努力提高机体机能的总体水平，全面发展身体素质和运动技能。持续时间为 4—8 周。

3. 专门准备阶段

本阶段的目的是提高专项训练水平和改进专项技术，提高训练强度。持续时间为 4—8 周。

4. 赛前准备阶段

本阶段是准备阶段与比赛阶段之间的过渡。其目的是提高竞技状态。持续时间为 3—6 周。

5. 比赛阶段

本阶段是在主要比赛期间的一种训练形式。它包括为比赛打基础的小周期、直接参加比赛的小周期和恢复训练的小周期等。其目的是巩固最佳竞技状态和力争创造优异成绩。比赛阶段小周期的数量和持续时间取决于竞赛日程和比赛规模。比赛阶段又包括早期比赛阶段、主要比赛阶段和获得最佳竞技状态阶段。

（四）周训练计划

周计划是由数次训练课组成的，是训练过程中相对完整而又经常重复的单位。根据任务及训练内容的不同，周训练计划可分为基本训练周训练、赛前诱导周训练、比赛周训练及恢复周训练。

1. 制订周训练计划的依据

周训练计划的制订主要依据年度训练计划中的训练时期和训练阶段所规定的任务、负荷等要求，以及实现训练目标的需要和不同负荷后机体的反应和恢复状况。

2. 周训练计划的基本内容及其任务

根据训练任务和目的的不同，可把周训练分为基本训练周训练、赛前诱导周训练、比赛周训练和恢复周训练。

①周训练的任务和要求。基本训练周训练：通过负荷的改变引起新的生物适应现象，提高运动员的竞技能力。基本训练周训练又分为加量周训练和加强度周训练。在全年训练中采用得最多的周训练类型是基本训练周训练。

赛前诱导周训练：使运动员的机体适应比赛要求，把训练过程中所获得的竞技能力集中到专项上。赛前诱导周训练主要用于比赛前的专门训练准备。

比赛周训练：为运动员在各方面达到最佳竞技状态作准备，并进行最后的调整训练和参加比赛，力求创造优异成绩。比赛周训练一般以比赛日为训练周的最后一天，前数一个星期予以计算。

恢复周训练：通过降低运动负荷和采用各种恢复措施消除运动员生理上和心理上的疲劳，以求尽快地实现能量物质的再生，促进疲劳恢复。

在周训练过程中，要求在完成主要任务的同时，要考虑训练的系统性和各训练周之间的相互关系。周训练的不同内容及不同负荷要合理交替安排，这样既能使运动员所需要的各种竞技能力得到全面综合的发展，又可避免负荷过于集中而引起疲劳。

②训练的主要内容。基本训练周应较多地采用发展一般身体素质和专项身体素质的训练手段。在技术训练中，采用分解和完整技术练习相结合的方法，更好地掌握和改进运动技术。训练内容广泛多样，并合理交替保持系统的持续训练。

赛前诱导周训练的主要内容与基本训练周训练一样。但练习内容更加专项化，训练课的组织形式接近专项的比赛特点。一般身体素质训练的比例减少，专项身体素质训练的比例增加。在技术训练中，应增加完整练习比例，以便更有效地发展专项竞技能力。

比赛周训练应把速度、力量性的训练和高强度的专项训练安排在赛前3—5天，把恢复性的有氧训练和中低强度的一般性练习安排在赛前1—3天进行，使运动员通过艰苦训练所获得的竞技能力在比赛中得到充分的发挥。

恢复周训练为一般性的身体练习。主要采用带有游戏性的各种练习，以消除运动员生理和心理上的疲劳。

③训练负荷的安排及要求。基本训练周训练负荷变化的主要特点是周训练负荷加大。因为只有加大负荷，才能引起机体更深刻的变化，产生新的生物适应。加大训练负荷有3种途径，即增加训练量，训练强度保持不变或相应地下降；提高训练强度，训练量保持不变或相应地减少；训练量和强度都要保持不变，通过负荷的累加效应给机体以更大的刺激。

赛前诱导周训练负荷变化的基本特点是提高训练强度，与其相应的是训练量适当减少。如果原来量就不大，也可保持原有训练量。但要避免训练强度和量的同步增加。

比赛周训练负荷的安排应当围绕使机体在比赛日处于最佳状态来进行。负荷的组合方式依据专项特点和运动员赛前的状态而定。一般来说，总的负荷水平不高。在比赛日之前，通常是降低或保持一定的训练强度，训练量也应减少或保持。

恢复周训练负荷的特点是大大降低训练强度，训练量适当保持一定的水平或大幅度减少。

（五）课时训练计划

1. 课时训练计划的内容和结构

课时训练计划是根据周训练计划规定的各个课次的训练任务，并结合当日运动员机能情况、场地器材、气候等实际情况制订的。它包括对运动员提出的完成练习内容、数量、质量的具体要求。通常一堂训练课由准备部分、基本部分和结束部分组成。准备部分是让机体逐步进入工作状态，并从心理和生理两个方面做好承受计划负荷的准备。基本部分是课的主要部分，按照训练任务及训练内容的安排顺序进行。这期间，运动负荷必须有一次或者几次达到高峰。结束部分要逐渐降低运动负荷量，使机体进入接近安静时的状态。

2. 课时训练计划的制订

①制订课时训练计划的依据。课时训练计划是依据周训练计划规定的课次训练任务，结合运动员机能现状及场地气候条件制订的。

②课时训练计划的基本内容。课时训练计划的基本内容包括课的任务和要求，课的内容和练习手段以及负荷安排等。

课的任务和要求：课的主要任务是发展运动员的竞技能力。在全年训练的各个不同时期中，每次训练课的任务可以是单一的，也可以是综合的。因此，训练课可分为单一训练课和综合训练课两种。

课的内容和练习手段：

单一训练课，包括发展力量，或耐力，或柔韧性等素质的训练课；学习或改进技术的训练课；检查、测验、比赛的训练课等。

综合训练课，包括发展素质与改进技术的综合训练课；改进不同项目技术的综合训练课；发展各种不同素质的综合训练课。

在制订课训练计划时，练习手段的选择以有效性为主要标准，并考虑系统性与多样化。

课的训练负荷的安排：课的训练负荷根据所处的训练时期及任务的不同而有不同的安排。一般是身体训练课的训练量相对较大；技术训练课的训练强度较大，并保持适当的训练量；调整训练课的负荷较小。无论是哪种类型的课，都应遵守准备部分负荷量逐渐提高，基本部分运动负荷达到高峰，结束部分降低负荷量的原则。

参考文献

[1] 杨海平，廖理连，张军. 实用体能训练指南［M］. 广州：广东高等教育出版社，2013.

[2] 侯本华. 体能训练方法设计及其科学监控研究［M］. 北京：九州出版社，2019.

[3] 耿建华. 体能训练理论与方法［M］. 西安：陕西师范大学出版社，2013.

[4] 曾理，曾洪林，李治. 高校体能训练理论与训练教学指南［M］. 北京：新华出版社，2018.

[5] 康利则，马海涛. 体能训练理论与方法［M］. 西安：陕西人民出版社，2011.

[6] 谭成清，李艳翎. 体能训练［M］. 长沙：湖南师范大学出版社，2012.

[7] 图多·博姆帕. 运动训练理论与方法［M］. 北京：人民体育出版社，1990.

[8] 刘建和. 乒乓球教学与训练（体院通用教材）［M］. 北京：人民体育出版社，2004.

[9] 国家体育总局. 中国体育教练员岗位培训教材：乒乓球［M］. 北京：人民体育出版社，2005.

[10] 王大中，蔡猛. 乒乓球文化、技术与传播［M］. 北京：北京广播学院出版社，2004.

[11] 侯文达. 高等学校乒乓球教学与训练［M］. 北京：北京大学出版社，1994.

[12] 徐寅生. 我与乒乓球［M］. 北京：中国社会科学出版社，1995.

[13] 黄莉. 中华体育精神研究——序言［M］. 北京：北京体育大学出版社，2008.

[14] 费孝通. 美国与美国人［M］. 北京：三联书店，1984.

[15] 郑杭生. 社会学概论新修［M］. 北京：中国人民大学出版社，2003.

[16] 李力研. 野蛮的文明——体育的哲学宣言［M］. 北京：中国社会出版社，1998.

[17] 闫琪. 中美两国体能训练发展现状和趋势［J］. 体育科研，2011，32（5）：37-39.

[18] 杨宏峰，高欣. 乒乓球课持拍徒手练习教法初探 [J]. 体育科技，2006 (1)：43-46.

[19] 魏利婕，史桂兰. 乒乓球削球打法的现状与持续发展的可行性研究 [J]. 北京体育大学学报，2006 (12)：53-54.

[20] 杨博. 乒乓球削球打法发展趋势研究 [J]. 肇庆学院学报，2007 (2)：76-80.

[21] 谢琼桓. 中华体育精神是全民族的精神财富 [J]. 求是，2000 (21)：11-13.

[22] 黄莉. 中华体育精神的文化内涵与思想来源 [J]. 中国体育科技，2007 (5)：3-17.

[23] 胡小明. 论中华体育精神的重构 [J]. 武汉体育学院学报，2009 (3)：5-8.

[24] 邹克宁，余文龙，刘彤. 当代体育明星崇拜现象产生的原因及社会影响 [J]. 武汉体育学院学报，1997，31 (4)：12-16.

[25] 孙大光. 中华体育精神与爱国主义 [N]. 光明日报，2012-04-04.

[26] 黎涌明，陈小平. 功能性动作测试 （FMS） 应用现状 [J]. 中国体育科技，2013，49 (6)：105-111.

[27] 孙越颖，杜文娅，杨玉海. 现代反恐实战化演练背景下的特警体能训练体系研究 [J]. 沈阳体育学院学报，2018 (3)：118-123.

[28] 李闯. 论乒乓球削球技术训练 [J]. 黑龙江科技信息，2011 (9)：161.